全国教育科学规划国家一般项目“农村教师的地方性知识研究”
（项目编号：BHA120045）研究成果

农村教师的地方性知识研究

李长吉 著

中国矿业大学出版社
China University of Mining and Technology Press

图书在版编目(CIP)数据

农村教师的地方性知识研究 / 李长吉著. —徐州 ：
中国矿业大学出版社，2019.4

ISBN 978 - 7 - 5646 - 4428 - 4

Ⅰ. ①农… Ⅱ. ①李… Ⅲ. ①农村一师资培养一研究
一中国 Ⅳ. ①G451.2

中国版本图书馆 CIP 数据核字(2019)第 083063 号

书　　名　农村教师的地方性知识研究
著　　者　李长吉
责任编辑　姜　翠
出版发行　中国矿业大学出版社有限责任公司
　　　　　　(江苏省徐州市解放南路　邮编 221008)
营销热线　(0516)83885307　83884995
出版服务　(0516)83885767　83884920
网　　址　http://www.cumtp.com　**E-mail**:cumtpvip@cumtp.com
印　　刷　虎彩印艺股份有限公司
开　　本　700×1000　1/16　**印张** 17　**字数** 333 千字
版次印次　2019 年 4 月第 1 版　2019 年 4 月第 1 次印刷
定　　价　42.00 元
(图书出现印装质量问题，本社负责调换)

前言

关注农村教师的地方性知识

一

2009 年，笔者进行了“教科书的农村适切性研究”项目的研究。做这个研究的出发点，就是考察教科书在农村是不是适用、适用时有没有什么不够适切的地方、如何进行改进等，诸如此类的问题。

关于教科书在农村的境遇，一些学者早些时候做了一些类似的研究，记录下了一些极端的例子。比如一篇文献说到了在西北地区某个缺水的地方，老师讲授《司马光砸缸》这篇课文。这篇课文讲起来比较有趣，而且学生应该比较好理解，但这里面有两个问题让听课的学者万万没想到。一个问题是“缸是什么，缸里面为什么会有水”。因为这个地方雨水太少了，水极为珍贵，居民的水不是装在缸里，而是装在地下的水窖里。所以对于“砸缸然后水流出来”等生活常识，学生的生活经验没有相应的准备。另一个问题是“假山是什么”。这里的小朋友都见过山，但假山是什么意思就不清楚了，没有去过公园，所以没见过假山。那么，如果不知道假山这一背景和不知道水缸的含义的话，当地学生在上这节课的时候，就不会产生与城里的学生相同的体验，课文文字背后的很多东西就感受不到了。

再举一个例子,有一个长方形,它的长是6分米,宽是5分米,那么它的面积是多少?从低龄儿童的认知方式来看,这是一个非常难的问题,因为没有一个思维载体,所以5分米和6分米的概念就变得很抽象。为此,不同的地方开始来为这个问题做一些教学设计,编制一些教案。通常农村教师们能看到的这些教学设计和教案绝大多数是城市教师编制出来的,城市教师关于长方形物体的例子,有可能是农村孩子不熟悉、甚至农村教师都不熟悉的东西。也就是说,农村教师原封不动地使用着城市教师编写的官方的、标准化的教科书等教学材料,类似的情况就有可能影响农村学生对问题的理解。

教科书中的很多课后作业也能够说明这个问题。例如,课后去博物馆看展品、去图书馆查阅资料、去公园体验、去动物园观察等类似的场景作业,农村孩子多数是没有机会"做"的,但教科书编写者意识不到这个问题。虽然现代文明、西方文明、城市文明编入到教科书,会给农村孩子一些积极的影响,让他们看到外面世界的精彩,从而激励他们发奋努力等。但是,如果从学业学习角度来看,农村学生有可能会受到负面的影响,这种影响随着年级的增高会逐渐增多。现在有一种趋势,就是在越好的大学里农村学生的比例就越低,这个现象肯定和这种教科书不适切有关。此外,中考、高考的命题者也绝大多数是城市教师,试题的离农、去农现象也较为严重。

在"教科书的农村适切性研究"这个课题研究结束后,笔者发现很难找到适宜的对策来解决这个不适切的问题。在没有办法一下子改变农村的物质、社会和文化环境条件的情况下,怎么样改变教科书不适切于农村的情况呢?开发农村版与城市版两种教科书、加大乡土教材的开发力度,目前看来都不是切实可行的办法。只有在日常的备课、上课等活动当中,来弥合和缩小城市和农村的这个差距,而这个任务只能依靠农村教师来完成。按照陶行知的说法,乡村教师要有农夫的身手，要知道农村四季，还要有一个农人的心，心里面装着农民。陶行知对农村教师所提的要求，除了对乡村的热爱、对农民的情结外，还有一些技术层面的要求，就是农村教师要拥有地方性知识。

二

假如一个教师喜欢农村，又懂农村，在上课的时候，在面对一群农村孩子的时候，他就会把课本当中的西方文明或者现代文明的东西扎根到自己的土壤中来解释和说明。比如长方形的面积，他可能用一块地的概念去衡量；比如汉堡包，他会考虑用其他食物来替代。他会去琢磨在不降低知识要求的情况下，来改变知识背后的文化，传递文化的背景，通过和农村文化的结合，将知识和农村孩子衔接，从而让农村学生能够比较透彻地理解课本上所讲的知识。

有人问：农村孩子为什么自卑呢？原因是他对自己的文化和背景不自信。进一步说，当他看到西方文明和现代文明的时候，他觉着离自己还很遥远，他找不到其中的那个桥梁或者说联系，概括地说是发现不了生活的意义。发现不了生活的意义，所以他就自卑。所以说，凡是自卑的人，凡是对生活失去兴趣的人，只是因为他不会寻找生活的意义。在任何生存环境和条件下只要积极地寻找生活的意义，都能够积极地去面对生活，这是一个人生存的一大本领，是一种积极的生活态度。所以，教师的一个神圣任务就是把课本上那些普遍化的知识、标准化的知识，能够赋予它情境与特征，在不降低知识层次的情况下能够将其转化。农村教师如果能够做到这样，可能会对农村孩子的帮助很大，当然教科书在这个时候就能够比较好地适应农村了。

从农村教师的成长与发展来看，对于农村教师的专业化知识，如果按照一般的教师研究范式来研究的话，可能容易走偏。农村教师的成长与发展与城市教师不一样；民族地区教师的成长与发展和城市教师的成长与发展也不一样。差别在哪里呢？因为他有一套东西，而只有他把这套东西掌握了之后，他才能够被当地所接受，他才能够受欢迎，他才能够找到作为教师在这里生活的意义和乐趣。如果农村教师拿着一套和农村没关系的书本，完全照着这个书本去讲，他讲起来会没有乐趣，学生们听得时间久了也会觉着没意思，农村教师就会觉得教学怎么这么难啊？农村教师的专业发展，需要解开这个情结，不解开这个情结，他的专业发展就会成问题。当然对于农村教师专业发展的衡量标准，也应该和城市教师不一样，比如评职称等，应该有另一套的衡量标准。

从对知识的重新理解来看，无论是农村教师，还是农村学生都需要对知识重新理解，这是知识本身的变化所带来的。知识是对于一个现象的描写，它必将随着认识的深入而发生改写，永远没有最终的答案，这是建构主义的话语。建构主义知识观离不开两个学科的支撑，一个学科是阐释人类学，另一个学科是科学实践哲学。阐释人类学提出了地方性知识的思想，承认地方性的合法性，我们应该尊重它。阐释人类学和其他标准化、普遍化的知识享有同样的地位。地方性的知识假如获得足够的机会、条件，就会变成普遍性知识。科学实践哲学更向前走了一步，把知识和权力结合在一起，认为知识本来就是地方的，之所以有普遍的、标准化的知识，是因为地方性知识随着殖民活动传到了世界各地，获得了普遍性认可，形成了标准化知识。也就是说，由一些具有一定权力的人，把一些名不见经传的地方性知识推广开来，就变成了普遍性知识和标准化知识。我们曾经学到的普遍性知识，其实原本都是地方性知识，后来大家把它符号化、体系化之后，再加上权力的推行，就变成了普遍性知识。按照对这两个学科的理解，农村的很多传统、习惯、行为、生活方式等都可能变成高雅的、普遍化的、标准化的知识。站在这个立场上，农村教师需要重新理解知识，需要有自信，应相信拥有地方性知识是一个必然选择。

农村教师作为知识分子，拥有地方性知识，是一个文化人的道义所在。农村教师作为当地最有文化的群体，一个任务是挖掘、整理当地优秀的文化传统，建立本土的文化体系；另一个重要任务是依据当地的风俗习惯，在乡村里起到教化的作用——建国君民，教学为先；化民成俗，其必由学。古代的知识分子、私塾的先生之所以在农村非常受尊重，就是较好地发挥了文化守护和教化的作用。

三

关于地方性知识，后知识主义喜欢用“本土知识”的说法，国内喜欢用“乡土知识”的说法。由于地方性知识这个词比较客观，比较平民化，没有殖民主义的概念，所以这里用了“地方性知识”来泛指本土知识、乡土知识等这一类的知识。

地方性知识是在一定地域逐渐形成和积淀下来的、独具当地特征的文化，经过了所在地域的合法认证。地方性知识大体包括生产生活的地方性知识、历史文化的地方性知识、传统民俗的地方性知识、民间艺术的地方性知识、地理景观的地方性知识、思想观念的地方性知识等六个方面的内容。

地方性知识有两个层次，一个层次是前面这六个方面的源自当地的知识，另一个层次是普遍性知识的地方化结果，是农村教师自己创造出来的，不是土生土长的，也不是标准化的知识，是把普遍化知识和地方性知识相结合的产物。第二个层次的地方性知识对于农村教师来讲非常重要。

本书的基本假设有五个：第一，农村教师的专业发展与课堂改进离不开地方性知识;第二,农村教师缺乏地方性知识或不注重运用地方性知识;第三,由于缺乏地方性知识,所以影响了农村教师的教学效果与专业发展;第四,农村教师的地方性知识不足,不利于地方文化的保护与传承;第五,通过政府支持课堂教学的地方性知识运用,可以促进农村教师地方性知识的学习。

这五个假设是进行研究的前提,根据这五个假设,需要进行以下研究:第一,系统论述农村教师拥有地方性知识的价值;第二,论证农村教师地方性知识的合法性以及应该有的制度安排;第三,调查农村教师对地方性知识的掌握和利用情况;第四,促使不同学科的教师反思和改进,增强地方性知识在课堂中的运用;第五,形成地方性知识发展的解决方案。在形成解决问题的方案部分,除了一般性的调查、反思和尝试运用外,还可以做如下四个方面的工作。

第一,利用信息技术建立有关某一地区农村教师地方性知识的网站。对于外来的教师或离开本乡很久回来任教的教师,他在这个网站里可以对这一地区的很多东西做了解,甚至可以拿有些东西做成课件或其他上课用的材料。这个网站可以促成教师之间的交流,还可以有助于对地方性知识的保护与宣传。建设网站的另一个作用,是把这个网站作为例子,为其他地区建设相应的网站提供经验。

第二,编制地方性知识手册。基本思路是研究者和当地学校教师一起来开发这个地方性知识手册,按照相应教科书的内容和章节或课文的顺序,把地方性知识放进来,方便教师在备课和上课的时候使用。

第三,根据地方性知识进行校本教材开发。选择一个比较有浓郁地方文化的学校,利用当地的地方性知识,开发一系列的校本教材。通过教材建设来改进校风,树立学校文化品牌,改进课堂教学。

第四,在职前教师教育培养方案和职后教师教育培训方案中应涉及农村教师地方性知识的相关内容。以案例教学的方式请熟悉某一地区地方性知识的人士进行教学，让教师们了解农村的过去、现状和未来，了解农村的产业和生产模式，了解农村的风俗习惯、优良传统等。

当然，农村教师能够掌握和运用地方性知识，最为重要的前提条件是拥有陶行知先生所说的"农人的心"："我们要向着农民'烧心香'。我们心里要充满那农民的甘苦，我们要常常念着农民的痛苦，常常念着他们所想得的幸福，我们必须有一个'农民甘苦化的心'才配为农民服务，才配担负改造乡村生活的新使命。倘使各个乡村教师的心里都经过了'农民甘苦化'，我深信他们必定能够叫中国各个乡村变作天堂，变作乐园……"

目录

CONTENTS

第一章

研究述评

农村教师地方性知识的相关研究比较多，对这些研究进行详细的了解是研究工作得以顺利开展的前提。本章将这些研究分成四个部分进行综述：从宏观的教育学视角出发，并在一定程度上参考了其他学科对知识的研究，形成了对教育学视域下的地方性知识研究的述评；鉴于国内学者对乡土知识的关注度比较高，且这类研究与本书存在内在一致性，本章对乡土知识及其教育应用也进行了述评；从涉及的学科来看，本书的两个章节都涉及了语文教师或语文教学的内容，因此重点选择了语文教师地方性知识研究进行综述；从农村教师的文化使命来看农村教师的地方性知识，是进行农村教师地方性知识研究的必要前提，故而教师的文化使命研究述评也成了本章的一个内容。

第一节　教育学视域下的地方性知识研究述评

一、研究概述

20世纪六七十年代以来，受后现代主义思潮影响，人们逐渐对普遍性知识产生怀疑，而历史特殊主义所提倡的差异性和地方性则不断地被更多人所接受，由此，“地方性知识”问题进入人们的视野。目前学术界对该问题的研究涉及多个领域、多种学科，本书试图侧重在教育学场域内回顾与反思地方性知识的研究状况。笔者通过中国知网(CNKI)、EBSCO、ProQuest、JSTOR、SAGE等国内外数据库搜索关键词“地方性知识”“乡土知识”“Local Knowledge”“Indigenous Knowledge”，得到国内外相关文献261篇，经筛选剔除，得到可参考的文献129篇，其中中文文献87篇，英文文献42篇。这些文献主要来源于教育学领域，但同时也有部分涉及哲学、人类学等相关领域。

自1982年美国人类学者吉尔兹(Geertz)出版《地方性知识：阐释人类学论文集》后，“地方性知识”这一术语首次被正式提出，并逐渐发展成为学术研究的新热点。作为地方性知识概念的提出者，吉尔兹认为的地方性知识是那些必须与地方性相联系才有意义的具体知识[①]，这些知识只有在特定的文化环境中，借助文化持有者的内部知识体系才能得到合理的诠释，因此带有鲜明的地方性特征，与普遍性知识相对。

在科技实践哲学领域，对该问题的探讨则与人类学者的观点相左。美国科学哲学家劳斯(Rouse)认为“从根本上说科学知识本身就是地方性知识”。[②] 这就意味着根本不存在普遍性知识，所有知识都是地方性的。所谓普遍性知识只是地方性知识被不断标准化的一种结果，看似普遍性的知识只是地方性知识的一个表征。[③]

1999年《中共中央国务院关于深化教育改革全面推进素质教育的决定》明确提出要逐步建立起国家、地方和学校三级课程体系，引发了课程体系的巨大变革。在国内的教育学领域，对该问题关注较早的是北京师范大学的石中英，他在2001年发表了《本土知识与教育改革》一文，并明确指出，要将重建本土社会作

---

① 克利福德·吉尔兹.地方性知识：阐释人类学论文集[M].王海龙，张家瑄，译.北京：中央编译出版社，2000：224.

② 托马斯·库恩.科学革命的结构[M].金吾伦，胡新和，译.北京：北京大学出版社，2003：95.

③ 吴彤.两种“地方性知识”——兼评吉尔兹和劳斯的观点[J].自然辩证法研究，2007(11)：87-94.

为新时代教育改革的一项重要使命。① 这种将“地方性”思想引入国内教育领域的行动引起了教育界学者们对“地方性知识”问题的进一步探讨和关注。笔者认为,《本土知识与教育改革》可以看作是国内教育领域开始正视地方性知识问题的引路篇章。

二、我国学者研究的主要内容和观点

随着学术界对地方性知识问题的探讨不断增加,研究所涉及的内容日益广泛,研究深度逐步加大,研究方式和角度也日趋多样化。虽然迄今为止,学者们在地方性知识的一些问题上仍未得到确切公认的回答,但对该问题的讨论已逐步发展成为全球化背景下人们对抗普遍主义和一元论的强大力量。在教育学领域,我国学者主要进行了以下几个方面的研究。

(一)地方性知识的概念

地方性知识作为一种特殊的知识,学者们对其定位各有不同。我们大致可将其划分为两种:一种是知识观念说,另一种是知识体系说。

1. 知识观念说

知识观念说旨在从哲学思辨角度概括分析地方性知识的内涵和外延。知识观念说将地方性知识看作一种抽象的知识观念,而非具体的知识。在盛晓明看来,“所谓地方性知识,不是指任何特定的、具有地方特征的知识,而是一种新型的知识观念。而且地方性(Local)或者局域性,也不仅是在特定的地域意义上说的,它还涉及在知识的生成和辩护中所生成的特定的情境(Context),包括由特定的历史条件所形成的文化与亚文化群体的价值观,由特定的利益关系所决定的立场和视域等”②。由此可见,我们应将关注点放在知识形成的具体情境上,着眼于知识观念的形成,而非仅是具体知识的传授。知识观念说的观点虽产生于哲学范畴,但在教育领域得到了众多学者的认同,并将其广泛借鉴到地方性知识问题的研究中。

2. 知识体系说

蒋红斌③、潘洪建④、刘卓雯⑤等学者将地方性知识看作是一套以地方性特征为中心的知识体系或者意义系统。这种知识体系不是局限于某一特定区域内的

---

① 石中英.本土知识与教育改革[J].教育研究,2001(8):13-18.

② 盛晓明.地方性知识的构造[J].哲学研究,2000(12):36-44.

③ 蒋红斌.地方性知识与地方课程开发——一种批判性反思[J].教育研究与实验,2003(4):69-72.

④ 潘洪建.地方性知识及其对课程开发的诉求[J].教育发展研究,2012(12):69-73,78.

⑤ 刘卓雯.地方性知识视野中的乡土教材开发及使用——扎龙中学的个案研究[N].中国民族报,2009-11-13(6).

知识，而是人们在长期生活和发展中形成的、共同认可使用的、与地方环境相适应的知识体系，包括传统民俗、历史文化、生产生活、价值观念等方面的知识。知识体系说的观点强调知识的地方性特征，但不局限于某一狭小的地理区域范围，相当于带有地方性特色的一类知识，比如黄酒文化、竹文化、茶文化等，这类知识与普遍性知识相对。

（二）地方性知识的特点

在教育学领域，地方性知识的特征主要从地方性知识的实践价值、内容、生成过程和发展等四个维度来划分。

(1) 从地方性知识实践价值看，地方性知识具有地域性、整体性、授权性、实用性。安富海认为，地方性知识是产生于特定区域，为当地人获得生存条件的知识，具有地域性；同时，它还与当地的社会实践、文化、习惯、历史等密切联系，构成一个有机的整体，从而具有整体性；此外，地方性知识一般是被当地人共同认可且对日常活动有一定约束和规范的知识，在当地具有授权性；而且，通常这类知识是产生并运用于日常生活中的，故带有很强的实用性。①

(2) 从地方性知识的内容来看，潘洪建认为地方性知识具有经验性和丰富性特征。相对于系统的理论性知识来说，地方性知识是在人们的日常生活经验中产生积累出来的，与当地的生活生产经验密切相关，是实践智慧的经验性表达；同时地方性知识的内容涉及方方面面，内涵亦十分丰富，因此它在内容上呈现出经验性和丰富性。②

(3) 从地方性知识的生成过程来看，它又具有一定的情境性。盛晓明在界定地方性知识含义时认为"地方性知识是在特定情境中生成并得到辩护的"③，这就意味着知识不是孤立存在的，其生成过程是依托于一定的情境和背景，强调知识的情境性和境域化，属于后现代主义知识观范畴。

(4) 从地方性知识的发展来看，它极具传承性。从知识论角度看，地方性知识作为一种特殊的知识，同样有一个传承的过程。它往往是一个地区居民在长期生活中慢慢积累和总结下来的知识，这类知识存在于当地人的集体意识及精神观念里，并以某一地区的传统文化、传统习俗、价值观念等带有一定历史属性的内容呈现出来。④

（三）地方性知识的价值

学者们主要从教师、学生、教学、课程、教材、培养"地方人"等多个角度展开

---

① 安富海.论地方性知识的价值[J].当代教育与文化，2010，2(2)：34-41.

② 潘洪建.地方性知识及其对课程开发的诉求[J].教育发展研究，2012(12)：69-73，78.

③ 盛晓明.地方性知识的构造[J].哲学研究，2000(12)：36-44.

④ 刘正伟，李品.论基于地方文化的校本课程开发[J].教育发展研究，2006(9)：14-17.

论述地方性知识的价值。

(1) 从教师角度讲，李长吉认为，农村教师掌握地方性知识可以促进农村教师的专业发展。由于长期以来的国家课程呈现出明显的城市化倾向，因此农村教师和学生在教材理解上不能很好地与自身的感性认识相结合，造成教师和学生对教材知识理解的偏差和不足。若将地方性知识与教师的学科知识相结合，可以提高教师对教材的解读能力和深加工能力，从而将知识更好地教给学生，同时也促进了农村教师的专业发展。①

(2) 从学生角度讲，将地方性知识引入教学，对学生的发展和价值观念的养成具有积极作用。石中英认为，给学生创造多元的知识环境，可以使学生在掌握多元化知识的同时，提高对教材知识的理解能力和多角度反思能力。② 在曾宝成看来，地方性知识的传授可以帮助学生从小养成符合当地行为习惯的价值观，从而使学生更好地融入当地，成为具有地方特色的“地方人”。③

(3) 从教学角度讲，李长吉认为，农村教师掌握地方性知识可以提高教学质量。多方面因素决定了农村教师在教学水平上与城市教师相比并不占优势，通过让农村教师学习地方性知识，对国家教材进行二次开发，把教材内容转化为更富有乡土气息、更贴近学生生活的知识，才能增强教学的有效性，从而提高农村教师的教学质量。④

(4) 从课程角度讲，自提出建设国家、地方和学校三级课程体系以来，地方性知识的价值便更加凸显。成尚荣认为，地方课程是地方性知识在课程领域的体现。地方课程将地方性知识以课程的形式传播开来，同时地方性知识的理论又为地方课程的开发提供了独特的视角和方法论，是地方课程或者校本课程开发的理论依据。⑤

(5) 从教材角度讲，地方性知识是乡土教材或者校本教材内容的来源，同时乡土教材承担着传承地方文化和知识的使命，两者是相互依存、互为前提的。在刘卓雯看来，对地方性知识的阐释不仅为乡土教材的开发提供了理论平台，也为教材的开发提供了方法论上的指导。这就使得乡土教材的开发有了理论基础和来源，从而为乡土教材的开发提供了可能。⑥

---

① 李长吉.论农村教师的地方性知识[J].教育研究，2012(6):80-85.

② 石中英.本土知识与教育改革[J].教育研究，2001(8):13-18.

③ 曾宝成.地方性知识的教育价值及其开发[J]湖南农业大学学报(社会科学版)，2011(6):84-87.

④ 同①.

⑤ 成尚荣.地方性知识视域中的地方课程开发[J].课程·教材·教法，2007(9):3-8.

⑥ 刘卓雯.地方性知识视野中的乡土教材开发及使用——扎龙中学的个案研究[N].中国民族报，2009-11-13(6).

(6) 从培养"地方人"角度讲,地方性知识在培养"地方人"上担负着艰巨的使命。特别在城市化迅速发展的今天,人们对家乡的情感越来越淡化,人的地方性特征逐渐消失,这就使得人们热爱家乡、扎根家乡、建设家乡的意愿逐渐淡薄。柏贵喜认为,乡土教育使学生认知乡土知识,理解乡土文化,进入乡土情境,体察乡土问题,从而获得一种对家乡的归属感和情怀。①

(四) 地方性知识的实践运用

随着对地方性知识理论研究的加深,其应用研究也随之发生。越来越多的学者将其运用到具体问题的实践中,并将地方性知识理论作为一种研究视角或者研究方法论来进一步指导实践。

国内教育学领域的地方性知识研究涉及地方课程开发、乡土教材开发、乡土知识教学、教师专业化发展等方面。相关研究主要集中在两大视角:一是课程开发的视角,二是乡土知识教学的视角。其他视角虽均有涉猎,但为数不多,也较为零散。具体情况,如表 1.1 所示。

表 1.1　教育学领域地方性知识实践运用案例梳理

研究角度	文献占比/%	代表学者	核心内容
地方课程开发角度	24	海路、滕星②	以教育人类学视角探讨民族教育文化差异背景下的校本课程开发问题
		安富海③	论述了甘南藏族地区的地方课程开发现状及民族区域课程开发的政策问题
乡土教材开发角度	9	班红娟④	以河南省乡土教材为例,探讨乡土教材中的国家意识建构问题
		刘卓雯⑤	以扎龙中学为例,论述其乡土教材的开发过程和使用情况

① 柏贵喜.乡土知识及其利用与保护[J].中南民族大学学报(人文社会科学版),2006,26(1):20-25.

② 海路,滕星.文化差异与民族地区校本课程开发——一种教育人类学的视角[J].中南民族大学学报(人文社会科学版),2009,29(2):1-7.

③ 安富海.民族地区地方课程开发及政策研究——以甘南藏族地区地方课程开发为例[D].兰州:西北师范大学,2008.

④ 班红娟.乡土教材中的国家意识建构——以河南乡土教材为例[J].当代教育与文化,2010(9):102-106.

⑤ 刘卓雯.地方性知识视野中的乡土教材开发[D].北京:中央民族大学,2010.

续表 1.1

研究角度	文献占比/%	代表学者	核心内容
乡土知识教学角度	30	陆光海①	通过调查当前乡土资源在中学化学课程中的渗透现状，提出将乡土资源融入中学化学教学中，以提高教学的有效性
		杨艳红②	依托初中历史学科，以吉林省和长春市为例，提出初中历史乡土史内容的发掘和教学应遵循的方法和原则
教师专业发展角度	8	葛孝亿③	标准的教师专业发展模式忽视了城乡教师的生存场域，应基于乡土文化，重构其专业发展文化场
		魏捷、殷世东④	以阜阳师范学院为例，通过开发利用地方文化推动高校教师的理论解读能力、实践能力、社区问题分析能力和社会适应能力
其他角度	29	陈雪英⑤	以苗族古歌为例，探讨地方性知识的传承路径问题
		龚文静⑥	以贵州安顺屯堡社区为例，论述了高校图书馆在参与和谐社会建设中挖掘、传承和整合地方性知识的文化使命
		巴占龙⑦	以裕固族乡村社区为研究对象，探索学校教育与地方知识的关系问题

三、研究反思

目前国内对地方性知识的研究在理论和实践上虽已取得一定成果，但这并不意味着学术界对该问题的研究已经完善。这里尝试从研究视角、研究方法、研究者身份以及研究的地理范围等四个方面对现有研究进行反思。

（1）从研究视角上看，我国地方性知识的研究存在视角单一、视野狭窄的问题。相较于国外的多元化研究视角，国内研究主要集中在课程开发和乡土知识

① 陆光海．乡土课程资源在中学化学教学中的渗透现状调查及对策[J]．化学教学，2009(4)：36-38.

② 杨艳红．初中历史乡土史材料的挖掘和教学研究[D]．长春：东北师范大学，2006.

③ 葛孝亿．农村教师专业发展范式转换——“地方性知识”的视角[J]．中国教育学刊，2012(3)：82-85.

④ 魏捷，殷世东．开发利用区域文化资源推进地方高师素质教育——基于阜阳师范学院利用皖北文化资源开展教学的思考[J]．教师教育研究，2009(2)：12-17.

⑤ 陈雪英．论地方性知识的当代传承路径——以苗族古歌为例[J]．西南民族大学学报(人文社科版)，2012，33(6)：36-39.

⑥ 龚文静．地方性知识与社会和谐建构——高校图书馆的使命[J]．图书馆论坛，2007(3)：22-24.

⑦ 巴战龙．学校教育与地方知识关系探究——基于一项裕固族乡村社区民族志研究[J]．当代教育与文化，2012，4(1)：30-36.

教学两大方面，其他方面虽有涉及，但比重较小。因此，研究者在重视研究课程与教学两大模块的前提下，应开拓更多新颖的教育研究视角，如发掘地方性知识在教育政策制定上的价值和作用，在建设和发展特色学校、突显学生个性、培养更加适应当地教育教学情况的教师队伍等方面的价值和作用，以及在开发学校特色教材、转变当前教育大一统现状方面的价值和作用等。由此，更全面地打开地方性知识研究的思路和视野，开拓地方性知识在教育领域中的适用范围和形式，推动地方性知识研究在我国教育领域内的进一步深化和发展。

(2) 从研究方法上看，我国地方性知识的研究存在重理论、轻实践的问题。笔者通过对已有文献的整理分析得知，基于地方性知识某个视角进行思辨的理论研究仍占该问题研究的绝大多数，而通过选取特定研究对象进行个案研究或者行动研究的实证研究则相对匮乏。教育学视域下的地方性知识问题更多的是侧重于实践性和应用性，我们对其理论的探究最终仍需回归实践。因此，学者们在从学理上探讨地方性知识问题的同时，应重视实证研究，通过田野调查、田野工作等方法亲身进入研究对象内部，切实了解研究对象的现实状况，在一种更真实的场景中去研究和解决当前面临的地方性知识问题，让研究回归地方性知识的人类学本源，重拾地方性知识的实践和应用价值。

(3) 从研究者身份上看，我国地方性知识的研究存在研究者身份复杂、研究方向和水平差异较大的问题。目前国内教育领域对地方性知识进行研究的人员主要分为两大类：一类是高校的教育科研人员，另一类是各地学校的一线教师。由于不同背景的研究人员所受的专业训练程度不同，致使他们不仅在研究水平上存在差异，在研究方向上也呈现出高校教育研究人员重理论而轻实践、一线教师重实践而轻理论的现状。高校的教育研究者应多关注教育实践研究、将专业的理论知识应用到实践研究中去。同时，一线教师应加强对教育理论的学习，提升自身的科研能力和问题反思能力，努力向研究型教师转变，最终真正做到理论和实践并举、教授和教师共研。

(4) 从研究范围的地理分布上看，我国地方性知识问题的研究存在范围狭窄、过于集中的问题。目前地方性知识问题研究的"主力"多是来自少数民族地区高校的研究者，他们长期以来对民族地区的教育问题颇为关注。同时受研究者所在地域的影响，研究的对象也多出自偏远的农村地区或者少数民族地区，而在该问题上对占人口和面积绝大多数的汉文化地区的关注和研究则较少。笔者认为，并非只有偏远地区和少数民族地区才保留和存在大量的地方性知识，受几千年来中华文明的熏陶，我国汉文化地区的地方性知识内涵亦十分丰富，各地在生活习惯、风俗文化、价值观念等方面依然存在不少差异。若在教育政策制定、教育教学改革等方面正视并考虑这些差异，不仅能使更多的地方文化在学校教育中得以保留和传承，而且能使各地的教育改革在实践上更加切实有效。因此，在地方性知识研究的地理范围上，不应局限于一隅，应进一步扩大研究视野，将更多的地方性知识纳入教育研究中来。

四、国外地方性知识研究梳理

国外学者对地方性知识的研究与国内呈现出不同的状况。由于受殖民主义和历史上几次大移民的影响，许多国家人口构成复杂，种族较多，种族间不平等现象严重，因此国外学者对地方性知识的研究则更多地倾向于从后殖民主义的角度展开。许多研究者越来越多地意识到“地方性知识”或者“本土知识”在对待不同种族教育问题上的巨大作用。这些研究主要为了缓和多种族、多文化移民国家的种族矛盾，维持国家的和谐与稳定，同时促进本国教育教学的发展。

国外学者关于地方性知识的研究呈现出多角度、大范围、重实践的特点，其研究方法也多见于质性研究、个案研究或者行动研究。归结起来，国外学者对地方性知识的研究主要可以分为以下几类。

（一）教育政策类

代表性的研究学者是斯米特（Smit）。他在 2005 年发表了一篇关于南非教育政策在当地学校和教师中的实施情况的质性研究论文。文章围绕“教师所理解的教育政策作为一种地方性知识是如何影响其在学校的实施的”[①]这一问题展开。研究发现，由于当地教育政策制定时没有使当地教师发出自己的“声音”，所以导致很多地方性知识在这一过程中被忽视。对此文章提出了一个教育政策实施的概念性框架，并指出什么样的教育政策在实施过程中可以在微观层面向当地教师学习。

（二）知识获得类

学者鲁伊斯（Ruiz-Mallén）等人做了一项“学校与地方环境知识之间关系”的个案研究。[②] 该研究认为理解当地环境知识是环境教育成功的第一步。因此，研究者对 95 名来自墨西哥瓦哈卡的青少年进行了学校知识和当地环境知识获得情况的测试，并用多元回归分析的方式对结果进行评估。数据显示，学校和地方环境知识间并没有统计学意义上的联系。一种可能性的解释就是这两种知识的形式是互补的，并以平行方式存在。青少年的学校知识和地方环境知识的

① SMIT B. Teachers, local knowledge, and policy implementation: a qualitative policy-practice inquiry[J]. Education and urban society, 2005, 37(3): 292-306.

② RUIZ-MALLÉN I, BARRAZA L, BODENHORN B, et al. School and local environmental knowledge, what are the links? a case study among indigenous adolescents in Oaxaca, Mexico[J]. International research in geographical and environmental education, 2009(2): 82-96.

获得与学校教育程度有关。该研究认为，传统教育实践在学校的运用和传统文化在当地的缺失都是可能妨碍当地青少年地方环境知识教育的因素。

（三）课程发展类

学者格那斯（Ignas）在其文章《开启通往未来之门：地方性知识在课程发展中的应用》中研究了地方性知识与课程发展的关系。在文章中，作者强调并阐释了“地方性知识、知识建构的地方性理解和科学教育之间的合理性联系”①。该研究作为“未来森林”（Forest of the Future）项目中的一部分，重点以科学课程的设计和发展为讨论重点，揭示当地生态知识与科学教育课程发展的联系。格那斯赞同有意义的课程必须根植于地方性知识，而那些接受典型主流教育的当地学生与这些地方性知识之间仍有距离。因此，作者认为教育研究者和教师必须通过建立理论和实践的联系来进一步培养学生对他们所在世界和地区的强大理解，进而推动课程的建设和发展。

（四）学校选择类

这是一项由英国伦敦大学教育研究所学者文森特（Vincent）等人所做的关于“地方联系和地方性知识对幼儿园和小学择校的影响”②的研究。该研究直接借用了经济与社会研究理事会已完成的两个项目的数据，在比较了工人阶级和中产阶级的家长在学校和幼儿园选择上所表现出的异同后，揭示了工人阶级在学校选择上较之中产阶级存在技巧性不足、信息量缺乏和细心程度不够的问题。但是该研究的主要目的并非止于揭示这种现象，而是为了提出工人阶级家长在择校问题上虽处于“劣势”，但他们仍有可替代性优势，那就是他们可以在择校时附加一种地方性联系，从而弥补他们在择校上的“劣势”。

（五）种族教育类

美国北卡罗来纳大学的学者菲茨杰拉德（Fitzgerald）等人做了一项“在多种族的一年级教室里学生们的阅读情况”的行动研究。③ 该研究的调查对象是20多个来自不同种族的一年级学生，研究的合作者是该学校的一位全职老师。研究主要探讨了“处于多种族环境下的一年级学生在一种平衡阅读方法的指导下突破阅读学习，那么他们一年内可以学到什么”的问题。这项研究发现，在这种方法的指导下，孩子们逐渐建构起一种平衡阅读观，这主要表现在四个方面：

---

① IGNAS V. Opening doors to the future: applying local knowledge in curriculum development[J]. Canadian journal of native education, 2004, 28(1-2): 49-60.

② VINCENT C, BRAUN A, BALL S. Local links, local knowledge: choosing care settings and schools[J]. British educational research journal, 2010, 36(2): 279-298.

③ FITZGERALD J, NOBLIT G. Balance in the making: learning to read in an ethnically diverse first-grade classroom[J]. Journal of educational psychology, 2000, 92(1): 3-22.

①开始在阅读中学习“地方性知识”；②开始建构他们的全球化知识；③在阅读中培养了阅读的意愿和兴趣；④该方法显著的成效标志着儿童的阅读能力正在走向成熟。同时该研究还认为，这种方法得到成功验证之后是可以将其运用到多种族一年级学生的阅读教学中的。

（六）教师发展类

这类研究的代表是一项由英国曼彻斯特大学教育学院学者戴尔（Dyer）等人做的一篇关于印度教师发展的行动研究论文。① 印度长期以来一直强调职前和在职教师的教育培训问题，并提出教师培训中要考虑加入地方性情境，但实际操作中，其成效并未很好地在教师的课堂中体现。基于这个原因，该研究通过选取六个研究案例，调查了教师在印度的区域教育培训机构（District Institutes of Education and Training，简称 DIETs）中进行的在职培训情况以及该机构在应对教师发展的挑战时的举措等问题。调查发现普通的教师教育仍存在低效问题，原因在于区域教师培训机构在培训中一直追求技巧的提高和主流知识的加强。因此，该研究最后提出教师培训必须要转变这种倾向，尊重教师意愿，使教师培训与当地环境相适应。这样才能促进教师培训机构的专业化，同时在追随地方性环境演变的过程中，教师教育的质量才能提高。

当然，国外教育领域对地方性知识的研究并不仅限于此。国外的研究较之国内更加注重问题的可操作性和实践意义，研究思路和调查范围更宽广，实践的成熟度和行动的积极性方面更为明显。

第二节　乡土知识及其教育应用研究述评

一、文献情况

在教育场域中的有关农村乡土文化知识及其应用研究是多学科、多领域的话题，经过多年研究已积累了一定的文献。据笔者统计，相关中文文献有 85 篇，英文文献有 20 余篇。这些文献的内容分布如下：乡土知识的内涵占 21%，乡土知识的内容与类别占 17%，乡土知识课程的设计与内容的探讨占 19%，乡土教材的开发及其应用占 16%，乡土知识应用的成效与问题占 27%。

可见，对于乡土知识内涵、乡土知识的内容与类别、乡土知识课程的内容与

---

① DYER C, CHOKSI A, AWASTY V, et al. Knowledge for teacher development in India: the importance of ‘local knowledge’ for in-service education [J]. International journal of educational development, 2004, 24(1): 39-52.

设计这三方面纯理论角度的探讨所占比重较大，总和为57%。有关乡土知识应用的成效与问题、乡土教材的开发及其应用这两个方面的研究内容所占比重总和为43%。从以上数据来看，国内外学者对于乡土知识的理论研究热情较高，而乡土知识的应用研究力度则稍显薄弱，但大体上处于齐头并进的趋势。

二、研究的内容

（一）乡土知识的内涵

乡土的概念可以是指某个具体的地方、某个社会空间，或是任何可以提供安全感或归属感的有界环境。乡土源于个人对自己生命情感起点的关切，强调的是一种发自内心的，由内而外的关系。乡土从这个意义上来说并不是以自我为本位而延伸扩展开来的空间，而是由自我与空间的互动所牵引出来的一个认同过程。

在基于对乡土的理解的基础上，学者们就乡土知识的内涵和定义进行了探讨，他们对乡土知识的称谓不尽一致。相关的同义词有“乡土文化”“乡土资源”等，本书统一以“乡土知识”来表征这些称谓。从相关文献中可以看出，学者们分别从乡土知识的定义、价值、形成过程三个角度对乡土知识进行了探讨。

1. 乡土知识的定义

吴刚平将乡土资源定义为：乡土资源主要指学校所在社区的自然生态和文化生态方面的资源，包括乡土地理、民风民俗、传统文化、生产和生活经验等。① 本土化是乡土资源的特征之一。格雷尼尔（Grenier）把乡土知识（Indigenous Knowledge）定义为一种特有的、传统的、本土的知识，它是由一个特定地理区域内所世居的妇女和男人在特定的条件下发展起来的，并存在于社区中。② 上述两位学者都从社区营造或社区运动的角度来阐述乡土知识的概念，这一视角萌发于一种对当地生活环境的关心，强调以权力下放、草根式的方式进行，尤其包含情感层面的关怀。显然，两位学者偏重于从应用层面来解释乡土知识的定义。

李逢春认为，乡土文化是一个地方在长时间内形成的有重大社会意义的人文历史和群众生活习俗。一个地方的乡土文化和一个国家的历史文化是统一的，对社会、人生的影响和教育也是相一致的。③ 弗拉维耶尔（Flavier）提出：“乡土知识是某一个社会对于交流沟通和做决策的信息基础。乡土知识信息系统是

① 吴刚平．校本课程开发活动的类型分析[J]．教育发展研究，1999(11)：39-41.

② 何丕坤，何俊，吴训锋．乡土知识的实践与发掘[M]．昆明：云南民族出版社，2004.

③ 张庆华，邵景进，张鹏．幼儿园开展乡土文化教育课程的现状与对策[J]．当代教育论坛，2010(4)：33-35.

动态和变化的，它不断地受到内部的创新与试验以及外部知识系统的影响。”①这两位学者则认为乡土知识是文化网络信息系统的关键，需在深度描绘中透视其意义。李逢春认为中国是由许多小乡土所组成的集合体，而乡土知识正是中国这个国家的部分社会文化构成。而有关乡土知识的研究，最终的目的还是为了要理解整个国家。弗拉维耶尔认为乡土知识所触及的是一个与他者相逢的过程，其所表现出来的往往不是简单的拒绝而已，而是一个传统性不断与现代性协商、对话的过程，并在批判中寻求另一种起点的可能性。

2. 乡土知识的价值

从传统到现代的工业化、城镇化过程中，社会的变迁开始让人们对生活意义及社会规范产生不确定的感觉，对养育自己的土地以及乡土里的文化、人们，有一种认知上的陌生感、情感与心理上的疏离感，感到自己无根、没有归宿。

有些学者立足于中国本土的这一时代背景，提出：漂泊的心灵便是现代人的写照。为了解决这股游荡失根的感觉，寻根成为一种心理需要，一种认同与归属的需要。要建造和维持一个乡土知识世界(Homeland World)，其可以成为生活有意义的中心世界，这个中心世界将带给人持续和整合的意义。

柏贵喜则基于全球性知识和知识的全球化这一背景，提出：乡土知识以其独特的话语系统合理地解释着宇宙与自然，表达着历史与社会，它以生产与生活的实践构建和维系着社区或族群的均衡关系。正是因为乡土知识具有合理性，它才会一代代得以实践与传承，它所包含的民间智慧之于社区的价值与贡献不亚于现代科学知识之于世界的价值与贡献。乡土知识的显在利用主要表现在生态保护、医疗保健、产品开发、民间解纷等四个领域。②

可见，无论基于何种背景，乡土知识都属于本土文化的一部分，是一定地域的人民在长期的历史发展过程中创造的，并不断得以积淀、发展和升华的精神文化成果。

3. 乡土知识的形成过程

丁钢认为，乡土知识(地方性知识)不是指特定地域特征的知识，而是涉及如何形成知识的具体的情境条件；地方性知识是开放的，它意味着知识的流通、应用和交叉；地方性知识是一个主动知识建构的过程。③

---

① 何志魁，戴大明. 乡土知识与农村中小学校本课程的精神成长[J]. 西华师范大学学报(哲学社会科学版)，2011(1)：109-112.

② 柏贵喜. 乡土知识及其利用与保护[J]. 中南民族大学学报(人文社会科学版)，2006，26(1)：20-25.

③ 海路，巴战龙，李红婷. 珍视乡土知识 传承民族文化——“中国乡土知识传承与校本课程开发研讨会”综述[J]. 广西民族大学学报(哲学社会科学版)，2009(6)：87-90.

可见，乡土知识的形成过程有两个层次：静态的地理层面，动态的形成历程。① 就静态的地理层面而言，乡土知识是在本乡或特定的一群人所赖以生长、生活的特定地方区域内所产生的自然知识与社会知识。② 就动态的形成历程而言，乡土知识表现在一定区域的文化体系中，与其特有的文化系统融合在一起，不能脱离其特有的文化系统而独立存在；其涉及居住在该地方的人们对于脚下这片土地的各种认知、意识以及情感，具有相对的稳定性。

（二）乡土知识的内容、类别

如表 1.2 所示，研究者主要以三个“重视”为依据开展乡土知识的内容、类别研究。

表 1.2　　学者对乡土知识的内容、类别研究概况

作者	乡土知识的内容、类别	重视自然环境	重视人文时间	重视历史意识
叶志彪①	乡土资源分为以下两个部分：乡土环境资源，指我们生活所在地的地理环境、自然风景，各种动植物的生存形态等；乡土人文资源，指那些以“人文”精神呈现的、反映出来的是以“人”及其所产生的“文化”为主本位的精神	√	√	√
王枬等②	乡土知识和民族文化分类的出发点应是文化的整合和特质，据此可分为：① 衣食住行方面的生活文化；② 婚姻家庭和人生礼仪文化；③ 民间传承文化；④ 科技工艺文化；⑤ 节日文化		√	√
成尚荣③	地方性知识倡导的是地方文化的差异性及社会科学的本土化；地方性是地方课程的内在规定性，表明为一种立场和态度，内容包括地方文化和“地方性问题”，是一个开放的系统		√	√
柏贵喜④	乡土知识可以从两种意义上理解：一种是乡土社区基于生产生活和智力活动总结、创造的关于自然与社会的实践经验和认知体系；另一种是非乡土社区基于研究与传播等需要而总结的“有关”乡土社区的知识	√	√	√

① 叶志彪. 乡土资源融入农村初中英语教学的实践研究[D]. 金华：浙江师范大学，2009.

② 王枬，郭翠梅. 地方教材中民族传统文化的教育透视——以《广西社会》为例[J]. 当代教育与文化，2010，2(2)：28-33.

③ 成尚荣. 地方性知识视域中的地方课程开发[J]. 课程·教材·教法，2007(9)：3-8.

④ 柏贵喜. 乡土知识及其利用与保护[J]. 中南民族大学学报（人文社会科学版），2006，26(1)：20-25.

首先,要重视自然环境。城镇化进程导致对大自然环境的牺牲以及对人身心健康上的伤害,相关学者逐渐重视环境保护的问题,乡土知识中也有希望保护乡土青山绿水这一自然本色的内涵。借着直观上最接近的乡土自然,以认识的观点除了去了解客观的自然环境之外,还要去了解自然界和生物间统一的相互依存的关系,认识到人与人之间、人与自然之间相互影响、相互制约的关系。

其次,要重视人文时间。站在乡土的空间里,人不仅要知道有自然(Nature Time)时间,更要知道有人文时间(Human Time)。人文时间是人们为了探求意义、满足期望,将外在纷杂或孤立的事件,整理成系统的且相关联的时间网络,并将自己放入这个网络里。相关学者从这一点出发,更加注重乡土知识中的历史传统与社会文化的探索与了解。

最后,要重视历史意识。历史意识就是把自然时间转成人文时间的心灵活动,它使处于变迁中的人们,不致茫然迷失,知道自己在哪里、将往哪里去。而这种历史意识更是导向与认同过程的重要因素。由于乡土知识的过去取向导致其含有相当多的回忆的心智活动在其中,受其影响,从乡土地理的历史溯源到乡土民间文学、乡土民间游戏、乡土舞蹈等方面的欣赏、教导与传承,凡接触过去传统的活动都是乡土知识提倡的重点。

(三)乡土教材及其应用

目前,乡土知识的开发模式可以分为独立式乡土知识开发与融入各科式乡土知识开发两种模式。

1. 独立式乡土知识开发模式

独立式乡土知识开发模式是指从指定的地域获与乡土有关的数据资料,整合成完整的乡土教材,使教师能够在正常的教学活动中利用开发的乡土教材进行教学。

笔者通过查阅文本资料及网上搜索获取到关于独立式乡土教材开发的著作若干;例如北京市东城区教育局编写的《寻觅中国共产党在东城的足迹》、王兴亮撰写的《"爱国之道,始于一乡"——清末民初乡土志书的编纂与乡土教育》、北京市大兴地区编写的乡土教材《大兴——我的家》等。

上述成果在不同程度上突现了乡土知识的主体地位,这些根据当地的乡土文化开发出的具有地方色彩的乡土文化教材,从不同侧面与视角呈现了乡土知识的地位与意义。总体来说,独立式乡土知识开发模式还是在一个比较宏观或者说中观的层次上来讨论的,此种发展模式较易实施、传递知识较有效且通俗易懂,通常具有完整概念结构,较易编制,其内容易界定与连贯。

2. 融入各科式乡土知识开发模式

融入各科式乡土知识开发模式是指结合学科特点,把与乡土知识有关的概念融入各学科，使得乡土教育在各科中实施。目前国内的乡土教材开发应用这种模式较多，反映了我国基础教育阶段乡土教材发展的范围之广、数量之大、种类之多。

在语文学科方面，主要有徐社东编写的《杭州乡土语文》、彭晖撰写的《依托乡土文化开发语文校本课程》、龙明州撰写的《广西河池市中学语文乡土课程资源的开发利用研究》等。

在英语学科方面，例如蒋萍编写的《在培养英语口语能力中校本教材应用的研究》。

在历史学科方面，如哈尔滨市教育学院编写的《哈尔滨历史乡土教材》、烟台市教学研究室编写的《烟台历史》、贵州省教育厅编写的贵州省初中乡土教材《贵州历史》、郑华主编的《潍坊史话》等。

在地理学科方面，主要有广州市教育局教学研究室编写的《广州地理教与学研习用书》、辜天祐编写的《湖南乡土地理教科书·湖南乡土地理参考书》等。

在自然学科方面，例如宗福衡等人编写的《北京市小学自然乡土教材设计电路简介》。

在音乐、美术学科方面，相关的研究有胡延臣的《编写和使用"小学美术乡土教材"的探索》、王信东的《云南省中小学音乐美术乡土教材建设与研究》、曲波的《新课程理念下农村美术教师课堂教学研究》等。

在社会学科方面，相关的研究有张明荣的《浅谈乡土知识在历史与社会教学中的运用》、林敏芳的《挖掘乡土教材　弘扬民族音乐》、王延侠的《补充乡土教材　完善社会教学》等。

总体来说，融入各科式乡土知识开发模式基本上是从开发地方教材的观点出发，更多的是对开发的乡土教材实践层面的分析，且推广所需时间较少，为乡土文化知识校本课程的教育实践提供了很大的可能性与借鉴性。

（四）乡土知识课程设计

就乡土知识课程设计，学者们主要从以下三个方面进行了研究。

1. 基本目标

刘铁芳认为乡土知识课程的基本目标是要实现个体与乡土之间的和谐互动，其中最为核心的一点是促进乡村少年作为普通个体的健全发展，引导乡村少年健全人格的养成。①

王丽敏提出乡土知识课程的基本目标是培养农村学生的综合素质，尤其是

① 刘铁芳. 回归乡土的课程设计：乡村教育重建的课程策略[J]. 现代大学教育，2010(6)：13-18.

加强农村学生的人文素养。而学生综合素质的培养是建立在学生情感态度、价值观、学习策略、文化意识、综合知识、社交能力等整体发展基础之上的。[①]

从乡土知识课程的基本目标来看，上述两位学者所阐述的乡土知识课程基本上是以学生的发展为目标，确定以每一个学生的幸福为逻辑，着重于肯定自我的成长、对乡土文化的认同感。

2. 编写原则

张力认为，在我国社会主义基本制度下，课程开发必须始终坚持社会主义核心价值体系。应关注乡土知识的文化价值及其变迁，充分考虑乡土知识的思想性，看到存在的负面东西，要在对传统乡土知识批判分析的基础上，去粗取精，择优弃劣，进行创新和改造。[②] 欧群慧、滕星认为，选择具有实用价值的乡土知识进入课程，促进地方经济社会发展和环境及文化保护，反映当地的实际需求；要以发展的眼光看待乡土知识，认识到乡土知识不仅包括传统知识，还包括新创造出来的具有地方性特色的知识。[③] 上述两位学者都注重乡土知识的实用价值，着重对经济生活、社会环境与文化生活的认同，在建构乡土知识课程的过程中，存在一个挑选与创新的环节，试图超越过去对乡土知识过于"古老"的印象，而是立足于当代社会，考虑乡土知识的时代适用性，对乡土知识择优弃劣，创新性地建构乡土知识课程。

巴登尼玛等人提出乡土知识课程开发应以人为本，秉持对人性的理解与尊重，尊重乡民、尊重教师、尊重学生，理解当地人做事、做人的风格与特点，乡土知识课程必须考虑那些深入人心最有生命力的文化内容；原则应体现出人文主义的情怀，强调坚持以人为本，以及尊重每个个体的自身经验、所属的族群与文化。[④]

上述学者试图通过发展出健全的乡土知识课程概念，从而帮助个体了解自己、认识乡土、获得积极的乡土认同。

3. 实施策略

学者们关于乡土知识课程的实施策略，主要从政府、学校、教师等三个方面

---

① 王丽敏. 基于乡土文化的农村校本课程开发[D]. 开封：河南大学，2011.

② 张力. 乡土知识进入校本课程的三点看法[J]. 中国教育学刊，2010(1)：43-44.

③ 欧群慧，滕星. "寂静的课堂"——一项民族志研究[J]. 广西师范大学学报（哲学社会科学版），2010(4)：17-21.

④ 巴登尼玛，白杨. 乡土教材编写的几个问题及对策思考[C/OL]. (2017-12-25)[2013-12-06]. http://www.wanfangdatacom.cn/details/detail.do? _type=conference&id=7975441.

进行了讨论。[①]

(1) 政府方面,要做好三件事:第一,保障充裕的课程发展实施及研究经费,对乡土知识课程开发进行广泛宣传,将乡土知识课程与主流课程相结合,争取社会各界的全力支持。第二,增加师资投入,形成教师编写乡土教材的队伍,重视具有乡土知识理念的教师培训。第三,设置课程辅导人员,协助发展乡土教学;建立相应政策和科学合理的支持体系,改善农村学校的办学条件;成立乡土教学资源中心,统整乡土教材、推动乡土教学。

(2) 学校方面:第一,落实学校乡土知识课程理念,成立乡土知识课程开发领导小组,小组的成员主要由校长、教师、课程专家以及学生家长共同组成,鼓励教师成为乡土知识课程的研究者与评鉴者。第二,立足农村的教育资源,与当地社区活动紧密联系,实施长期性、经常性的乡土教学主题观察与探讨,培养学生的集体归属感,开发出具有特色的乡土知识课程。第三,学校行政机构全力支持乡土教学活动,数字化各项乡土教学资源,使其具有永续使用的价值。特殊的案例须找校外人士担任解说员,进行现场施教,让学生对各种本土的知识和活动有更加身临其境的感受。

(3) 教师方面:第一,培育专业态度与专业能力,精通当地语言;对本地传统文化、乡土知识有较深、较好的理解;要有热爱乡土教育的思想和文化意识。第二,让学生认知自己居住地区的生活环境、历史文物、自然景观及民俗艺术;让学生从事调查、参观、访问等活动。第三,以课堂为主渠道对学生渗透乡土知识。具体而言,可以在阅读教学中拓展,在活动中锻炼,在写作中升华。

以上可以看出,学者们对于乡土知识课程的实施策略的探讨较为详细,但还缺乏对这些策略在具体实施过程中的可操作性研究,且忽视了课程评价这一环节。大部分学者对课程评价这一环节往往是轻描淡写地一笔带过。

(五) 乡土知识应用存在的问题

葛孝亿[②]与王丽敏[③]两位学者从农村教师这一视角切入,进行了相关研究,分别通过文献分析与系统的问卷调查,从理论层面和实践层面剖析了乡土知识

---

① 笔者主要从以下文章中概括出关于政府、学校、教师等三个方面的实施策略内容:
彭文君. 全球化时代我国乡土教育发展研究[D]. 上海:华东师范大学,2008.
殷金舟. 乡土知识在现代教育中的传承研究——以安徽省岳西县店前镇为例[D]. 武汉:中南民族大学,2011.
黄敏霞. 村落文化事业中的乡村学校教育[D]. 上海:上海大学,2008.
叶志彪. 乡土资源融入农村初中英语教学的实践研究[D]. 金华:浙江师范大学,2009.
王丽敏. 基于乡土文化的农村校本课程开发[D]. 开封:河南大学,2011.

② 葛孝亿. 农村教师专业发展范式转换——"地方性知识"的视角[J]. 中国教育学刊,2012(3):82-85.

③ 王丽敏. 基于乡土文化的农村校本课程开发[D]. 开封:河南大学,2011.

应用方面存在的问题。① 农村教师缺乏对乡土知识课程理念的理解，对乡土知识课程开发意义理解不够，乡土知识课程开发的理论与技能知识不足，教学观念落后，科研能力差，其自主专业发展的积极性较弱。② 农村教师的待遇较差，教师住宿条件与教学条件极其艰苦。③ 专业发展的组织设置上是不健全的，教师发展仅仅依赖于间断的、有限的、形式化的培训，忽视了农村教师发展所需的地方性资源。④ 政府不相信农村教师的能力，甚至忽视农村教师开发课程的权利，使得农村教师专业发展空间变得狭窄，失去专业发展的话语权；并且少有研究者关注农村场域的特殊性，关注农村教师的文化境遇。

农村教师的乡土教学价值展现在乡土素材的建立与教材的重组，即这些乡土资源得以让有创意的教师带动出有创意的乡土教学。从上述学者的讨论中，我们发现，一方面，由于没有相对完整的理论、乡土资源支撑，或是农村教师自身原因，例如个人使用乡土资源能力与技巧的不足、个人使用意愿、时间问题等可能导致农村教师只能根据自己对校本课程的理解去开发乡土知识课程，而这样的结果往往就会造成开发出来的乡土知识课程流于形式，或者说是内容较为肤浅。另一方面，由于网络的遍及性与便利性，网络资源已渐渐成为老师们找寻教学资料的一个重要渠道。利用搜索引擎找寻特定主题的相关资料，则是老师们进行网络资源搜索最主要的方法。农村教师本身对于乡土知识的想法与能力是会影响学生对乡土知识的接受度与认同感的。然而，农村教师大部分存在乡土专业知识不足以及无法取得适当乡土资源的困难，这亦是乡土知识应用所必须克服的难点。现有研究文献中针对农村教师进行乡土教学所面临的资讯情境、如何协助农村教师进行乡土教学的准备、在职师资培训等所提甚少，特别是如何通过网络满足农村教师乡土教学所需资源的探讨十分有限。

三、研究展望

乡土知识及其教育运用研究取得了一定的成果，但是仍然存在一些问题，对其进行反思和展望有助于研究的进一步拓展和深化。

（一）继承与发扬乡土知识及其应用研究优势，持续跟踪、引进、借鉴国外相关研究成果

乡土的热潮及其相关的社会文化动向，反映了相关学者对于“乡土中国”的眷恋，以及对于当代中国社会“乡土文化”的重新认同。然而，乡土热潮的席卷并不意味着乡土知识已然成为一个明确的知识范畴。相反，正因为它是来自于多方面的实践，所以呈现了多义的现象。乡土知识的论争正是在如此的状态下被激发。相关学者对于乡土各有不同的想象。在逐渐清晰而具体地建构乡土时，乡土知识势必面临一场概念与名词的清理。同时，理论与实践之间如何进行有

意义的对话，也是长久存在于课程领域中重要的探究议题。

（二）大力推进理论研究的针对性和实践研究的具体性，提出具有创新性和可操作性的政策建议

乡土知识研究在各界人士的努力下，逐渐在一些领域展现成果，我国乡土知识应用研究已形成一定的理论认识，许多研究者纷纷发表以乡土为主题的教育论述。例如，乡土、乡土知识的定义，乡土知识的应用开展途径，乡土资源的收集保护等。此外，相关学者亦编写大量的乡土教材，应用在各种学科（例如语文、英语、音乐、美术、自然、社会、历史、地理等），此行为更显现出教育工作者对于乡土知识研究的支持与肯定。但在具体应用中仍显薄弱，对实践的指导意义不突出，对应用中存在的问题研究也不够深入。

一方面，就乡土知识的理论角度，应该更多地进行相关探究。例如，乡土热潮发生的背景、关切与浮现的问题；乡土知识深入的教育哲学探讨，思考乡土知识与相关教育哲学思维的有机性、关联性，使之更具意义；乡土知识课程的发展、实施、困境与争议等议题，及提出可能的改善之道与解决途径。另一方面，从乡土知识的应用角度看，由于乡土知识的应用过程包含如何落实于学校教育以及如何有效将乡土知识内化于学生，这个过程尤其需要结合课程专业人员和学校教育实务工作者，因此，应加强乡土知识课程实施成效与教师专业实践反省方面的探讨。例如，乡土知识对于学生与教师的应用效果研究，即学生乡土知识、乡土认同态度与乡土环境行为意向调查研究；教师乡土知识、乡土认同与乡土教学实践的相关研究；政府如何展开专门的乡土师资培养计划，等等。

（三）立足于网络资讯时代背景，从信息技术视角进行乡土知识应用研究

目前，研究者大多是从社会学、人类学、教育学等角度进行乡土知识应用研究，极少从信息技术角度进行探究。首先，由于环境及教师个人因素，例如缺乏适当的数据内容、个人使用能力与技巧的不足、使用花费时间等问题，使乡土教学在课程设计、教材挑选、课堂活动等方面充满挑战。其次，乡土知识具有地域性、特殊性，统编不易，市场零碎，出版商缺乏兴趣。因此，乡土资源的开发将落在学校身上，落在教育工作者的身上，研究与实施仍不理想。单文经指出：此番的乡土教育热，由于事起仓促，又求速成，以致决策与执行之间出现落差，学理与实务之间缺乏联系，各方共识不足，准备不足，课程与教学流于急就章者，所在都有。如何落实与设计乡土资源，是当今教育人员的一大课题。

时至今日，网络早已是许多教师用来解决课堂上无法处理的疑惑的百科全书，在教学上使用网络资源俨然已经成了趋势，而乡土知识网站正是一个很好的

网络教学资源。因此，笔者建议国家及相关专业人员可以尝试探讨信息科技融入乡土教育的路径以及乡土网站的建构与实施，可以尝试计划在因特网上建置各种具有乡土文化特色的资源中心，以创造更好的教学环境并支持农村教师终身学习的理想。乡土知识网站是一个具有开放性、科学性、知识性和整合性的研究性学习平台。将乡土知识网站作为实现乡土知识整合的支撑平台，以此作为教学资源，可以让农村教师进行更加深入的探索和研究；借由乡土资源的收集、整理、保存与使用，来教导青少年学习乡土文化，丰富与完善农村教师的乡土教学。

第三节　语文教学中地方性知识的应用研究综述

一、研究概况

"地方性知识"是解释人类学理论中首创的一个概念。在此概念出现之前，国内已经有研究者以"乡土知识"等名义对其实质进行了关注。① 就语文学科而言，较早关注地方性知识的研究始于 1998 年吴希敏的《谈语文教师的修养》一文②。至 2012 年止，语文教学中地方性知识的应用研究文献已有 60 余篇。

从已有文献来看，语文教学中地方性知识的应用研究成整体波动增长之势，且以 2004 年和 2008 年为界，大致可分为"起步""发展""深入"三个阶段。此外，在研究内容上，主要涵盖了语文教学中应用地方性知识的意义、来源、内容、原则、途径、问题、策略等六个方面。其中，语文教学中地方性知识的来源研究明显少于其他方面的研究，只占研究总体的 2%；语文教学中地方性知识的应用途径研究占研究总体的 51%。而就语文教学中地方性知识的应用途径研究而言，其研究内容一定程度上存在着重复和浅显化等问题。语文教学中地方性知识的总体研究结构有待改善。

二、语文教学中地方性知识应用意义研究

国内研究者大多肯定了语文教学中应用地方性知识的意义，但不同研究者的论证维度有所差异，主要包括两方面，如表 1.3 所示。

---

① 中国少先队山西省长子县鲍店小学大队委员会．让儿童热爱乡土、热爱劳动——山西长子县鲍店小学"乡土博物馆"介绍[J]．文物参考资料，1958(9)：51-52.

② 吴希敏．谈语文教师的修养[J]．玉溪师专学报(社会科学版)，1998(4)：51-52.

表 1.3　　语文教学中地方性知识的应用意义

维度	对象	主要内容
主体	教师	改变教师的课程观念，提高教师专业化程度①
	教材	弥补国家课程资源不足②；有利于课程目标更好地实现③
	学生	调动学生的学习热情④；养成主动探究、团结合作、勇于创新的精神⑤；促进学生语文素养的提高，有利于其更好地融入当地生活⑥
空间	课堂	有助于课文内容的解读⑦；拓展教学空间⑧；提高语文教学效率⑨
	地区	增进学生对家乡的热爱⑩；有效传承地方文化⑪

对于语文教学中应用地方性知识的意义，已有研究不仅阐明了其对教师、教材、学生发展的意义，还指出了其对提高课堂教学效率、传承和发展地区文化的重要作用，已较为全面。但就研究方法而言，已有研究多从理论思辨或案例呈现的角度展开，对于意义的实证研究还有待加强。

三、语文教学中地方性知识的来源研究

对于语文教学中地方性知识来源的研究尚不多见，已有研究主要集中在以下几方面。

就来源主体而言，刘成认为，将地方性知识融入语文教学可以通过语文教师，也可以通过学生。⑫ 而在李学的研究中，除了“语文教师”“学生”是语文教学中地方性知识的来源主体，教育行政人员、家长和课程专家等也可成为语文教学

① 邹赣华. 地方语文课程资源的开发利用[D]. 福州：福建师范大学，2005.

② 吴海英. 农村高中地方语文课程建设研究——以翁牛特旗高中地方语文课程建设为例[D]. 呼和浩特：内蒙古师范大学，2011.

③ 陈永娥. 黔南本土文化语文校本课程资源开发的研究[D]. 西安：陕西师范大学，2011.

④ 蒋雨诗. 基于乡土语文资源的课堂语文教学模式[J]. 科教文汇，2010(9)：78.

⑤ 屈学师. 充分利用乡土文化建设开放而有活力的语文课堂[J]. 商业文化，2011(4)：217.

⑥ 同②.

⑦ 江小飞. 让乡土文化走进语文教学[J]. 文学教育，2011(11)：97-98.

⑧ 张立. 例谈乡土资源在语文课程中的开发与利用[J]. 科教文汇，2012(8)：88-90.

⑨ 陈彩丽. 乡土教育在语文教学中的作用[J]. 文学教育，2007(5)：38-39.

⑩ 同⑦.

⑪ 刘卓雯. 地方性知识视野中的乡土教材开发及使用——扎龙中学的个案研究[N]. 中国民族报，2009-11-13(6).

⑫ 刘成. 地方文化的语文教育功能研究[D]. 长沙：湖南师范大学，2005.

中地方性知识的来源主体。①

就来源渠道而言，叶光明指出教育部门出版的地方课程教科书，还有许多老百姓中流传的民间故事都可以成为学生了解、熟悉家乡丰富的文化资源的宝贵材料和生动教材。② 此外，刘成还提出了游览参观、调查采访、阅读地方文化书籍等途径。③ 李学研究表明，网络也是语文教学中地方性知识的一个重要来源。④

就来源方式而言，在刘成的调查研究中，约有 65.4％的教师、91.1％的学生是在随意中获得地方性知识，约有 20％的教师、5％的学生因兴趣、教学任务等原因选择有意获取地方性知识。⑤

语文教学中地方性知识的来源情况关系到语文教学中应用地方性知识的数量和质量。虽然在研究广度上已多有涉及，但在研究深度方面还有待拓展，特别是在来源渠道的重要程度研究和来源方式的调整策略研究等方面。

四、语文教学中地方性知识的内容研究

我国历史悠久、幅员辽阔，各个地方都有自己独特的底蕴。投射到研究领域，不同背景的研究者所论述的语文教学中的“地方性知识”自然有所差异。已有研究涉及的语文教学中的地方性知识，如表 1.4 所示。

表 1.4　语文教学中地方性知识的内容

类别	具体内容	
自然资源类	自然景观	山水、树木⑥
	乡土特产	农作物⑦
历史资源类	历史沿革	历史事件⑧
	历史名人	古代政治影响类、古代文化影响类、近代革命影响类⑨
	地方古迹	古代遗址、古代墓群⑩；古代建筑⑪

① 李学.教师开发利用地方文化课程资源情况的调查研究——以中西部某省语文教师的调查为例[J].教育测量与评价(理论版)，2009(5)：30-33.

② 叶光明.利用地方课程资源拓展语文学习空间[J].才智，2010(14)：217.

③ 刘成.地方文化的语文教育功能研究[D].长沙：湖南师范大学，2005.

④ 同①.

⑤ 同③.

⑥ 翁清华.论衡阳地方语文课程资源的开发与利用[D].长沙：湖南师范大学，2011.

⑦ 朱家俊.开发利用乡土资源　拓宽学生习作空间[J].中国农村教育，2007(Z2)：97-98.

⑧ 陈永娥.黔南本土文化语文校本课程资源开发的研究[D].西安：陕西师范大学，2011.

⑨ 杨敏.湖南常德市高中语文乡土教学资源的开发利用[D].武汉：华中师范大学，2011.

⑩ 同⑨.

⑪ 李江都.农村初中语文综合性学习中乡土资源的利用研究[D].长春：东北师范大学，2010.

续表 1.4

类别	具体内容	
文化资源类	民间风俗	民居特色、服饰文化、婚丧喜庆①；节日习俗、民族风情②；饮食风俗③
	民间文学	诗歌、民间故事④
	民间艺术	地方剧种⑤；剪纸⑥
	地方方言	词法、俗语、谚语、歇后语⑦；语音、词汇⑧

可以发现，语文教学中应用的地方性知识内容丰富多彩，关注到了历史资源类、自然资源类、文化资源类地方性知识。在文献性质上，已有研究的95%来自硕士论文，且研究形式基本是结合地方特色进行论述呈现、个案分析，对地方性知识的各类别在语文教学中的具体应用，以及应用成效的实证研究有待进一步加强。

五、语文教学中地方性知识的应用原则研究

地方性知识在语文教学中的应用，关系到学生的语文素养，关系到语文课堂的教学效果，关系到地方文化的传承。面对卷帙浩繁的地方性知识，我们需要有一个去粗取精、去伪存真的过程，也就是在语文教学中应用地方性知识之前必须明确一系列原则。参照泰勒(Tyler)课程编制的四个阶段，已有研究可以归纳为四个方面，如表1.5所示。

表 1.5　语文教学中地方性知识的应用原则

阶段	原则	主要内容
确定教育目标	可持续性原则	着眼于教育教学活动的持续发展，要有长远目标规划，促进课程资源繁荣，促进人的全面发展⑨

① 陈永娥. 黔南本土文化语文校本课程资源开发的研究[D]. 西安：陕西师范大学，2011.

② 杨敏. 湖南常德市高中语文乡土教学资源的开发利用[D]. 武汉：华中师范大学，2011.

③ 李江都. 农村初中语文综合性学习中乡土资源的利用研究[D]. 长春：东北师范大学，2010.

④ 莫小为. 柳州本土文化作为语文校本课程资源开发的研究与实践[D]. 上海：华东师范大学，2007.

⑤ 吴维. 试论昆山地方文化渗透高中语文教学[D]. 苏州：苏州大学，2011.

⑥ 刘星. 蔚县乡土文化语文校本课程的开发与实践[D]. 石家庄：河北师范大学，2008.

⑦ 金华兵. 基于地方文化开发的语文综合性学习——台州地区中学语文综合实践活动探索[D]. 上海：华东师范大学，2009.

⑧ 同⑥.

⑨ 同③.

续表 1.5

阶段	原则	主要内容
选择教育经验	实效性原则	明确语文教学目标的前提下，根据需要选取最能提高学生语文素养的地方性资源①
	地域性原则	充分利用当地自然风光、名胜古迹、风土人情等②
	灵活性原则	批判继承已有的地方性资源，灵活发展现有的地方性资源③
组织教育经验	组织性原则	行政部门、教育及课程专家和广大的语文教师与学生充分结合④
	适宜性原则	考虑学生、教师的个体差异性⑤；处理好与国标教材的关系⑥
	综合性原则	打破学科界限，多学科综合⑦；多种学习方法并进，培养综合能力⑧
	生成性原则	在开发的过程中及时地总结修订，在实践中将其逐步充实完善⑨
评价教育计划	优效性原则	优先编排有益于发挥最大教育价值者⑩
	科学性原则	符合学生的认知规律⑪

对语文教学中地方性知识的应用原则，研究者们已基本考虑到地方性知识在语文课程与教学各个阶段的应用规范，且研究多集中于“组织教育经验”这一阶段。这在一定程度上说明在语文教学中，相对于确定地方性知识的教学目标、选择地方性知识素材、评价地方性知识应用情况，将地方性知识在语文教学中加以运用实施的过程最为复杂，要考虑的地方也最多。而就这一阶段而言，已有研究主要从教学方法、学习方式、多方合作等方面着手进行应然研究，相关实证研究尚不多见，仍有待加强。

---

① 苏霞. 一方期待开垦的热土——浅议乡土资源与语文教学“零距离”组合[J]. 学周刊，2012(6)：122-123.

② 莫小为. 柳州本土文化作为语文校本课程资源开发的研究与实践[D]. 上海：华东师范大学，2007.

③ 虞银娣. 常州地方语文课程资源的开发与利用[D]. 南京：南京师范大学，2008.

④ 张立美. 临沂高中语文校本课程开发与实施研究[D]. 扬州：扬州大学，2011.

⑤ 邹赣华. 地方语文课程资源的开发利用[D]. 福州：福建师范大学，2005.

⑥ 王跃. 浅谈农村中学语文乡土教材的开发[J]. 科学大众，2007(9)：39.

⑦ 同②.

⑧ 金华兵. 基于地方文化开发的语文综合性学习——台州地区中学语文综合实践活动探索[D]. 上海：华东师范大学，2009.

⑨ 同②.

⑩ 赵谦玺. 浅谈在中学语文教学中渗透乡土资源的必要性及几个原则[J]. 中国西部科技(学术)，2007(1)：80-81.

⑪ 黄长平. 挖掘地方教育资源创新语文校本教材[J]. 四川教育学院学报，2008(24)：44-45.

六、语文教学中地方性知识的应用途径研究

语文教学中地方性知识的应用按呈现形式主要可分为两类:文本类应用和活动类应用。

(一)文本类应用途径

1. 语文教科书

语文教科书是语文课程的核心教学材料,其中选入了不少有地方特色的文化和资源。费灵芝等人指出,教科书中出现的这些有着鲜明地方特色的文化资源,应该被相关学校有效利用,以加深学生对文本的理解、对家乡文化的了解,培养他们热爱家乡的情感。[①] 冯汝林则以人教版中学语文教科书为例,细致分析了其中地方性知识的分布及比重,得出了语文教科书中涵盖的地方性知识存在类型分布不均匀等情况,并提出相应的调整建议。[②]

2. 地方语文课程资源

教科书虽是语文主要的课程资源,但不是唯一资源。除了合理有效地使用教科书外,还必须积极寻求、利用其他课程资源。舒洁认为,丰富多彩的地域文化使得地方课程资源呈现出多样性、具体性和差异性的特点,从而提高了课程资源对于不同地区、不同学校、不同学生的适应水平。[③] 郭晓莹[④]、邹赣华[⑤]则分别结合具体案例呈现了地方语文课程资源的内容。

3. 校本课程

校本课程是学校着眼于学生的兴趣和需要,基于自身的特色而开发实施的课程。莫小为指出,语文教学中的校本课程不仅有利于更有效地达成语文学科的课程目标,还有利于反映当地的文化特点,培养学生热爱家乡的情感。[⑥] 陈永娥认为,除了课程价值和文化价值,校本课程资源还有其人本价值,即实现教师语文专业素养的发展和学生个性的发展。[⑦]

(二)活动类应用途径

1. 语文作文教学

"作文课已经成为大部分农村学生最感头疼、最不感兴趣的课"[⑧],究其缘

① 费灵芝,肖菊蘋.试谈语文课堂与燕赵文化[J].沧州师范专科学校学报,2010,26(2):76-77,80.

② 冯汝林.地方性知识视角下的中学语文教科书[J].当代教育与文化,2010(4):33-37.

③ 舒洁.赣州地方语文课程资源的开发与利用[D].南昌:江西师范大学,2006.

④ 郭晓莹.地方语文课程资源的开发与利用——以福州市为例[D].福州:福建师范大学,2005.

⑤ 邹赣华.地方语文课程资源的开发利用[D].福州:福建师范大学,2005.

⑥ 莫小为.柳州本土文化作为语文校本课程资源开发的研究与实践[D].上海:华东师范大学,2007.

⑦ 陈永娥.黔南本土文化语文校本课程资源开发的研究[D].西安:陕西师范大学,2011.

⑧ 张文沛.农村乡土化作文教学的实践与思考[J].科学咨询(教育科研),2010(4):59.

由,和缺少素材有着很大的关系。沈为民认为,应激起农村学生对作文的兴趣,应走一条"农村特色的乡土化作文教学之路";并指明将地方性知识资源运用到作文中去,不仅可以激发学生的创作热情,使其有话可说,还可以拓宽其创作思路。[①] 余耀清在论述将地方性知识应用到语文教学中的意义后,提出"分类运用"的应用建议。[②] 另外,唐登文还补充了"分步骤引导"的方法。[③]

2. 语文阅读教学

曾丽红指出,将地方性资源应用到语文阅读教学中,可以帮助学生更好地解读课文。[④] 崔建红则从农村学生的立场,提出了"可变化阅读"教学,联系身边一切可供阅读的资源,特别是农村丰富的乡土资源,让学生进行阅读体验,[⑤]这对拓展农村学生的阅读空间有着重要意义。

3. 语文综合实践活动

杨冬华从地方性知识在语文综合实践过程中应用的意义层面,结合当地的地方性资源实际,强调地方性知识在语文综合实践活动中起着丰富和拓展的作用。[⑥] 黄跃进探索了语文教学中应用地方性知识的具体途径,并尝试以地方性知识专题的形式开展综合实践活动,具体形式有对联集锦、家族寻根等。[⑦] 此外,连乐人结合具体案例对各类地方性知识在综合实践活动中应用的程序做了说明。例如,对风景名胜类地方性知识的应用,可以先亲近自然,再展示、交流成果等。[⑧]

七、语文教学中地方性知识应用的问题及策略研究

(一) 出现的问题

语文教学中地方性知识应用过程中的问题,会出现在语文地方性知识开发利用的每一个环节。语文教学中地方性知识应用的问题,如表 1.6 所示。

(二) 应对策略

在地方性知识开发方面,针对地方性知识开发和使用的主体——教师,龙明洲指出不仅要加大教师培训力度,提高教师理论水平及业务素质,还要促使教师

---

① 沈为民.农村乡土化作文教学的实践与思考[J].当代教育论坛(教学版),2010(1):32-33.
② 余耀清.略谈乡土习作资源的开发和利用[J].江苏教育研究,2009(36):24-25.
③ 唐登文.利用乡土资源丰富写作实践的几点思考[J].现代中小学教育,2012(1):30-31.
④ 曾丽红.利用乡土资源 激活语文教学[J].文学教育,2010(4):139-140.
⑤ 崔建红.构建以乡土资源为主体的初中语文"可变化阅读"体系[J].长三角(教育),2012(1):52-53.
⑥ 杨冬华.挖掘乡土资源开展语文实践活动[J].科学大众(科学教育),2011(11):82.
⑦ 黄跃进.浅谈乡土文化与农村语文教学[J].科学咨询(教育科研),2010(4):66-67.
⑧ 连乐人.充分利用地方资源拓展语文综合性学习[J].今日科苑,2009(12):251.

表 1.6　　语文教学中地方性知识应用的问题

环节	问题	问题说明
开发	教师课程意识淡薄	教师工作量大，时间精力有限，再加上培训进修机会少，导致教师课程资源意识淡薄①
	教师开发能力薄弱	当前中青年教师从“应试教育”中来，其地方课程资源分析与鉴别能力、收集资料能力、调查研究能力、组织学生活动能力等均有所欠缺②
	开发主体零散化	学校层面的有意识的整体开发还很少，绝大多数是教师有意无意的个人行为，较为零散③
	缺乏有效指导	缺乏专家指导；缺乏成功范例④
呈现	教科书相关选文分布不均	精神信仰类、衣食住行类较多，人生礼仪类、岁时节日类较少；反映汉族的多，反映少数民族的少⑤
	地方课程缺乏人文性	在现有教育评价机制下，过分重视语文教育显性目标，地方性知识的人文性被淡化⑥
利用	利用不充分	教师不注重乡土资源内在教育价值的挖掘，有限的资源没有发挥应有的作用⑦
	形式缺乏多样化	大多数中学对地方性知识的利用，主要通过课堂渗透、学生自己的实践活动等非正式的教育途径⑧

自我学习、自我反思、不断提高自身课程资源意识。⑨ 舒洁提倡，应加强地方教育行政领导，统筹规划。⑩ 文可义认为，各地各校应建立网络课程资源管理数据库，以拓宽地方性知识开发成果的分享渠道，提高资源利用效率。⑪

在地方性知识呈现方面，冯汝林认为，语文教科书的编写既要注意自觉引入地方性知识，努力做到各民族、各类型地方性知识的均衡，又要注意辨别优劣，还

① 邹赣华. 地方语文课程资源的开发利用[D]. 福州：福建师范大学，2005.
② 龙明洲. 广西河池市中学语文乡土课程资源的开发利用研究[D]. 桂林：广西师范大学，2007.
③ 同①.
④ 同②.
⑤ 冯汝林. 地方性知识视角下的中学语文教科书[J]. 当代教育与文化，2010(4)：33-37.
⑥ 翁清华. 论衡阳地方语文课程资源的开发与利用[D]. 长沙：湖南师范大学，2011.
⑦ 郭晓莹. 地方语文课程资源的开发与利用——以福州市为例[D]. 福州：福建师范大学，2005.
⑧ 同①.
⑨ 同②.
⑩ 舒洁. 赣州地方语文课程资源的开发与利用[D]. 南昌：江西师范大学，2006.
⑪ 文可义. 地方课程资源的开发和利用[J]教育导刊，2003(8)：37-40.

应注意满足选文标准。[①] 陆智芳从课程评价的角度，主张建立、健全语文课程资源开发的综合评价体系，以实现对教师和学生的激励，从而真正体现地方课程的人文性。[②]

在地方性知识利用方面，杨敏通过对课堂教学、校本课程、研究性学习等具体案例的论述，为地方性知识与语文教学的结合形式提供了更多的参考。[③] 与此类似，邹赣华依据地方性知识在选修阅读课、选修活动课、综合活动课等课堂中的应用案例，分析了地方性知识在语文教学中应用时的策略问题。[④]

总体而言，已有研究对语文教学中应用地方性知识出现的问题进行了较为全面的阐述，也提出了相应的解决策略。但就这些策略而言，或者从行政、培训、教科书等角度提出，缺乏即时可行性；或者通过案例呈现，一定程度上缺少针对性。

八、对已有研究的反思

地方性知识在语文教学中的应用研究已取得一定成果，研究框架基本形成，研究内容不断丰富；但在研究结构、研究内容以及研究方法等方面尚存在一些不足，有待改进。

(1) 语文教学中地方性知识的应用有多重意义，已有研究也对此进行了多角度论证。但这些研究多为应然研究，即通过理论思辨和案例分析等途径得出地方性知识在语文教学中“应该会有怎样的作用”，而在实践中地方性知识对其作用的各要素“有没有起作用”或者“有多大的作用”，都有待进一步的量化研究。

(2) 对于语文教学中地方性知识的来源，现有研究已提及“来源主体”“来源渠道”“来源方式”三方面，在研究广度上已有了一定的积累。但就研究深度而言，此三方面的研究仍有待深入，尤其是在“来源渠道”这方面，有待于进行实证研究，明晰各来源渠道的重要性，以提高语文教学中地方性知识来源的研究效率。

(3) 语文教学中地方性知识的内容，现有研究虽已初成体系，但仍有待完善。首先，就研究结构来说，自然资源类的地方性知识研究明显少于其他类地方性知识的研究，需要更多的关注。其次，就研究内容来说，研究者多结合具体地方资源进行案例论述，对各类知识的应用模式等方面的研究有待深化。

---

① 冯汝林.地方性知识视角下的中学语文教科书[J].当代教育与文化，2010(4)：33-37.

② 陆智芳.立足初中语文教学开发利用昆明地方性课程资源的研究[D].昆明：云南师范大学，2009.

③ 杨敏.湖南常德市高中语文乡土教学资源的开发利用[D].武汉：华中师范大学，2011.

④ 邹赣华.地方语文课程资源的开发利用[D].福州：福建师范大学，2005.

(4) 已有研究基本从各个方面论述了语文教学中地方性知识的应用原则，为地方性知识在语文教学中的正确应用提供了规范。但这些“原则”多从小处着手，有待于进一步统整归类；且“原则”本身多为思辨论述生成，相关实证研究尚不多见，其本身的适切性也有待商榷。

(5) 关于语文教学中地方性知识的应用途径，不同研究者虽从不同维度进行了探索，且研究已有一定的规模，但现有研究的内容比重存在失调状况，需要向语文教科书以及语文阅读教学等方面适当倾斜。此外，已有研究多从各途径的意义等层面论述地方性知识在语文教学中的应用，而地方性知识在这些途径中的具体应用，如应用模式的开发等，还有待深化。

(6) 已有研究表明，地方性知识应用于语文教学的过程中出现了教师意识淡薄、能力薄弱等一系列问题，这些问题对后续相关研究具有重要的导向意义。就这些问题的解决策略，已有研究多从行政、培训、教科书以及案例呈现等角度提出，解决策略的操作性和针对性，有待进一步加强。

第四节　教师的文化使命研究述评

一、研究概述

“教师的文化使命”成为一个学术问题，源于 20 世纪 80 年代对“教育与文化的关系”的研究，迄今大体可以划分为两个阶段。

第一阶段指 20 世纪八九十年代，为兴起阶段。1976 年“文化大革命”结束，1978 年全国进行了真理标准的大讨论，加之改革开放的春风迎来了文化研究热潮。我国文化发展逐渐呈现出多元文化并存的趋势，东方文化与西方文化、现代文化与传统文化、主流文化与非主流文化、外来文化与本土文化之间相互碰撞与交流，拉开了“教育与文化的关系”研究的序幕，其中以 1988 年傅维利等人的著作《文化变迁与教育》为代表。

第二阶段指 20 世纪末、21 世纪初，为普遍发展阶段。文化多元趋势日趋凸显，面对西方文化对中华民族文化的强烈冲击、大众对外来文化的崇拜而对民族文化的漠视等一系列关乎民族文化存亡的问题，“由谁来担负起文化使命”这一问题开始进入中国学者们的研究视野。研究者多从文化学、民族学、社会学的角度对文化使命展开探究，聚焦于新闻媒体、政府、企业的文化使命。在教育领域中，以两大教育实践——基础教育课程改革和高等教育的大众化为背景，教育研究者纷纷以教育学为视角研究文化使命，其中以郑金洲 2000 年出版的著作《教育文化学》和叶澜 1996 年发表的《世纪之交中国学校教育文化使命的思考》为代表，共有相关成果140个左右，主要集中在学校、课程改革、基础教育、乡村教育、少数民族教育这些比教师更高一个的层面上对文化使命展开研究。这其中也不乏涉及教师的文化使命，而直接集中地探讨教师文化使命的著作、论文较少。2006年吴玲、周元宽所著的《当代教师文化使命》，系统阐述了教师文化使命的发展演变，并且以“古今中外”的文化为中心点，宏观上论述了教师民族文化、外域文化的使命，微观上具体阐述了教师传道解惑、授业拓能和健体强心的使命；[①]2007年葛金国、吴玲、周元宽编著的《课程改革与学校文化重建》，专章论述了教师群体的文化特性和使命。[②] 有代表性的学位论文有4篇：李义胜的《当代教师的文化使命》，主要是以文化的类型为出发点，分中西文化、教师文化、课程文化和多元文化等四个方面阐述教师的文化使命；[③]周元宽的《教师民族文化使命践履研究》，更加侧重教师的民族文化使命及具体实践途径；[④]韩栋娟的《大学教师的文化使命》，从大学教师的职业角色出发，侧重阐述大学教师对文化的传承、批判、引导和创造的使命；[⑤]满达日娃的《蒙古族教师应有的文化使命》，以蒙古族教师的角色特征为出发点，阐述了蒙古族教师五个方面应有的文化使命。[⑥]

对教师的文化使命的研究，主要呈现以下几个特征：第一，研究的理论基础多元化，研究不仅仅局限于借鉴社会学、人类文化学的理论，还借鉴教育文化学、教育社会学的理论。第二，研究的多视角性。研究者从学科、学校类型、地域等不同维度对不同类型的教师进行探究。第三，研究的“接地气”性。少数民族文化以及乡土文化这些非主流文化的生存与发展日益受到研究者的重视。

二、研究内容

（一）文化使命的定义

何谓文化使命？已有的文献大多没有对其下一个明确的定义，而只是将其作为一个不言而喻的词。但是，有两位学者提出了自己的看法。韩栋娟认为，文化使命是主体对人类文化承担的责任，这不仅是社会要求的，更是个体自觉的。[⑦] 周元宽认为，文化使命是人天生的固有使命，是人作为人所固有的、基于

① 吴玲，周元宽.当代教师文化使命[M].合肥：安徽人民出版社，2006：20.

② 葛金国，吴玲，周元宽.课程改革与学校文化重建[M].合肥：安徽教育出版社，2007：224-269.

③ 李义胜.当代教师的文化使命[D].芜湖：安徽师范大学，2004.

④ 周元宽.教师民族文化使命践履研究[D].芜湖：安徽师范大学，2006.

⑤ 韩栋娟.大学教师的文化使命[D].呼和浩特：内蒙古师范大学，2008.

⑥ 满达日娃.蒙古族教师应有的文化使命[D].呼和浩特：内蒙古师范大学，2013.

⑦ 同⑤.

对人的利益所谋而自觉肩负起的文化责任。[①]

（二）教师的文化角色定位

近年来，在谈论“教师的文化使命”时，研究者们通常会突出教师的“公共知识分子”角色。何谓知识分子？邵建指出要区分“知识者”和“知识分子”，前者侧重“知识”，可以与职业相对；后者的重心在“分子”上，作为一个功能性概念，它超越了职业，对应于“志业”，更强调的是一种信念。随着知识分子的职业化趋势日益加强，“志业”空间逐渐萎缩，知识分子的公共性受到研究者的日益关注。[②]

张应强指出，不同的社会角色要求大学教师要承担不同的社会责任，大学教师作为知识分子要通过社会文化批判促进社会文化的进步。[③] 汪馨兰等人则将知识分子这一角色细化，指出大学教师以专业知识分子的身份活跃于教育专业场域内，又在社会的公共场域内扮演着公共知识分子的角色。[④] 吴康宁提出一个新的对教师角色的定位，即“半支配阶级代言人半公共知识分子”。[⑤]

面对乡村教师逐渐成为乡村社会的“异乡人”这一现象，研究者强调乡村教师的“公共知识分子”的身份，极力唤醒乡村教师的公共意识和文化责任感。项贤明指出，在农村社会现代化过程中，教师“文化人”的角色既被赋予传统文化传承者的角色，同时也承担着现代文化传播者的角色。[⑥] 王勇进一步指出，要处理好乡村教师的专业角色和社会角色的关系，坚持乡村教师的专业性优先，然后利用专业知识，在培养学生的同时服务于乡村社会的发展。[⑦] 魏峰强调，乡村教师在乡村教育工作之外的交往领域内扮演着熟人的角色，需加强与乡土文化的联系；在专业化领域的教育活动中仍扮演着专业人员的角色。[⑧]

（三）教师的文化使命功能

教师的文化使命功能主要包括：文化功能、社会功能和教育功能。

1. 文化功能

肖海平认为，教师作为社会知识界的权威，他们的行为、观念等易于对学生、家长和社会成员产生影响，从而可传播文化；学生在获得先进文化后，通过与父

---

① 周元宽. 教师民族文化使命践履研究[D]. 芜湖：安徽师范大学，2006.

② 邵建. 知识分子与人文[M]. 北京：中国社会出版社，2009：12-14.

③ 张应强. 大学教师的社会角色及责任与使命[J]. 清华大学教育研究，2009(2)：8-16.

④ 汪馨兰，戴钢书. 论大学教师社会角色的建构与重塑——基于专业知识分子与公共知识分子的研究视野[J]. 河南广播电视大学学报，2011(3)：62-64.

⑤ 吴康宁. 教师：一种悖论性的社会角色——兼答郭兴举同志的“商榷”[J]. 教育研究与实验，2003(4)：3-10.

⑥ 项贤明. 中国西部农村教师社会责任的功能性扩展[J]. 教育研究，2004(10)：9-14.

⑦ 王勇. 当代乡村教师的社会角色困境与公共性的建构[J]. 当代教育科学，2013(7)：20-22.

⑧ 魏峰. 从熟人到陌生人：农村小学教师的角色转变[J]. 南京师大学报(社会科学版)，2010(5)：80-85.

辈们的交往,可以增长父辈的知识、改造父辈的文化价值观念。① 曾熙、黎婉勤指出,教师作为文化的使者,一代又一代肩负起文化责任,使我国优秀文化传统得以继承和发扬。②

2. 社会功能

文化发展作为社会发展的一个重要组成部分,教师担负起文化使命有利于促进和谐社会的建设③,推进城镇化进程④,有利于新农村建设⑤。

3. 教育功能

教师履行好文化使命无疑对新课程教学改革的顺利进行⑥、教师专业发展意义颇大⑦;同时,对学生的道德发展有着直接和间接的影响⑧。

(四) 教师的文化使命内容

关于"教师到底承担着怎样的文化使命"这一问题,我国学者通过不同的角度进行了阐释,主要有以下三种。

第一种是从学科的角度进行研究,这是由于每门学科各具特色,不同学科的教师也就自然承担着不同的文化使命。吴玲、周元宽提出社会学科教师对于引导学生的世界观、人生观、价值观起着十分重要的作用,自然学科教师主要是培养学生的思维方式和科学精神。⑨ 另外一些研究者所提出的观点,见表 1.7。

表 1.7　　有关不同学科教师的文化使命研究

学科教师	作者	观点
语文教师	余国源	文化哲学的视角:文化自识、对话、融通、创新⑩
	蓝蕊	教育文化学的视角:传承和弘扬民族文化⑪
	李政涛	语言学的视角:让学生体会汉语之美⑫

① 肖海平.新农村建设中教育的文化使命[J].当代教育论坛(学科教育研究),2008(1):26-28.
② 曾熙,黎婉勤.国家文化安全与教师文化责任[J].教育评论,2010(2):57-59.
③ 王桂兰.文化和谐与当代知识分子的文化使命[J].科学社会主义,2006(6):43-45.
④ 李静波,郭丹丹.城镇化进程中农村教育的文化使命[J].国家教育行政学院学报,2004(1):33-38.
⑤ 同①.
⑥ 肖正德.新课程教学改革中的乡村教师文化境遇[J].教育学报,2011(2):67-73.
⑦ 苏豪.教师文化对教师专业发展影响的研究[D].长春:东北师范大学,2012.
⑧ 魏欢.教师文化角色的担当对中学生道德成长的影响[D].金华:浙江师范大学,2012.
⑨ 吴玲,周元宽.当代教师文化使命[M].合肥:安徽人民出版社,2006:20.
⑩ 余国源.试论中学语文教师专业化发展的文化使命[J].科学咨询(科技·管理),2013(1):76-78.
⑪ 蓝蕊.母语教育的文化使命[D].金华:浙江师范大学,2008.
⑫ 李政涛.让学生享受汉语——兼论"新基础教育"语文教学的文化使命[J].基础教育,2006(3):10-11.

续表 1.7

学科教师	作者	观点
英语教师	宋建清	教育文化学的视角:促进中外文化互动,弘扬本土文化①
物理教师	解世雄	教育文化学的视角:传递先进的科学文化,培养学生的科学素养和创新精神②
体育教师	陶克祥、杨国庆	教育文化学的视角:传承运动文化③

第二种是从学校类型的角度对教师的文化使命进行研究。一是大学教师的文化使命。有学者指出大学教师既要通过教学传承文化,也要通过学术研究、科研批判来创造文化,更要担当起培养未来文化创造者的重任。④ 二是中小学教师的文化使命。中国传统社会文化要求教师在教学之外,还需要指导学生遵循做人的基本规范,传授学生正确的价值观。⑤

第三种是从地域的角度进行研究分析。一方面是关于从教于少数民族地区的教师的研究。石玉昌以有侗族居住的贵州省黎平县的教师为例,指出民族地区的教师有着双重身份,一是传播主流文化的使者,二是挖掘和开发本民族优秀文化的先锋。⑥ 满达日娃指出蒙古族教师要站在传统和现实的文化土壤上,正确对待文化,并通过适合当地学生特征的方式传承文化,创造具有民族性、时代性的文化。⑦ 另一方面是关于从教于农村地区的教师的研究。在当今城镇化、工业化的社会背景下,乡村教师面临着身份认同危机⑧和文化困境⑨。而作为乡村的文化人,乡村教师要担负传承、重建和发展乡土文化的重任。⑩

(五)教师的文化使命实现路径

教师履行文化使命任重道远,研究者大致着眼于教师群体、课程、课堂教学、科研、社区活动等五个主要层面提出了相应的实现路径。

① 宋建清.外语教育的文化使命与翻译中的身份认同[J].教育评论,2013(3):105-107.

② 解世雄.论物理教师的文化使命[J].物理通报,2013(2):118-121.

③ 陶克祥,杨国庆.体育课程的文化使命透视[J].西安体育学院学报,2013(3):364-369.

④ 张传燧,岳喜凤.从《师说》的“传道”思想看大学教师的文化使命[J].现代大学教育,2006(5):36-40.

⑤ 冉亚辉.中国教师独特的德育使命特征论析——基于中西方教师文化对比的视角[J].教育理论与实践,2013(1):45-48.

⑥ 石玉昌.民族地区农村小学乡土文化教师研究——以贵州省黎平县为例[D].北京:中央民族大学,2010.

⑦ 满达日娃.蒙古族教师应有的文化使命[D].呼和浩特:内蒙古师范大学,2013.

⑧ 王勇.试析文化冲突背景下乡村教师的身份认同危机[J].教育探索,2013(2):88-90.

⑨ 高小强,王成军.多元文化视野下乡村教师的文化生存[J].继续教育研究,2009(12):108-111.

⑩ 任燕.论当代农村教师的文化使命[J].常熟理工学院学报,2012(6):8-11.

(1) 从教师群体层面来看,研究者主要从理性和感性层面提出践履教师的文化使命。第一,就理性层面而言,教师要树立正确的文化立场[①],强化自身的文化身份认同;有清醒的文化自觉意识,并理性地思考本民族文化,了解他国文化,以便在教育学生时能正确取舍;[②]通过学习提升自己的文化素养,通过专业培训培养文化批判意识。[③] 从理性层面看,对教师的素质提出了更高的要求。第二,就感性层面而言,段会冬则指出乡村教师应当扎下"文化之根",培养他们对乡村文化的感情。[④]

(2) 从课程层面来看,李义胜和周元宽提出依托课程这一文化载体来构建良好的课程文化是实现教师文化使命的重要途径。新课程改革强调教师是课程开发的参与者,要明确课程目标价值的多元化取向,确保课程内容文化的多样性、时代性、适切性,创造以合作、对话为标志的课程实施文化。[⑤] 胡向明以地方课程为载体,提出农村教师应开发适应农村的课程资源。[⑥] 李宝庆以校本课程为载体,认为校本课程是一种文化开发,而教师作为课程开发的主体,要处理好文化多元与一体的关系。[⑦]

(3) 从教学层面来看,教师要在课堂中展开对话、交流,引领学生进行文本文化与传统文化、现代文化的沟通,让课堂成为焕发生命活力、充斥文化气息的文化殿堂。[⑧] 周元宽提出教师要加强教学反思,通过反思加强民族文化自觉以及提高民族文化传承的效率。[⑨] 曾熙则从学科角度指出,各科教师结合学科教学特点,将民族文化融入学科教学,让学生在学科学习中接受文化的熏陶。[⑩]

(4) 从科研层面来看,有学者提出,大学是科学研究、学术创造的主力,大学教师更要通过带领学生进行科学研究,培养有创新精神的人才,以此来实现文化创新。[⑪] 葛孝亿倡导农村教师依托乡土文化,积极开展校本教研活动,使教研活动具有独特的乡土文化意蕴。[⑫]

---

① 杨晖.高校英语教师在教学中的文化使命[J].甘肃科技纵横,2005(2):142-143.

② 曾熙,黎婉勤.国家文化安全与教师文化责任[J].教育评论,2010(2):57-59.

③ 张君.当代乡村教师的文化境遇与文化重构[J].考试周刊,2013(3):178-179.

④ 段会冬.乡村教师文化困境的再思考——对《乡村教师的文化困境与出路》一文的回应[J].上海教育科研,2011(11):40-44.

⑤ 周元宽.教师民族文化使命践履研究[D].芜湖:安徽师范大学,2006.

⑥ 胡向明.我国农村教师价值的迷失与回归[D].湘潭:湖南科技大学,2012.

⑦ 李宝庆.校本课程的文化使命[J].天中学刊,2008(4):4-7.

⑧ 韩栋娟.大学教师的文化使命[D].呼和浩特:内蒙古师范大学,2008.

⑨ 同⑤.

⑩ 同②.

⑪ 张传燧,岳喜凤.从《师说》的"传道"思想看大学教师的文化使命[J].现代大学教育,2006(5):36-40.

⑫ 葛孝亿.农村教师专业发展范式转换——"地方性知识"的视角[J].中国教育学刊,2012(3):82-85.

(5) 从社区活动层面来看，学者主要针对从教于乡村地区和少数民族地区的教师提出建议。高小强提出，乡村教师要适应乡土文化，要主动参与乡村社区的文化建设，与村民保持密切联系。[①] 王勇认为，乡村教师不但要关心专业领域的事情，还要关心专业以外的乡村政治、经济、文化建设，应该积极走出课堂，利用校园、教室、图书馆等资源为乡村服务。[②]

三、研究反思与展望

通过上述文献整理与分析发现，关于教师的文化使命研究，主要集中在教师的文化角色、教师的文化使命功能、内容、实现路径这些方面；但同时，也存在着一些不足，需要进一步进行深入探讨。

第一，已有研究在定义文化使命时主要植根于意识层面，强调主体的自觉体认。教师作为承担文化使命的重要主体，对其文化责任的自觉性需加以深入研究。除此之外，还需顾及实践层面，即教师承担文化使命所具备的知识、能力、素养等。

第二，大多数研究将教师的文化角色定位为“公共知识分子”，强调教师作为具有知识的文化人应承担起相应的文化职责，这对于民族文化的传承、多元文化的对话以及教育发展是一个可喜的进步。一些研究者注意到以往的知识分子在承担文化使命中的典范作用。例如，孔子、鲁迅、陶行知等，他们为中华民族传统文化的传承与发展做出了巨大贡献。然而，遗憾的是研究者只是对此进行了“蜻蜓点水”般的研究，没有深究先辈们承担各种文化使命的历史渊源、实践经验等颇具价值的问题，而这不失为一个极具价值的研究方向。

第三，研究者虽然已经看到了教师承担起文化使命对社会、文化以及教育发展所起的功能和作用，但是还需要深入探究这些功能发挥和实现的渠道以及影响其功能发挥的因素。因此，教育理论研究者应同从事教育一线的教师一道，共同合作、不断探索。

第四，关于教师文化使命的内容研究应结合应然研究与实然研究。当前大多数研究关注点聚焦于教师应该承担哪些文化使命，很少有对教师实际履行了哪些文化使命、存在哪些不足以及采取哪些相应的对策等这些实然性问题进行深入细致的探究。

第五，已有研究从不同渠道对教师如何实现文化使命提出了宝贵的意见。在多元文化背景下，对于不同类型的文化，往往有着不同的传承和保护措施。在

---

① 高小强，王成军．多元文化视野下乡村教师的文化生存[J]．继续教育研究，2009(12)：108-111.

② 王勇．试析文化冲突背景下乡村教师的身份认同危机[J]．教育探索，2013(2)：88-90.

学校内，教师需要承担一定的学校文化使命、课程文化使命、课堂文化使命；除此之外，教师作为公共知识分子或者社区的文化人，所处的地域环境也需要教师担负起相应的地域文化使命，而如何有效履行不同的文化使命则有不同的途径和方法。现有的研究一般笼统地阐明教师要承担文化使命，却没有细致地研究教师所承担的不同类型的文化使命以及相应的实现途径。周元宽深入探究了教师践履民族文化使命的途径，为今后进一步推进研究教师实现不同类型文化使命开了一个好头。

此外，目前关于教师的文化使命的研究方法大都以思辨研究为主。研究者往往把文化学、教育学、教育文化学以及社会学等理论成果，自上而下、从一般到特殊进行演绎推理，理论体系完整，然而主观色彩过于浓厚，太过依赖于研究者个人的主观想象和思辨，缺少对现实和实际生活的观照。这种研究现状导致研究成果看似能"放之四海而皆准"，实则太过普遍性、公共性、抽象性，反而适得其反，很难具体用于实处。但可喜的是，一些研究者开始从实地研究，包括叙事研究、个案研究等角度出发，从深入了解教师的文化困境等问题入手，分析教师在承担相应文化使命时面临的阻碍、影响因素以及应采取的相应对策，从而给研究打开了一片新的天地。

第二章

地方性知识的教育学理解

对地方性知识进行教育学的理解，是一项较为复杂的工作。本章重点就教育学应坚守的知识立场进行讨论，目的是希望通过这样的讨论，将教育学意义上知识的性质进行地方性视角的定位，这种定位也正是全书的知识立场。此外，鉴于课程知识的地方性问题无论从理论上还是从实践上均关注不够这一现象，本章试着讨论了课程知识的地方性质。如果课程知识的地方性质能够得到认可和实践，相信对进行相应的课程改革会有一定的促动。在前面两个相关讨论的基础上，就农村教师的地方性知识进行了论纲式的分析，这一分析与全书各章大都有较为密切的关联。

第一节　教育学应坚守地方性知识立场

一、地方性知识的教育学意蕴

普遍性知识在人类进入现代社会后一直被奉为圭臬，知识的标准化、可传播、可通译等特点已经丝毫不能引起人们的怀疑，特别是在普遍性知识所显示的强大力量给人们的生活带来红利的时候。那么，存在普遍性的知识吗？这个曾经不言自明的问题，在现代性遭受攻击后，逐渐引起了人们的怀疑。随着后现代思潮的兴盛，将不同领域对普遍主义知识观进行质疑的观点汇聚后，形成了一个基本的判断：知识的形成是一个从地方性知识抽象为普遍性知识的过程，知识内在地包含了地方性质。在这个意义上，阐释人类学和科学实践哲学给予了发生学相关的说明。按照阐释人类学的观点，"过去被奉为圭臬的西方知识系统原来也是人为'建构'出来的，从价值上看与形形色色的'地方性知识'同样，没有高下优劣之分，只不过被传统认可（误认）成了唯一标准的和普遍性的。""地方性知识不但完全有理由与所谓的普遍性知识平起平坐，而且对于人类认识的潜力而言自有其不可替代的优势。"①而在科学实践哲学看来，"普遍性只是人们的臆想。从实践活动论的视角看，根本不存在普遍性知识，一切知识包括科学知识都是地方性知识。科学知识在本性上就是地方性的。"②

从知识的地方性质或地方性知识的视角来看，在现代性框架下，知识失去了地方专属性质，失去了情境有效性质，失去了价值关涉性质，失去了个人立场性质，成为凌驾于地方境遇之上的刚性的符号体系。它以理性、专业、科学三顶桂冠，压制着教育学场域中的教材、教师、学生。知识传播过程成了被动复制、客观陈述、无误传递、规范表达、刻板记忆、机械模仿的过程。在这个过程中，见不到来自所属地域的传授者和学习者，因而个人判断知识与自己亲近关系的价值感缺失、用来理解普遍知识的经验背景缺失、用以创造知识的激情与需要缺失。进而，这样的知识学习不会带来化育的效果，只有复制的可能。

因此，教育学应担当起自己的主体责任，审视知识的地方性质，决定为什么教、教什么、如何教等问题。千万不能把现代性框架下哲学认识论所公告的知识观和各个具体学科所明示的知识体系原封不动地复制给学生就算完事。也就是说，教育学应该坚守知识的地方性立场，从教育学视域出发，肯定地方性知识的

---

① 叶舒宪."地方性知识"[J].读书，2001(5)：121-125.

② 吴彤.两种"地方性知识"——兼评吉尔兹和劳斯的观点[J].自然辩证法研究，2007(11)：87-94.

价值，实现地方性知识的教育意义。

教育学坚守地方性知识的立场，就是要打破普遍性知识一统天下的局面，进而为地方性知识进入教育界制定法律法规并进行相关的制度安排，并扩大其被认可和被接受的范围，为其上升为可通约的知识提供通道。这样一方面可以实现对地方性知识的挖掘、整理、传播，实现对地方性知识的保护和发展；另一方面可以使地方性知识对个体或地域群体的更为适切的认知与发展功能得以发挥，同时潜移默化地发挥其教化作用，更好地实现教育功能。还能够打破固有的知识观与认识论的局限，为教育学的相关研究提供新的领域与视角，促进教育理论自身的发展。更为重要的是，地方性知识的立场，可以使教育学由以知识为本转而以人的生存状态为本，由认识论意义的教育学转型为生存论意义的教育学，由解释知识世界的教育学转向为生命实践的教育学，为教育学概念重建提供安身立命的场所。

从教育学角度理解，地方性知识定义为“地方性”或者“局域性”不仅是在特定的地域意义上说的，它还涉及在知识的生成与辩护中所形成的特定的情境，包括由特定的历史条件所形成的文化与亚文化群体的价值观，由特定的利益关系所决定的立场和视域等。“地方性知识”的意思是，正是由于知识总是在特定的情境中生成并得到辩护的，因此我们对知识的考察与其关注普遍的准则，不如着眼于如何形成知识的具体的情境条件。①

据此，教育学意义上的地方性知识可以从以下四个方面来理解：第一，是学生成长经历的场景中累积下来的经验系统，这一系统最能够和课程所提供的标准化知识相连接，是吸纳消化课程知识的经验基础。第二，是教师身处的地域所拥有的地方文化资源，这些资源可以经过提炼和体系化，转化成教育资源，产生一定的教育价值。第三，是家长所熟识的所在地风土人情的认知和体验，这些认知和体验形塑着家长的教育观念与教育习俗。第四，是一定社会区域内存留的物质与精神的各种具体形态，这些具体形态潜移默化地构造着这一社区的教育生态环境，是民间的隐性课程。

可见，教育学意义上的地方性知识，其主体具有多元性质，学生、教师、家长、社区等在不同侧面和语境中担当着主体；其内容构成有多个层次，学生个人经验系统、地方文化资源、家长对所在地的认知与体验、社区内丰富多样的物质与精神形态等都是地方性知识内容的组成部分；其表现形式可以是自然、建筑等具体的物质形态，也可以是历史、传说等精神形式，还可以是体验、认知、经验等心理过程；其表达方式可以是说得清道得明的也可以是缄默体悟性质的，可以是以具

① 盛晓明.地方性知识的构造[J].哲学研究，2000(12)：36-44.

象标识的也可以是隐性的，可以是静态的也可以是活动的。

二、教育学视域下地方性知识的特点

对于地方性知识的特点，哲学和人类学学者们使用的描述词语包括“历史性”“地域性”“民族性”“本土性”“批判性”“地域固有性”“时空共存性”“情境性”等。从教育学意义上看，与普遍性知识相比，地方性知识具有如下九个方面的特点。

（一）具有个人特质

这类知识是由个体长期生活经验积累而成的，在个人生活过程中，通过与生存环境的交往自然而然形成，具有个人专属的特征。这类知识在正统的学校教育过程中通常无法学到，但却是学习者的“内部视界”，在学校教育中是学习者理解普遍性知识的基础。

（二）由民间教化而来

在个体成长过程中，长辈、同伴、社区等主体，通过与个体的种种正式与非正式的交往互动，将所属地的所属人群的种种规则与习惯传递给个体，成为个体的无意识的一种观念，即广泛意义上的“教化的产物”。

（三）具有同化能力

地方性知识遭遇普遍性后，学习者会将学校教育所宣布的普遍性知识同化到个体自己的地方性知识体系中，用自己的认识框架吸纳和理解普遍性知识，进而在接纳普遍性知识的同时改进自己的认知结构。遗憾的是，现实中学校里面却经常把学生当成白板和蜡块，置其地方性知识基础于不顾。

（四）具有可再生性

个体的地方性知识不是一成不变的，自身有潜在的发展能力。在个体原有的地方性知识体系遇到新的外部知识时，会反思和调整原有的模式，审视原有的知识体系，或修正或更新，使个体的知识系统得到充实和提升。这一特点既是教育得以发生的一个认识论基础，也是学校教育知识发展功能的一种体现。

（五）具有情境唤醒性

地方性知识是在具体情境中生成的，也是在情境中得到辩护的。离开了具体情境，地方性知识只能沉睡在个体意识深处，其自身所拥有的优势便无法得到发挥。教育的重要使命，就是创设具体而真实的情境，唤起学习者学习地方性知识，并以此发挥地方性知识独特的教育价值。

（六）具有需要传承性

从知识发展来看，地方性知识虽然具有浓厚的个人特质，甚至是零散的、“非科学”的，但也极有可能发展成为普遍性知识，是潜在的普遍性知识。向未来的社会主体传递潜在的普遍性知识，这是教育理应提供的“最近发展区”。从知识的保护来看，保证地方性知识在下一代延续下去而不至于湮没，这也是学校作为知识传承中心应有的责任。从学习者需要来看，通过地方性知识学习可以使学习者理解知识的发生过程，从而使学习者能更为宏观地理解普遍性知识。从知识创新来看，为学生提供经过本土文化确证过的经验，充实普遍性知识的血肉，可以为学生在学校范围内实现知识创新或创新性学习提供经验保障。

（七）具有可教性

一方面，地方性知识虽然是零散的知识，但在一定时空范围内是稳定的、得到集体认同的，并且经过了历史的考验和过滤。这类知识内在地包含着思想、规则、标准、原理、程序、技巧等，具有提炼和抽象概括的可能性，能够转化为教学所需要的材料。另一方面，地方性知识大多是通过口口相传、示范模仿而获得的感性知识，在其流传过程中已经内在地包含了一定的学习方式，这些方式经过学校化改造后，可以成为课堂上的教学方法。

（八）可以表达、交流、分享

对于个人而言，地方性知识往往是深沉的内隐性知识，伴随着个体成长，内化在了个体生命之中，有着天然的熟悉感和亲切感，一经启发或际遇情境，便会自然流淌出来。通过语言、活动、操作、制作等方式，学习者能够将自己的观点、感受、判断呈现给其他学习者。这种呈现通常伴有强烈的情绪情感在其中，是自愿自觉的行为。呈现的内容丰富多彩，具体且富有质感。呈现的方式也通常不止于语言描述而更为形式多样，为其他交流对象所喜闻乐见。

（九）具有综合性

提到知识，人们往往会在脑海中呈现出分门别类的知识体系，而地方性知识不同，很难用学科门类来划分。这种综合性极强的知识具有分科知识无法比拟的整体思维发展能力和整合分科知识的作用，恰恰可以弥补现代知识体系的不足。

从教育学视域下地方性知识的意蕴及其特点来看，教育学理应坚守地方性知识立场，履行其认知与教化两大责任。

三、教育学坚守地方性知识立场的认知责任

从教育学角度来看地方性知识的认知价值，可以从两个方面来理解：一是促成普遍性知识向地方性知识转移，并关注地方性知识向普遍性发展；二是促成普遍性知识进入学习者内心世界，与其地方性知识相融通。

教育学意义上的知识，包含着两种存在方式：一种是习以为常的认识，即

知识是既成的、符号化的体系，是静态的、确切的，独立于人这一主体之外；另一种是以观念形态存在的动态的、生成性的、情境性的际遇而生的东西。第一种存在方式大家已经习惯了，而第二种存在方式却经常被忽视甚至否认。知识的地方性质，提示了教育学在知识传习方面的根本任务，是将第一种存在方式的知识转化为第二种存在方式，从而促成对第一种知识的解放。这里的"解放"主要包括三个方面：第一，解放知识的空间和时间，让知识在各个主体的头脑里自由展现，超越文本符号体系，方便知识在个体历史和现实情境甚至未来可能性之间流动；第二，解放知识的表达方式，让知识从抽象符号转化为个体经验，使个体的认知结构不断重组和优化，从而使知识获得多种表现形式，赋予知识活力和生命。第三，解放知识的责任。知识通常负担着代言真理的责任，这种责任会带来"知识无用""知识过时"等对知识的指责，地方性这一性质，揭示了知识"此时此地此情此景"的固有属性，使得知识成为不完美、不永恒的现在进行时和将来完成时，也正是由于这种时态，知识会卸下实用的担子，变得生动并令人充满期待。

教育学要担当起对知识进行地方化的责任，回归知识的地方性质，需要做到以下三点：第一，将客观、科学的知识提升为知识观念，也就是上升到认识论和方法论的高度。通过对知识发生过程的还原，展示知识的生命过程，将其"从地方来—抽象和标准化—回到地方去"的过程展示给学习者，让学习者能够鸟瞰知识，继而理解和把握知识。第二，将系统的学科知识体系依照学习者的需要和可能进行转化，从忠实于学科知识体系的基点转换到忠实于学习者上来，促成知识地方化。第三，将具体的知识落实到此时此地此情此景中，促成共时性、区域性、情感性、场域性的统一，进而实现其回归学习者的过程。

地方性知识转移为普遍性知识，这也是地方性知识应有的追求。在这个转移过程中，教育学也应该担负起相应的责任。教育工作者在从事教育活动过程中，应多关注当地的传统、文化、价值、习俗、风尚、历史、自然、生活、生产等，在关注过程中以知识分子的身份来对其进行探寻与采集、整理与编排、论证与辩护，使之体系化、符号化、合法化，为其可传播化做好准备。并通过课堂教学、各类集会演讲、撰写文章等形式，使得这些地方性知识得到当地人们的理性认识与修正补充，更使得外界了解、认识、接纳、认同、传播这些地方性知识。也就是说，教育学要担当起地方性知识普遍化的责任，使所在地的地方性知识得到廓清、合法性辩护与系统化表达，使之能够转化成普遍性知识。

教育学的另一个重要任务，是使得寄存在教学材料载体上的已经被认为是合法化、得到普遍认同的符号体系，即普遍性知识，转移到学习者个体。而这一任务，因其意识与工作难度，经常受到忽视或低效。对普遍性知识进行客观的宣讲，这当然是最简单的教育活动，甚至简单到利用现代教育技术就可以完成，不需要活生生的教师在场。但教育的真谛，不是这种普遍性知识的复制，而是普遍性知识的个人化，是普遍性知识成为学习者的有机的内在力量。无论学习者在哪里，都一定是当地的，拥有当地的地方文化经验，拥有以当地知识理解和解决问题的经验范式，更有支持冷冰冰知识的鲜活的地方资源。他是被地方性知识所滋养的，这是他们的理解前见，利用这些前见，置于这些特定的情境中，普遍性知识才能在学习者内心世界得到消化理解，得到重新地生成与辩护，才会成为鲜活的充满个人气息的知识。舍弃这一前提而授受普遍性知识，其结果或是事倍功半，或是制造了一个个知识储存器。

就学生个体而言，“学习知识”的过程，实质上应该是建构知识的过程。这个建构知识的过程当然离不开分门别类的学科知识。这些学科知识书写在教科书上，被教师传递，并通过考试、选拔等得到价值认可，成为人们眼里的标准知识。但仅仅有标准知识，学习知识的过程就必然会以复制、记忆为主要方式，所学会的知识也只可能是别人的知识、公共的知识，不是建构起来的富有个人独特意义的知识。知识建构除了这些公共的、标准化的知识外，学习者个体成长的“地方”——成长环境，扮演着重要角色。在个体生长的地方，孕育和塑造着个体的价值观念、文化立场、思维方式、视域等，更为个体提供了他自己熟悉的、融入生命之中的山川大地、风土人情。这些个体经验会成为学生认知结构中的经验背景，支撑着学生知识的建构。也只有具备这些经验背景，学生才能真正实现知识建构，而且建构起来的知识必然会充盈着地方性质。因此，个体的知识一定是具有地方性质的。当然，知识在课堂语境当中时，人们似乎看不出知识的地方性质；但知识一旦进入实践语境，即知识一旦被应用到实践当中时，知识的经验背景就开始发挥作用，个体在知识应用、知识改进与优化过程中，其地方性质就会凸现出来。

教育学的使命，是站在学习者的立场，在普遍性知识与地方性知识之间建立沟通与融合的桥梁，成为一个心态平和、“界面”友好的使者，成为一个可以使二者相通相融又富于操作化的协同创新平台。这就使得阐释人类学与科学实践哲学两者对于普遍性知识的排斥、对于地方性知识的推崇能够在一个和平的平台握手言和、通力合作。这样可以避免对普遍性知识的全盘否定与对地方性知识的无限扩大。当然，最为重要的是，在这个平台上，普遍性知识能够进入学生的内心世界，与个体的地方性知识相融通，形成独具学习者个人特质的知识系统。

四、教育学坚守地方性知识立场的教化责任

甘地说：“现代教育不能使年轻人学会任何在生活中发挥作用的东西。那些

将自己的孩子送到现代学校里去的人绝大多数是‘农业专家’……然而，毫无疑问的是，当年轻人从学校回到生养自己的地方以后，对农业却一无所知。不仅如此，他们还从心底藐视自己父亲的职业……现代学校的一切事情，从教科书到毕业典礼，从来不会使一个学生对自己的生活环境感到自豪。他受到的教育程度越高，就越远离自己的故乡。教育的整个目的就是使他和他的生活环境格格不入，就是使他不断地疏远这种环境。对于故乡的生活，他一点儿也不感到有诗意；村庄的一切对他来说是那样的陌生；祖祖辈辈所创造的文明在他的眼里被看成是愚蠢的、原始的和毫无用途的；他自己所受的教育就是要使他与他的传统文化决裂。”①

教育的天然使命是培养人，但过去人们执着于讨论培养什么样的人、为谁培养人的问题时，通常是突出教育的政治功能，坚持国家主义传统。事实上，为“地方”培养人，培养“地方”的建设者和接班人，这才是发挥其政治功能、实现其国家主义宗旨的具体路径。为“国”培养人，要从为“家”培养人开始。试想，各级学校培养的人，不了解本土的传统、不认同本土的价值、不熟悉本土的历史文化、不习惯本土的生活，何谈本土建设与本土发展呢？所谓“修身、齐家、治国、平天下”，正是对“为本土培养人”的论述。

学校是个抽象概念，当这个概念具体化后，就是指散落在各个地方的每一所具体的学校了。因此，学校必然是与地方社会共生共存的，学校如果成为一个象牙塔封闭起来，断绝与地方社会文化的联系、无视地方性知识而津津乐道于远离当地学生经验的普遍化知识，学校的功能与存在价值就应该受到质疑了。“对人的教育”也是一个抽象概念，这一概念具体化时，一定是指对当地人实施的教育，学校里的学生、学校外的社会群体都是当地人，如果教育主观强硬地削当地人的“足”适抽象教育的“履”，那么教育培养人这一宗旨就一定会偏离。学校即社会，关注的应该是当地社会而不应该是抽象社会；教育即生活，关注的应该是当下的生活而不应该是遥远的生活；经验即成长，关注的应该是学习者内在的经验而不应该是他者的经验。

教育学意义上的知识，是用以化育学生的，是“文以化之”的知识，不是没有文化的知识。一旦这个文化大背景存在，知识就必然从属于文化。学生在学习知识的过程中，不仅要掌握基本概念、原理，学会在文化场域中运用这些概念与原理，形成该文化场域的认同感与自信，还要为了该场域文化发展而服务，包括掌握服务本领，更包括形成服务意识。教育学培养的是当地人，无论他原本就是当地人还是学校教育后到当地去的外乡人，其文化精神生活的场域与日常生活

---

① 石中英. 本土知识与教育改革[J]. 教育研究，2001(8)：13-18.

的场域都离不开所在地，教育学如果不以培养当地人为目标，就会培养出没有根的一群漂浮者。

用地方性知识培养人，除了在知识论意义外，更重要的是进行以下几个方面的教化。第一，用当地世代流传下来的稳定的价值体系，形成个体价值观念，有自己的价值标准，学会价值判断，能够进行正确的价值选择；使之不至于在走出地方时，面对纷繁复杂的价值世界，出现价值上的迷失。第二，用当地祖祖辈辈累积下来的文化观念，形塑个体的文化品格，完成其文化性存在的性质，学会与他人的文化沟通，树立其文化自信；使之走出地方时，能够用自己的文化体系关照周遭文化世界，理解和吸纳他者文化，改造、提升自身文化，不至于一直处于文化边缘人的境遇。第三，用当地千百年来不断完善的生存智慧，确证个体主体性存在的合法性；通过与外界的博弈证明其主体地位，发现其主体能力，树立其主体自觉；使之走出地方时，能够以其主体心态应对进退，在外面精彩的世界中，保持“我—你”的对话权利，不至于出现主体的缺失。价值迷失、文化边缘缺失、主体缺失，这三种现象是个体在世界行走时最容易出现的症状，治愈的良方是用地方性知识进行教化。用地方性知识陶冶他们的性情，滋养他们的心灵，丰富他们的生命，保证当他们展翅高飞的时候，有丰满健壮的羽翼，而不是软弱无力的翅膀。

五、教育学坚守地方性知识立场应注意的问题

对于教育研究者和工作者而言，坚守地方性知识的立场需要做到以下三点。

第一，树立起新的知识观。坚持文化相对主义的立场，对跨文化知识保持平等开放的心态，能够对地方性知识无偏见、不歧视，注重发掘地方性知识蕴含的教育价值，促成地方性知识与普遍性知识的有机融合。

第二，要从具体的场域出发思考教育问题，而不是单纯从普遍性知识的立场或抽象的人的立场出发。要从单纯的备课办公室走出来，体验当地的风土人情；要从课本上的知识走出来，游览寻味地方性知识的美景；要从学生已有的普遍性知识基础走出来，揣摩学生个人独特的地方性知识基础。只有这样，教育才能成为活的教育、生动的教育、真实的教育。

第三，与学校所在地协同育人。建立起多方协同的教育资源选择队伍，吸纳当地人或熟悉当地文化的人进入教学材料选择、编写队伍；建立起学校教师与熟悉所在地地方性知识的人士协同的教学团队；教育研究者、教师、教育管理者制度化地了解和学习所在地的地方性知识；超越学校边界，将当地自然、历史、人文环境作为教育活动场所，等等。

教育学坚守地方性知识的立场，要避免出现下列七个方面的问题。

第一，追求普适，排斥地方性知识。空间上处于本土的学校，在价值标准上却以西方或现代为圭臬；以传递普适性知识为己任，以讲授标准化知识为职责，受各种考试规约而排斥地方性知识；认为关注这些土里土气、说不清楚的东西，是在浪费时间。

第二，哗众取宠，猎奇地方性知识。地方性知识是地域整体思维的表征，是整体性知识，内部元素不是孤立存在。热衷于抓取吸引眼球的东西，容易导致学习者对地方性知识理解的偏狭和偏颇。

第三，机械呆板，固化地方性知识。地方性知识是连接当地历史、现实和未来生活的纽带，是充盈时空的立体性存在，是学习者生命的重要构成，需要多方位、多层次动态把握。

第四，浮于表面，表演地方性知识。地方性知识有其精神实质，不理解其内涵，就无法真正理解其意蕴。只有通过体察和深描，地方性知识才能成为有价值的教育资源。以地方性知识的外在表现来简单理解其实质精神意蕴，这样所形成的教育资源反倒容易引起误导。

第五，断章取义，截取地方性知识。要将某一地方性知识置于当地历史文化生活中进行整体把握，避免误读或碎片化理解。

第六，主观臆断，篡改地方性知识。每一种地方性知识都是一个文化符号体系，有着各种表现方式和表达载体，更有其内在的、一以贯之的独特品性。但教师在涉及地方性知识时，容易出现以自己所拥有的文化作为尺度和标准裁剪、臆断地方性知识的情况。

第七，冷眼旁观，远离地方性知识。地方性知识对于非当地人的意义经常会被忽视，所具有的普遍性或潜在普适性的价值会被来自外地的教师冷处理。教师没有相应的本土意识，“独在异乡为异客”的心理较为严重，没有能够“走进”地方性知识。

第二节　课程知识的地方性质

与一般意义上的知识相比，课程知识负载着完整的知识体系，担当着直接的教育功能，呈现着具体的学习内容。这时的课程知识是抽象和普遍意义上的，通过“文本”标识着自己的公共空间身份。当课程知识进入到具体的教育情境，成为特定空间的教师与学生的工作对象时，成为当地教师此时、此地、此情、此景的具体活动内容时，课程知识便具有了地方性质。这种地方性质常常在理论和实践两个方面得到普遍性知识观的遮蔽。

一、课程知识地方性质的机理分析

（一）课程知识的发生

课程知识起源于并决定于人类的活动，而任何活动必然和特定的地方、具体的情境、当时的社会心理环境等联系在一起，库恩的范式理论较为恰当地说明了这一点。这种情境性、语境性表明：课程中的知识看起来是公共的、普遍的，但就其发生史来看，必然是地方性的。尽管课程编撰者经过了整理、概念化、体系化，以规范的表达出现在了课程中，但这不能否定知识的地方性质，倒是说明了地方性质的知识可以经过加工提炼，成为公共和普遍的知识。或者说，以公共普遍的形象出现的知识，其实都各有其家、各有其源、各有其本。

"普遍性知识仅是一种地方性知识的去语境化"①，看起来是普遍性知识的课程知识，实则是地方性知识去语境化的结果。这种去语境化，主要是对地方性知识进行了三个方面的改造。第一，时空语境的抽离。这指的是将地方性知识产生和适用的时间与空间语境剥离，将其发生过程与有效环境舍弃，抽象为放之四海而皆准的普适性知识。时空环境的剥离使得地方性知识失去了生动性和直接有效性，变得呆板、价值隐蔽。第二，情景语境的剥离。地方性知识总是带有只有其拥有者才能体验到的情感体验，带有不同程度的"不可言说"的默会成分，所以系统讲授和记忆不是地方性知识的主要流转方式，只有在此情此景中，地方性知识才能发生际遇，被领会和悦纳。情景语境的剥离，使得地方性知识变得理性化、逻辑体系化。第三，更为严重的是主体语境的剥离。地方性知识的主体无疑是一定时空和情境范围内的族群，这个族群是地方性知识创生、交流、运用的发动者。正是这些发动者的存在，才会使知识成为人的知识而不是人之外的客体。主体语境的剥离，使得地方性知识失去了寓所。

这样就可以理解，文本意义上的课程知识，就是被去语境化了的普遍性知识，为什么是没有时空、没有情境、没有主体的知识；为什么总是呆板、效用不明、理性的逻辑体系；为什么总是独立于教师和学生之外的以文本为家的东西。所以，课程知识的学习，最为重要的是语境还原，还原其地方性质。对于教师而言，与其说是传授课程知识，不如说是帮助学生进行知识的语境化，将普遍性知识在课程实践中进行再语境化，从而使之与当地文化进行了有效衔接，在当地以某种方式成为本土实践的一部分，又同时在本土的实践中得到了确认，完成普遍性知识地方化的过程。如果做到了知识语境化，学生就不仅学到了符号体系，还体验了知识的发生过程，赋予了知识个人化经验，使知识和学习者合二为一。除了将

① 王娜.语境主义知识观：以一种新的可能[J].哲学研究，2010(5)：89-95.

普遍性知识语境化之外，教师在课程实践中还应该关注到另外一个方面，就是将地方性知识在一定程度上去语境化，赋予公共、普遍的面目，使其可检验，扩大其认可范围，为发展地方性知识提供可能，这又是一个地方性知识普遍化的过程。这一点在其他章节还会提及。

（二）课程知识的表达

课程知识通常是标准化、可通约的，可以用相互可理解、可翻译的一致性话语来言说和传播。但究其实质，无外乎是两种博弈的结果。第一种，一种地方性知识因其发展成了科学化、标准化了的知识，具有了规范的知识形态和强劲的实践能力，占据了先发优势，从而对其他地方性知识形成了统领和压制，加上其他地方性知识的自觉性不高，从众心理过强，抵抗意识不足，结果前者被认同为标准化、普遍化性质的知识。第二种，一种地方性知识，在自身有坚强的意志和清醒的自我保护与发展的意识的前提下，不断对自身进行概念化、体系化，并通过各种途径进行广泛宣讲、传播，不断进行“祛地方性”提升，从而在一定程度和范围内成为公共和普遍的知识，成为新的标准化的知识。当然，这一过程一定会有原标准化知识体系的粗暴抑或温柔的打压，以及对这些打压的自觉的、顽强的抵抗。例如，当前我国课程的西化现象便是如此。从价值定位到内容选择，从课程理念到实践方式，几乎出现了一边倒的情况，对中华民族的特质少有关注甚至一味批判（这些忽视与批判有来自西方的，更有来自自身的）。在这种情形下，我们就应该有强烈的民族文化自觉意识，不能抱残守缺，也不能妄自菲薄，要有足够的自信与清醒的意识，更要有积极的自我提升的行动，从而在课程领域形成具有中华民族特质的标准化知识系统。

（三）课程知识的学习过程

课程知识进入教材中以后，便以符号形式凝固下来。学生学习课程知识有三重境界：一是学符号，二是学原理，三是学建构。在第一重境界，学生不需要对知识的发生过程与境遇有过多的了解，熟记即可。而第二、第三重境界，离开了知识的发生，是难以深入的。这就是通常说的既要学知识，又要学知识的形成过程。特别是第三重境界，建构个人知识，一定有情感、需要、情境、经验（来自个人及所在区域的真实体验，是缄默的知识）等因素参与才能完成。在这个意义上，如果教师不承认、不理解、不接受、不运用知识的地方性质，就无法带领学生在知识学习过程中向更高层次迈进。课程中的知识是公共的、普遍的、现实的，但学习知识的过程一定是个人的、地方的、历史的。课程传播的形式，看起来可以是在教室里，与学习者的家乡、生活史、经验特征等隔绝进行。但真正的课程活动，一定是突破时空限制、与个人极度密切的过程，是一个回归地方的过程。

这里所谓的回归地方，不是狭隘的具体某一个地域，而是指如下情况：第一，回归知识生成与理解的情境，也就是回归学习者生成与理解知识的情境。标准化的知识在公共传播的同时，要与学生个人经验中相应的“支点”建立起关联，也就是将标准化知识与学生在曾经的生活场所中的生动记忆联系起来。这样，知识的形成过程才能被理解，知识的合法性才能够在个体内心得到确证，知识的应用性才能找到契合点，知识才能在学习者那里变得生动可爱。第二，回归学习者的基本立场。每个学习者因其生活历史不同，所在地的文化群体的价值观念和视域塑造了他的基本立场，这种基本立场决定着他对知识的价值选择。标准化的知识在进入学习者的视界后，需要经过价值选择这道关口，才能决定其去留。如果知识不能得到学习者的认同，就无法成为他的兴趣所在，学习和内化知识也就不太可能了。当然，学习者的基本立场是可以改变的，这也正是课程的力量，但改变的前提是要所学知识能够在其内心驻留并生根发芽，这里依然离不开每个学习者真实的、来自地方经验的土壤。第三，建立学习者的知识形象。课程的重要结果之一是让学生学会知识。而所谓学会知识，就是在学习者内心建立起关于知识的基本形象。学习者不同，面对同样的课程，最终会形成有差异的知识形象。每个学习者都有其基于地域文化特征的一个独特的意义系统，这个意义系统承载着对标准化课程知识的理解、阐释与创生意义的职责。如果内在视界不同的学生，经过学习后知识形象是相同的，只能说明记住了那些普遍性知识，没有将其理解、内化。这是因为，知识形象的形成，一定会因认知主体生活环境的不同而不同。具备不同地方经验的学生，在课程所提供的标准化知识面前，在良好的教育引导下，会调动自身的地方经验参与到知识的理解与重构中，进而形成对所学知识的新形象。忽略丰富多彩的地方经验，将千差万别的学生打造成具有相同知识形象的人，这是课程的失败。

二、课程知识地方性质的价值意蕴

（一）保持普遍性知识与地方性知识间合理的张力

普遍性意义上的课程知识虽然是地方性知识检验和认可的范围不断扩大而形成的抽象存在，但上升为普遍性知识后，原有的地方性就变成了特例，成为确证普遍性知识的证据，变成了非主流。从而在合法性和地位方面，课程知识成了位高权重的“主人”。这一“主人”不断吸纳地方性知识的信息与能量，攫取地方性知识的营养来壮大自己，随着自己的壮大，地方性知识越来越渺小，越来越孤单，越来越卑微。某某地方性知识进入课程，成了课程对地方性知识的恩赐。更为可悲的是，有机会被课程所青睐，反倒是成了地方性知识印证其合法性的印章，一旦有机会盖上这枚印章，该地方性知识的身份就会擢升，逐渐进入统治阶层，成为普遍性知识，这又强化了课程知识的向心力。

以标准化和普遍性为其特征的课程知识，至少在三个方面实施着对地方性知识的排斥。第一，在认识论上秉持传统理性主义的传统，强调知识系统和逻辑，致力于推广抽象于具体情境的知识。将具体情境的知识作为标准和样板，但对知识发生发展的历史过程和境遇不闻不问，对知识所内含的文化和社会心理特征置之不理。这样，作为特例或具象的地方性知识，就无法与之平起平坐了。第二，在价值论上推崇具备先发优势的以西方文化为核心的现代城市文明，以城市为制高点看待其他“地方”的知识和人，这就会形成以现代城市文明为标准和普遍性知识优于地方性知识的基本理解。在教材以及选拔性考试里随处可见的现代城市文明的霸权倾向。这一倾向对学习者而言，消磨着他们的乡土自信，滋养着他们的城市情结，形成着他们对知识的优劣判断，决定着他们的行动抉择。第三，在方法论上习惯宏大叙事，热衷于对概念原理的系统介绍，习惯按照知识逻辑来系统编排放之四海而皆准的知识体系，较少考虑具体时空里的个案。即便是在整个知识体系中也有举例、背景介绍等关涉地方性知识的时候，也是用来确证自身的合理性之用而已。忘却了所谓普遍性知识，其实只是地方性知识被认可、被推广范围不断扩大的结果而已。将地方性知识作为课程知识的例证，这种做法其实是本末倒置。

对意义的追寻、对诠释的钟爱、对文化相对主义的认可，都可以看作是对普遍性知识的清算和对地方性知识合法性的辩护。课程的实践过程本来就是对教材知识进行意义诠释的过程，是基于学习者个体的文化经验和教师个人的经验背景，对普遍性知识重新理解的过程，其本质是普遍性知识地方化的过程。也只有坚持这样的课程实践过程，课程的价值才能得到确证，课程才不至于成为框定儿童成长的模具，才能使知识成为儿童发展的助力者而不是发展的目的。

认同课程知识的地方性质，坚持地方性的知识立场，有助于为抽象的知识体系提供鲜活的实证，有助于改善课程的形象和表达方式。对于普遍性的课程知识而言，可以提供具体鲜活的例证，实现抽象知识现实化和可经验感知，使普遍性课程知识有血有肉，情理交融，变得亲近可爱。对于学习者个体或某一群体而言，知识变得和自身高度契合，能解释自身的历史文化与社会心理，能说明自己所在空间里的默会习惯与法则，从而实现普遍性知识的个人化。这两方面的意义使得课程知识的学习过程变成了两种收获。一是真正理解了普遍的知识，改善了认知结构，增加了认知内容，并为创造知识提供了可能。二是对自己的地方性知识有了更高层次的解释与概括，能够更好地把握自己的地方性知识，有助于地方性知识的可视化和可传播，有助于地方性知识认可范围的扩大，有助于地方性知识的保护和发展。课程作为普遍性知识地方化、守候与发展地方性知识的平台，是社会知识生态化发展的重要途径，这个意义已经超越教育学的范畴了。

（二）启迪学生的文化自觉

普遍性意义上的课程知识总是以普适的、正统的、经过合法检验的面目出现在人们面前，学生只有服从的义务，没有质疑的权力。任何对课程知识的反对都需要对整个学科环环相扣的知识体系进行颠覆，而这种批判对于个体而言几乎是做不到的，因此在权威面前只有服从，否则代价就会非常大，穷其一生也难以攻破课程知识的堡垒。反过来，课程知识培养出的人通常会被其科学性和体系化所遮蔽，成为不断巩固其权威性的帮凶。每个人都有其相对稳定的成长和生活环境，都是“此在”者，都是“地方”中的人，在时间和空间范围内熟识自己所存有的地方性质。当自己的地方知识遇到普遍性课程知识时，如果坚持自己的地方立场，将自己的具体化的、境遇化的知识作为标准应对课程知识时，所招致的通常是讥笑和打压，这也导致地方人不敢公然宣扬自己的知识，对自己的地方性知识缺少自信。

从个体的课程经验来看，起初学习者接触到的课程可以看作是家庭的、民间的、非正式的课程。这类课程虽然不像学校中的课程那样系统完整、概念明晰、逻辑严密，但却也具有学校课程无法比拟的优点：亲切、自然、真实、灵活。这类课程是学习者最初的文化积淀，甚至是其文化基因的外化，在学习者一生的文化性成长过程中，恰恰是这些非正式课程奠基了学习者的文化基础。如果进入学校体系后，斩断其文化联系，用现代课程体系所表征的文化（这些文化有时候和真实生活不一致，有时候存在文化间相互冲突）来重塑学习者的文化人生，那么在个体内心世界会充斥各种各样的文化矛盾。斩断其原有文化世界，离开他们原有的生活环境，学习者的内心恐怕长期充斥着矛盾、紧张、惶恐和迷茫，再加上来自奖励、考试等手段巩固现代课程的权威，学习者就会逐渐放弃原有的文化品质。掌握了知识，忘记了经验；学会了课程，丢掉了文化。

强调课程知识的地方性质，一个重要意义在于地方文化身份的重建与认同。在标准化知识、普遍性知识盛行的今天，地方文化身份已经被压制和遗弃了许多。一方面当地人失去了应有的文化身份的时候，相当于没有了自己的护身符，其结果是无论身在何处，都觉得自己独在异乡为异客，没有资本也没有自信与异乡文化交融共生。另一方面，从国家层面讲，当这种身份缺失后，随之而来的是地方文化被湮没和忘却，甚至有可能是文化权力的丧失，文化痕迹逐渐被抹去，盖上外来文化的印章，文化被殖民。当地方文化没有了人们的守护，被标准化的文化甚至西方文化侵占后，一个个具体生动的文化载体逐渐式微直至消亡，文化这一概念也就成了抽象的、同一个脸面的东西，再想让其生动鲜活起来，恐怕就很难了。

地方性知识以适宜的方式融入课程，可以使当地人获得来自当地文化的浸润，进入他们的心灵，成为他们生命机体的一个要素。这样做，有助于树立当地人的地方文化观念，强化他们的文化自信，激发他们的文化自觉，积累他们的文化学习、文化交流、文化整合的资本；有助于学生在具体情境中理解知识，形成学生的跨文化理解，树立文化自信。

对于学生的主体性，多少年来都是理论工作者与实践工作者所孜孜以求的。以往通常从师生关系的角度来讨论学生的地位权利等问题。其实，学习者自己进入正规学校前笃信不移的文化在学校里因为文化认同感不同，会不断遭遇同学甚至老师的误解和嘲笑，但由于这些文化差异的问题是发生在朝夕相处的人与人之间的，所以会逐渐被和解和认同，终究对主体性的发展不会造成致命性的伤害。但是，当现代课程知识体系以"君临天下"不得不学的面目出现时，用考试、向家长告状等手段维护其尊严时，学生个体乃至群体曾经拥有的主体感一下子被压制住了。在现代知识面前，学生永远是弱者。除了随大流的同学外，有同学或者逃离学习、忍受白眼来取回自己的主体衣冠；或者努力学习不惜悬梁刺股、身心俱伤证明自己的主体容貌。但不管怎么样，解不完的难题、犯不尽的错误总在等待着学生们，在现代知识海洋中，他们自己的"文化小船"早就颠沛流离、风雨飘摇甚至倾覆了。所以，打败学生主体的，主要不是老师、同学等人，而是现代知识体系及其所负载的文化。恢复学生的主体地位，要从认同其所拥有的文化经验开始，扩展一点来说，课程是从人开始，而不是从知识开始。

（三）维护文化安全

课程知识过度依赖标准化和普遍性知识，就容易发生课程领域的文化安全问题。正如前面所论述的，现今通行的所谓标准化和普遍性知识，其产生、形成和辩护根植于地方性。正如法伊尔阿本德断言，"没有任何一个重要的科学思想不是从其他地方偷来的"[①]。一类知识之所以能被认可、被推广、被普遍化，其实远远不止是知识本身的魅力，军事的、经济的、政治的力量等都是地方性知识普遍化的重要推手。普遍性知识往往会以其强大的解释功能和有效地解决问题的能力唤起人们的喜爱，当接受普遍性知识时，势必同时会有意无意地接纳这类知识在普遍化过程中所依托的意识形态和文化内涵，促使接受者的思想立场在不知不觉中被同化。一旦普遍化成功，就会以"标准化"的形象出现，为整个知识群落立规矩、定法则，敢有违背者，则可以被定为不科学、不正确，甚至被指责为异端邪说。如果一个族群、一个地区、一个国家，对本族群、本地区、本国的地方性知识大花园缺乏基本的审美而总是流连于别人的公园妄自菲薄或乐不思蜀，那么就是耕了别人的田却荒了自己的地。久而久之，这个族群、地区或国家的文化

① 保罗·法伊尔阿本德. 自由社会中的科学[M]. 兰征，译. 上海：上海译文出版社，1990：114.

影响力就会从内部开始削弱，文化软实力就会逐渐式微，文化安全就会越来越受到冲击。

为地方文化的整理、保存、传播提供支持，使地方知识得以系统化、规范化，具有可传播、可理解、可表达的表象，从而为地方性知识的合法化提供教育学论证，这也理应成为课程的责任。从中华民族这一层面来说，本民族自身所拥有的地方性知识最具有意义，它契合本民族的文化基因，能够对本民族人们的思想观念做出最为合理的解释，也能够对这些思想观念进行没有文化障碍的引导；地方性知识生于斯长于斯，能够唤醒人们的文化认同，更能够不言自明地调节人们的行为。与之相比，我们的有些课程却过于关注西方的文化与知识体系了。

三、课程知识地方性质的实践诉求

（一）树立课程知识具有地方性质的意识

第一，课程价值定位方面，充分认同地方性知识的价值。对本民族和国家传统、文化、价值、生活方式等充满自信，立足于本民族和本国的历史、实际、特色设计课程，而不是盲目羡慕西方文明、以西方文化作为普适价值、以西方国家的课程为标准来规约我国的课程；认同地区差异，尊重地方知识，为各个地方进行课程本土化留出空间，而不是用所谓的标准知识统治课程；关注个体进行课程学习时的文化基础，基于个体经验背景与成长史，为个体学习进行个性化设计，而不是用抽象的、统一的学生概念冲淡和忽略学生个体的活生生的地方性知识。

第二，在课程目标确定方面，培养人这一目标总不会被否认。但在培养什么样的人这个问题上的讨论就很多了。其中，培养“本地人”这个观点并没有得到应有的重视和落实。由于忽略了“本地人”这个目标，往往使学生失去了存在感，乡情渐缺，精神上的流浪儿越来越多了。当然，所谓的本地人，不是一定要使未来的成人固着在所在地，而是指唤起他们对于所在地的情感。这里的所在地可能是他的故乡，也可能是他将要居家生活的地方，不管是哪里，都需要有乡土情怀、有根。如果课程不能够培养、唤起这种乡土情结，不能够使之有安身立命的精神上的场所，就会让他们漂浮在学科知识的大海上永远看不到陆地。课程如果能够呈现丰富多彩的地方性知识，就可以使学生有亲近感，使得原本抽象冰冷的学科知识有了温暖的栖息地，进而使他们闻到自己的或别人的家乡的味道，使得他们在获得理性、逻辑、概念、体系的同时，获得知识世界与生活世界的双重体验。

第三，在课程内容选择方面，尽可能将地方性知识吸纳进来，并使之得到主流话语体系的描述。大至国家民族、小至区域村落，所拥有的地方性知识都有其积极意义。课程的任务之一是发现、整理、体系化、概念化这些积极元素，使之成为可以表达、交流、分享的知识，赋予其公共性质。通过这些工作，原本沉寂的、只在所在地有其意义的知识，可以得到合法化的检验，从而扩大知识的范围和深度、广度。课程原本就应该承载知识发展与创新的任务，通常人们会把这个任务间接的通过人才培养来完成，事实上课程对地方性知识的尊重和悦纳，本身就是对知识的发现或创新。当然，关注、吸纳、系统化、传播地方性知识，这本身也是对地方性知识最好的保护。进入课程的守护，应该胜过当前的非物质文化遗产保护等方式。

（二）明晰地方性知识进入课程的过程

地方性知识进入课程的过程包括采集、规范化、编排、教师领悟、教学活动、学生体验等六个环节。

采集地方性知识是教育工作者深入当地场域，根据教育的需要，通过参与式观察、深度访谈等田野研究方法，收集相应地方性知识的过程。这一过程中与地方性知识拥有者的深入交流非常重要，正所谓“子非鱼焉知鱼之乐”。地方性知识有显在与潜在两种存在方式，对于显性存在的认知，不一定能揭示其深刻内涵，只有通过深度交流，才能体悟当地人对所持地方性知识的切实感受，才能进入这个自成体系的知识系统中去，与收集者所持有的知识系统（普遍性知识系统）产生视界融合，这样所收集的地方性知识才是有教育效益的。

规范化地方性知识是一个对地方性知识再加工的过程。通常情况下，收集到的地方性知识很难直接运用到教育活动中，如果不进行二次加工（提炼、概念化），就难以与课程标准、教科书直接关联，教师甚至会因为具体运用难度太大而放弃这些地方性知识。规范化过程并不是要追求现代科学意义上的精准与唯一，而主要是对收集来的地方性知识进行一定程度的加工，通过深入分析表层的信息符号，揭示出其实质意蕴，使得其中蕴含的概念、原理、方法、技术等要素得以凸显，能够与普遍性知识中的有关内容有所对应，能够与教育的宗旨和各级各类目标相吻合。规范化过程的另一个重要意义，在于使地方性知识在一定程度上成为类似于标准化的知识，通过形成认同度较高的、可以通用的符号表达体系，可以在更大范围里进行交流、学习、理解和掌握。

编排地方性知识的过程是在规范化的基础上进行的。传递地方性知识，除了要考虑教育目标、地方性知识的价值逻辑和内容逻辑外，还必须考虑学习者的文化立场、心智成熟度、心理接受过程、教学条件方法等因素，这就需要对规范化了的地方性知识进行文本化编排。通常情况下文本有两种类别：一种是与各学科教科书甚至相应的各章节紧密关联的文本。其优势是补充完善教科书的知识体系，方便学科教师使用，便于学生理解和掌握，普遍性知识学习与地方性知识学习过程相得益彰。另一种是根据地方性知识的主题分类，独立编制成文本，有自己的课程标准，与各学科保持适当的张力，目前地方课程和一些校本课程的编排就是这个方式。其优点是使地方性知识的体系和传递过程相对完整系统，不会受到学科知识的牵制，在教学活动组织等方面也相对独立且自由灵活。

教师领悟地方性知识与采集、规范化、编排等过程经常是同一的，这一过程也和后面的几个环节密切相关，是一个承上启下的过程。教师在与地方性知识初次相识以及越来越熟悉的过程中，领悟过程就已经开始了，只是这时的领悟还基本上是个体性的、不稳定的，教师个人对地方性知识的阐释与意义构建可能是五花八门的。因此，需要进行集体的研讨协商，达成基本一致的理解；也需要聘请相关的专家和本土人士进行讲解辅导，尽可能深入地描绘出地方性知识的真正意蕴；还需要回到具体场域进行意义的还原和检验，尽可能减少误解，避免文化主位。领悟的过程不是一次完结的，会伴随在后面几个环节当中。教师与地方性知识越亲近，领悟就会越深刻。

地方性知识的教学活动是教师运用各种教学手段，将文本以及自己领悟的地方性知识进行传递的过程。这个过程中，除了一般意义上的教学规则外，教师要尽可能设计和提供真实的情景，让学生在相对真实的环境里面感知地方性知识。教学活动中要突破常规知识教学的范式，运用形式多样的手段带领学生近距离甚至参与式地观察地方性知识或与其互动。教学活动的根本任务，除了讲授和聆听、审视和接纳地方性知识外，还要把经过规范化处理的、抽象和概括了的地方性知识转化为学生的经验感知，适度还原成当地人的地方经验。

让学生体验地方性知识，这是地方性知识教育学化的最终目的。通过体验地方性知识，学生可以领略不同的文化风景，可以感知不同的习俗风貌，可以认识不同的生存方式，可以对照不同的思想体系，可以拓展新的视域，可以丰富自己的精神花园，可以树立平等的文化观念，可以完善个体的价值体系。当然，学生还可以获得更多的知识，使自身的知识体系得到拓展，使符号化的知识编码变得具体实在，使自身的理解和解释能力得以提升。更为重要的是，学生体验地方性知识的过程就是知之、信之、爱之的过程，一方面为培养“本地人”提供可能性，另一方面为地方性知识的传播、传承提供保障。在学生体验地方性知识的过程中，鉴于地方性知识纷繁复杂的性质，教师要进行正确的引导，保证学生理解的方向。教师要进行具体的研究，搭建起普遍性知识和地方性知识之间的立交桥。教师还应该为学生的表达、交流、分享提供平台和机会，让学生之间相互观照。

（三）教师担当起具体实践的责任

地方性知识传播的最佳场所是学校，因为学校具有传播条件优越、传播方式规范等优势。更为重要的是，接受者是发展着的未来社会主体，这些主体对地方性知识的继承和发展、地方性知识的现代转型与创新等起着决定性的作用。课程改革也提出了很多理念或平台，例如“用教科书教而不是教教科书”“基于学生个体经验的理解与建构”“研究性学习”“综合实践活动课程化”等，这为地方性知识进入学校提供了思想条件和时空条件。三级课程管理体制又为地方性知识进入学校提供了合法性保证和制度安排，在这个意义上，学校能够传播地方性知识，也必须传播地方性知识。教师作为学校工作的主体力量，尽管在选择哪些地方性知识进入课程时，教师不是唯一的选择者，教育专家、文化专家等可能在选择过程中起到超乎教师的作用，但在地方性知识进入课程得以教化传播时，与其他人员相比，教师就起到了决定性作用。教师既可以对课程中的地方性知识进行二次选择或补充，又可以决定地方性知识教学的时限与水准。

为地方性知识的合法性进行“辩护”，这是教师的天然优势。教师在一定程度上通过课程资源开发、校本课程开发等途径，参与着地方性知识的挖掘、整理与保护工作。同时，教师也是地方性知识传播的主体力量，因为教师可以在教学活动中历史性地展示某一地方性知识的形成与演化过程，传达地方性知识对本地区民众的价值与意义，回溯普遍性知识的地方性源头，尽可能情景化地让学习者体验地方性知识，让地方性知识进入学生的生活与精神世界，扩大地方性的影响。上述这些表述是在知识活动过程中对地方性知识合法性的“辩护”活动，也是教师群体之外难以操作的活动。教师通常被冠之以知识的化身、知识的代言人、传道授业解惑者，这种身份自身所具有的不可替代的影响力对于地方性知识的发展至关重要。因为这里的知识、道、业、惑，原本就内含着地方性知识的范畴，只是随着现代性知识以其科学的面目获得至尊地位“独霸”天下后，地方性知识被挤压殆尽了。

教师面对地方性知识应持有如下几个方面的心态：第一，以文化主位的心态对待地方性知识，不能以自身拥有的知识为判别标准来先入为主地歧视、贬低甚至否定地方性知识。要以柔和的目光打量地方性知识，而不是以已有的前见、冰冷的理性、既定的逻辑来审视和挑剔。第二，要承认差异与价值多元，充满神奇和敬畏感地对待地方性知识。以理解和宽容的心态，自觉地体悟地方性知识，努力亲近它们，发现其中的价值，不要让标准、科学、统一等观念蒙蔽了用来发现美好事物的眼睛。第三，更加开阔地对待既成的课程，在置于具体的时空里时，有对其进行二次开发的热情，将地方性知识主动纳入日常教学生活当中，使之成为鲜活的教育资源。从而拉近知识与学生的距离，让学生的内心世界所充满的独特生命的、活跃灵动的文化源泉得到充分地奔放，实现普遍化知识与地方性知识的交融。第四，树立知识分子的历史使命感，善待所在地的地方性知识，将对地方性知识的认知、整理、挖掘、符号化、体系化视为己任，以所在地文化人的身份守护和发展地方性知识，在教书育人的同时促进文化的发展，成为人类文化大花园里一名称职的园丁。

（四）坚持五个方面的认识

地方性知识有权利进入课程，这是由知识的平等性以及地方知识自身的潜在力量所决定的。地方性知识一旦课程化，就是对其合法性的认可，也是其应有的制度安排。这样既可以实现对地方性知识的守护，也可以使地方性知识在一定范围内传播。国家、地方、学校三级课程体系的构架，认可了地方性知识的合法性，是对地方性知识进入课程所提供的制度安排，但在地方性知识课程化的过程中，需要坚持以下五个方面的认识。

第一，可以进入课程的地方性知识，一定是有教育价值的，需要经过慎重论证、选择甚至加工改造，不能一股脑地、原封不动地移入课程中。

第二，进入课程的地方性知识，一定是进行过教育学化的，需要根据学生的心理逻辑和教学逻辑来转译。这种转译的主体力量，需要由教育理论工作者、教育实践者、地方人士组合而成。

第三，地方性知识的拥有者要有足够的自信，相信地方性知识的认识价值与实践意义，主动完成自身的纯粹感性的超越，积极完善并推广地方性知识，成为地方性知识课程化的有力推动者。

第四，有些地方性知识，具有强烈的地域或民族特征，是在特定的环境里面才能够存在和表现的。这些地方性知识课程化后，可以在一定范围内得到理解和认同，但企图不断扩大其范围，甚至冲出亚洲走向世界，就违背了这类地方性知识课程的特殊性质了。有的地方性知识课程化后，形成了相对稳定的符号表达形式，也有了特定的概念与原理，有了走向普适性的可能。也就是说：不是所有的地方性知识都能够上升为普遍性知识，也没有这个必要；也不是所有的以地方性知识为核心的地方或校本课程都是地方性知识走向普适性知识、由地方上升为普遍的渠道。

第五，需要强调的是，地方性知识课程化，除了地方课程和学校课程外，也可以发生在国家课程层面。一方面，所谓国家课程，其实质是地方性知识普遍化的结果，现今的某些地方课程与学校课程，未来随着认可范围的扩大和可验证范围的扩大，也有可能发展成为国家课程。另一方面，国家课程中的知识体系，在表达和阐释过程中，可以尽最大可能地引进地方性知识，为这些地方性知识的认可和验证提供可能。另外，国家课程在具体实施过程中，必须与所在地的自然、历史与社会环境相关联，与当地人的文化心理相适切，这样才不至于是空中楼阁，才能完整地实现国家课程的宗旨。正是在这个意义上，三级课程体系是一个管理权限的分配，而不是对课程内容的严格区分。

第三节　农村教师的地方性知识概说

农村教师除了学科知识、教育类知识、实践性知识之外，还应拥有生产生活、历史文化、传统民俗、民间艺术、地理景观、思想观念等六个方面的地方性知识。农村教师掌握地方性知识，可以促进农村地方性知识的保护与发展，可以提高农村教学质量，还有利于促进其专业发展。促进农村教师掌握地方性知识的策略主要是，将地方性知识纳入职前教师教育课程体系，并在教师职后继续教育中增加地方性知识的培训。

一、地方性知识概念辨析

对于农村教师而言，所应具有的知识包含三个类别，第一类是普遍的、公共的、普适性的知识，即普遍化、一般化了的认识，例如学科知识、教育类知识、基本的文化素养知识等，这些知识对于城市教师和农村教师没有什么区别。第二类知识是实践性知识，是教师个体在经验与反思基础上形成的具有教师个人独特气质的知识，这类知识也是无论城市还是农村教师都应该具备的表征其实践智慧的知识。除了这两类所有教师都应具备的知识外，农村教师因其工作地域、工作环境和工作对象的特殊性，还应具备第三类知识，借用西方学术界的概念，笔者把这类知识称为农村教师的"地方性知识(Local Knowledge)"。这类知识是农村教师关于农村社会的认知和体验，是对所在地域农村长期积淀下来的经过合法性检验的经验与智慧的认知，是具有本土色彩的、乡土气息的、地域性质的知识。目前，对于第三类知识，无论是在关乎农村教师发展的理论研究上还是在农村教师的实际工作当中，都没能引起足够的重视。

与公共的、普适性的知识相比，地方性知识的最大特点就是它的差异性。其差异性体现在两个方面：第一，某一地域的知识与公共性知识存在差异。地方性知识是指某一具有独特的社会和自然环境的地区中的人们，在特定的条件下由劳动获得直接经验而形成的智慧。[①] 地方性知识是相对于全球性知识或者说普同性知识而言的，是在全球化讨论中进一步强调的概念，在汉语中另外一层意义主要相对于"中央的、官方的、正统的"，是空间维度的相对性概念。[②] 第二，就不同地域而言，其知识内涵与样态也有所不同。地方性知识是本地社区或人们经

---

① KELKAR M. Local knowledge and natural resource management：a gender perspective[J]. Indian journal of gender studies，2007，14(2)，295-306.

② 邢启顺. 乡土知识与社区可持续生计[J]. 贵州社会科学，2006(3)：76-77.

检并长期积累下来的知识。对于不同的本土社区，现有的社会环境、文化资产和社会背景可能截然不同，因而他们所认为的有效并经过多年时间检验的知识和智慧也可能不同。[①]

与地方性知识这一概念相近的概念有“本土知识（Indigenous Knowledge，也有时译作乡土知识）”“传统知识（Traditional Knowledge）”等。其中，“传统知识是相对于现代知识而言的，是区别过去与现在的时间维度概念，在旧有的知识基础上存在和延续。”[②]传统知识与地方性知识这两个概念的区别较为明显，最经常与地方性知识通用的概念是本土知识。

从考察学者关于本土知识的诸多定义中可以看出本土知识具有如下两种性征：第一，所谓本土知识，其概念来源于西方学术界，泛指与西方科学相对应的各民族知识体系，即一个民族在自己生存、延续和发展过程中所形成的、具有自己独特内容与形式的知识体系。[③] 在这层含义中，多少带有一些民族自我意识、自我保护与自尊等抵制殖民文化的情感色彩。第二，本土知识是某个特定地区的人们所拥有的一系列知识和技能的总和，它使人们能够最有效地利用当地的自然环境。[④] 这个层面的描述更加突出了本土知识的地域差异性与社会历史文化性质。石中英综合了关于本土知识定义的这两层含义，认为本土知识是由本土人民在自己长期的生活和发展过程中所自主生产、享用和传递的知识体系，与本土人民的生存和发展环境及其历史密不可分，是本土人民的共同精神财富，是一度被忽略或压迫的本土人民实现独立自主和可持续发展的智力基础和力量源泉。[⑤] 该观点为国内众多研究者所接受，并达成了较为一致的共识。

地方性知识与本土知识是两个经常交叉使用的概念，本书主要使用地方性知识这一概念。这是因为，在笔者看来，地方性知识包含了本土知识，使用地方性知识这个内涵更宽泛些的概念有利于言说本书的观点，也更符合农村教师的境遇。石中英认为，从知识的生产、传播、消费与辩护等方面来看，本土知识就是一种地方性知识。[⑥] 农村地方性知识近似于乡土知识或本土知识，但是农村地方性知识较之后两者，还包括了乡土社区的“他者”对“原生性乡土知识”进行再

---

① CHENG Y C. Fostering local knowledge and human development in globalization of education [J]. International journal of educational management，2004，18(1)，7-24.

② 邢启顺. 乡土知识与社区可持续生计[J]. 贵州社会科学，2006(3)：76-77.

③ 张永宏. 本土知识与人类学传统[J]. 广西民族研究，2009(2)：58-64.

④ BEER J，WHITLOCK E. Indigenous knowledge in the life sciences classroom：put on your de Bono Hats！[J]. The American biology teacher，2009，71(4)，209-216.

⑤ 石中英. 本土知识与教育改革[J]. 教育研究，2001(8)：13-18.

⑥ 同⑤.

次加工和总结而形成的"次生性乡土知识"。其中,"原生性乡土知识"是指与乡土社区成员的生产生活实践密切相关的乡土知识。①

二、农村教师掌握地方性知识的意义

(一)可以促进农村地方性知识的保护与发展

当前,承认地方性知识的独特价值,保护、传承、发展地方性知识已经成为学界的共识。但在具体的实践中,容易出现一种不良的情形:站在普适性的文化立场或者城市中心的文化立场上谈农村地方性知识的保护与发展,把农村地方性知识作为客位的文化来对其实施恩泽性或猎奇性的保护,这种所谓的保护脱离农村的现实场景,仅凭大学教授或官方文件来进行。农村教师作为当地的"文化人",在地方性知识的挖掘、整理、传播、发展等方面有其得天独厚的优势。

一方面,农村教师自身处在农村场域之中,与农村、农业、农民有着天然的身份与情感联系,可以在一定程度上把农村的地方性知识作为主位文化,使得农村教师心理认同并充满温情地看待本区域地方性知识,把这种保护行为当成是自己的事,能够用心去呵护。另一方面,农村教师通常是当地最有学问的人,他们对文化有敏感性,有能力感知地方性知识,并能结合自己所拥有的普遍性知识,充分挖掘、整理、充实、改造地方性知识,彰显所在区域的物质与精神文化特质,成为所在区域地方性知识的守护者。此外,农村教师是唯一整天待在农村的知识分子,有条件长期、近距离地进行观察和体认。可见,在地方性知识越来越受到关注的今天,农村教师最适合承担起地方性知识守护者的角色,担当起弘扬农村优秀地方文化的责任。

当然,这就需要农村教师自觉地去了解、体验和掌握地方性知识,领会地方性知识丰富的、独特的内涵,了解地方性知识的形成过程与机制,掌握一些收集、整理、开发农村地方性知识的本领。教师应该能够比其他人更敏锐地感觉到本土知识的存在,更重视保存、保护和发展本土知识的价值,并且懂得如何去研究和分析学校所处社区的本土知识。②

(二)可以提高农村教学质量

农村教学质量偏低一直是不争的事实,对此学者们纷纷从课堂的设备条件、农村学生的教育基础、农村教师的素质、农村教育环境等方面分析原因和提出对策。事实上,除了上述原因外,农村教师的地方性知识状况也是一个特别需要关

---

① 柏贵喜.乡土知识及其利用与保护[J].中南民族大学学报(人文社会科学版),2006,26(1):20-25.

② 石中英.本土知识与教育改革[J].教育研究,2001(8):13-18.

注的视角。

艾弗瑞(Avery)和克塞姆(Kassam)肯定地方性知识的实际效用,并且将它们融入自己的教学中。他们以纽约州农村地区的20名五年级或六年级学生为研究对象,让学生拍摄家里或当地环境中与"科学与工程学"有关的照片,然后与学生就其所拍摄的照片进行讨论,录下访谈内容,从而记录学生学习科学与工程学课程的过程以及地方性知识对其学习的影响。他们以亚里士多德的实践智慧思想为理论框架,通过对研究结果进行细致深入的分析,证明了地方性知识在农村学生学习中的效用。[①] 如果教师能够在课堂中把地方性知识有机地结合到教学中,对于提高教学质量应该会起到一定的作用。

由于知识总是在特定的情境中生成并得到辩护的,因此我们对知识的考察与其关注普遍的准则,不如着眼于如何形成知识的具体的情境条件。[②] 从学习的机制来看,学习不是对知识的机械记忆,只有对知识进行个人化的理解后才能灵活掌握和运用,才能算是学会了知识。现行教科书中为数不少的知识点以城市文化为依托,经常出现农村学生生活中陌生的城市或外来文化形态。虽然知识的难度对于城市学生与农村学生来说是一样的,但所需理解的知识文化背景与经验系统却都是城市化的,农村学生因理解背景的缺失而导致学习困难。可见,如何调动农村学生个人的经验背景,来对这些知识进行理解和重构,是提高教学质量的一个有效途径。在这一方面,我们不应该也不可能要求教科书放弃城市文化与外来文明而按农村文化背景、运用大量的农村学生可以直接理解的农村素材来编写。因此,最为切实可行的办法,是农村教师熟知所在地域的地方性知识。

农村教师关注本地域的地方性知识,对其有深度的理解和体验后,便能够熟练地运用这些知识进行有效的教材二次开发,赋予那些对于农村学生遥远而又陌生的知识以乡土文化气息,使之变得亲切而实感,易于理解和掌握。教师在阐释和讲解过程中,也能够灵活熟练地运用地方性知识进行"深描",使得教材内容融会在学生生活当中,能够顺利地被农村学生接受、理解、阐发、建构。

(三)可以有效促进专业发展

任何社会科学知识首先是本土的和独特的,是基于特定经验的。人们必须首先具有关于特定社会的本土知识,然后才可能进行比较和概括,从而形成普遍化了的知识,进而上升为学术理论。这是一个由特殊到一般的过程。[③] 而在目

① AVERY L M, KASSAM K A. Phronesis: children's local rural knowledge of science and engineering[J]. Journal of research in rural education, 2011, 26(2): 1-18.

② 苏其宏,周雪梅. 从地方性知识看比较教育研究的本土关怀[J]. 外国教育研究, 2007(6): 10-13.

③ 任晓. 本土知识的全球意义——论地区研究与21世纪中国社会科学的追求[J]. 北京大学学报(哲学社会科学版), 2008(5): 87-98.

前的有关促进农村教师专业发展的行动中，更多地关注农村教师公共知识和普遍性知识的学习。把一般意义上的学科知识、教育类知识作为农村教师培养的重点，却在一定程度上忽略了地方性知识的价值，没有给农村教师学习地方性知识提供课程、机会和平台。

一方面，鉴于农村教师工作环境与对象的特殊性以及课程内容的城市化倾向性，与城市教师相比，农村教师所掌握的公共性质的学科知识与教育类知识更需要一个基于农村地方性知识的本土化过程。只有经过这个本土化过程，才能将相关知识转化成为课堂实践。没有这个本土化的过程，农村教师只能机械地把所掌握的公共知识复制到任何学校和学生身上，缺乏从一般到具体的过程，无法把农村教育场景、学生个人经验与知识学习整合起来，容易出现教学的无力感。

另一方面，农村教师的地方性知识也是他们理解所接受的公共知识体系一个元素。恰恰是这个元素，不断丰富、扩展和内化着农村教师的公共知识，使农村教师的公共知识富有个人特质，并能转化为教学行为，凝练成实践智慧。也就是说，对于农村教师而言，实践性知识的形成是离不开农村地方性知识滋养的。

三、农村教师地方性知识的内容体系

农村教师应该具备哪些地方性知识，这样的研究目前还很少见到。可资借鉴的是学术界有关乡土知识分类的研究，具体见表 2.1。农村教师的地方性知识虽然不需要如此深入，但是在知识结构及其广度上值得借鉴。

表 2.1　国内学术界对乡土知识的分类

学者	分类维度	具体内容
马戎①	传统文化知识	地区历史、民族史、古代文物、传统民间习俗、传统民居建筑等
	现代化进程中的经济和社会体系	新式灌溉系统、交通体系、森林公园、自然保护地(例如博物馆、展览馆、图书馆等)、文化设施、特色产业(例如新开发的地方食品、手工艺品等)等
邢启顺②	精神文化	社区信仰、宗教、文学艺术、价值、审美、思维意识等，具体包括各种哲学思想，例如自然观、宇宙观、人类起源发展观、社会思想伦理等
	物质文化	生产生活用具、家居建筑、饮食、服饰、交通等

① 马戎.如何思考我国少数民族地区乡土教材建设[J].北京大学教育评论，2010(1)：179-187.

② 邢启顺.乡土知识与社区可持续生计[J].贵州社会科学，2006 (3)：76-77.

续表 2.1

学者	分类维度	具体内容
贵州省民族研究所和贵州省民族研究学会①	物质生产的乡土知识	包括生态、采集、渔业、农耕、工匠等系列
	物质流通的乡土知识	包括商贸、交通运输等系列
	物质消费的乡土知识	包括服饰、饮食、居住、医药等系列
	社会民俗的乡土知识	包括家族、乡村、行帮、交际等系列
	人生礼仪的乡土知识	包括生育、成长、婚姻、丧葬等系列
	信仰崇拜的乡土知识	包括大自然崇拜、动植物崇拜、神灵崇拜等系列
	传统节会的乡土知识	包括节日、祭奠等系列
	民间艺术的乡土知识	包括工艺、歌舞、音乐、戏曲等系列
	口头传诵的乡土知识	包括故事、笑话、传说、神话、歌谣、谜语、俗语、谚语、习惯语等

更能够直接为描述农村教师地方性知识内容体系提供参考的是陶行知先生有关乡村教师的论述："好的乡村教师，第一有农夫的身手，第二有科学的头脑，第三有改造社会的精神。他足迹所到的地方，一年能使学校气象生动，二年能使社会信仰教育，三年能使科学农业著效，四年能使村自治告成，五年能使活的教育普及，十年能使荒山成林，废人生利。这种教师就是改造乡村生活的灵魂。"②当然，当时的乡村教师与现在的农村教师在工作的环境、内容、方式等方面发生了很大的变化，因而在地方性知识的要求上也应该会有所差异。

综合上述研究成果，考虑到当今农村教师的职责、工作内容与要求、工作环境与条件等方面的情况，笔者认为农村教师地方性知识应包括六个方面的内容。需要说明的是：这里只是用列举的方式呈现出六个方面的主要内容，难以涵盖农村教师地方性知识的全部；各个类别的地方性知识有时难以区别得那么明显，实际上经常是综合在一起发挥作用。各个类别的农村地方性知识，必须在农村情境中才能够保持其本身的意义与固有价值，被真实的理解和解释。

（一）生产生活的地方性知识

这类知识是指与村民生产生活密切相关的各类内容。例如关于种植养殖、采集、手工制作、农产品加工、贸易流通、饮食、居住、服饰、交通、医药等方面的知识。掌握了这些方面的知识，农村教师可以适当地为村民的生产生活提供指导和帮助，还可以在课堂讲解的时候，信手拈来地罗列学生身边的事物，使得对于

① 周真刚.贵州"六山六水"民族调查第二十三期调查已全面结束[J].贵州民族研究，2007（1）：180.

② 华中师范学院教育科学研究所.陶行知全集（第一卷）[M].长沙：湖南教育出版社，1984：665.

农村学生过于遥远和抽象的知识点有体验性质的理解。当然，对于这类知识，农村教师更多的是在了解的层面掌握，而不是要求他们熟练掌握相关的技能，成为这些方面的能手。

（二）历史文化的地方性知识

历史文化的地方性知识包括地区发展历史、地方志、历史文物、传说、民族史等。这类知识本身就有一定的史学价值，农村教师掌握这类地方性知识，除了可以运用在课堂教学、课程开发等方面外，也可以运用在历史研究、促进地方文明整理方面。

（三）传统民俗的地方性知识

传统民俗的地方性知识包括人际交往习惯、乡风民约、婚姻、丧葬、祭奠、禁忌、传统节日习俗等。这类知识是生活在本区域的个人，即使不是本地村民，也应该遵守和执行的。农村教师掌握了这类知识并能够实际运用，就可以较为融洽地与当地人民生活在一起，对于践履教师的职责有较大帮助。当然，与历史文化知识相近，传统民俗也是非物质文化遗产，在运用各种手段保护和传承方面，农村教师也可以发挥相应的作用。

（四）民间艺术的地方性知识

民间艺术的地方性知识包括民间工艺、文学、音乐、舞蹈、绘画、戏曲、口头传诵的故事、传说、歌谣等。这类知识是农村学生及其家长耳濡目染的民间文化，教育价值较强，对于农村学生人文艺术素质的陶冶有较大作用。

（五）地理景观的地方性知识

地理景观的地方性知识包括自然环境、气候规律、人文景观、物产资源、地理特征等。这类知识在生态保护、自然和谐发展、资源开发、环境改善等方面有其实用价值。农村教师掌握这类知识，一方面可以对村民和学生进行相应的教育和指导，另一方面也有利于对本地区的宣传。

（六）价值观念的地方性知识

价值观念的地方性知识包括本地人民的人生观、自然观、伦理观、宗教观、审美意识、思维习惯等。这类知识在乡村文明建设、民主与法制建设、农民综合素质提高等方面的作用不言而喻。这类地方性知识具有极强统整和引领的意义，是农村教师地方性知识体系中居于核心地位的知识。

除了上述六个方面的地方性知识外，农村教师还必须更为具体地了解本地域的教育类地方性知识，例如家长的受教育水平、对子女的教育热情与能力、对子女的教育期待、承担子女教育费用的能力等，以及农村学生的学习愿望、学习能力、学习条件等有关情况。农村教师对于农村教育类地方性知识的了解，是成为一个合格的农村教师的先决条件。

农村教师的地方性知识说到底就是要了解农业、农村，了解农民与农村孩子，了解他们的所思所想，了解他们的期待与愿望，了解他们的问题与困难。拥有了这些本土知识，农村教师在村民与农村学生眼中才能变得可敬、可信、可爱，才能被悦纳，成为"本地人"，成为农民"自己的人"。

四、农村教师获取地方性知识的策略

地方性知识欠缺是我国农村教师普遍面临的问题。我国农村教师队伍中的许多人往往从高中开始便离开农村到城镇或城市里的学校读书学习，高等教育阶段结束后回到农村工作。其间，农村教师的农村生活经历发生了断裂，所学习的知识也往往和农村相距甚远，所以尽管是农民出身，但农村地方性知识严重不足，需要进行重新学习。至于在城镇或城市里长大后来到农村学校任职的教师，则更需要进行本土知识方面的"补课"。印度的教师教育也存在着类似的情况，地方性知识没有得到应有的重视。戴尔（Dyer）等人选取了印度的六个地区为对象，进行教师地方性知识的个案研究。在研究过程中，研究者使用了访谈、参与式观察、讨论组等质性研究方法。研究发现，印度的正规教师教育一直具有较低的生态效度。值得注意的是，地区教育培训研究院职员的招聘与其专业知识技能之间存在着矛盾，职员对小学教师的态度处于紧张状态，这些矛盾限制了教师教育与地方环境之间的契合度。①

教师教育在经历了大一统的"集体主义"培养模式之后，当前更需要关注"个人主义"，突出区域、类型教师的培养，不应该一股脑地把农村教师、城市教师、经济发达地区教师、经济落后地区教师、汉族教师、少数民族教师统统打成一个包命名为"教师"，用一个课程体系、一个训练方案来培养；应该关注地方性知识，促进农村教师地方性知识的发展。

（一）将地方性知识纳入职前教师教育课程体系

在我国目前的职前教师教育课程体系中，培养的目光主要集中在了师范生的学科知识、教育知识、实践技能、教师职业道德等几个方面。从笔者所了解的国内教师教育课程体系的改革探索中，没有哪所师范大学考虑到了地方性知识并将其纳入课程体系中。这就造成师范生在入职前没有机会了解农村地方性知识，入职后无法适应农村教师岗位，导致对农村有较强的陌生感和疏离感等情况的发生。

---

① DYER C, CHOKSI A, AWASTY V, et al. Knowledge for teacher development in India: the importance of "local knowledge" for inservice education [J]. International journal of educational development, 2004, 24(1): 39-52.

爵格森(Jorgensen)等人认为,本土知识应该成为教师教育内容的一部分。将本土知识融入学校课程使得本土的认识方式合法化了,这种方式能够帮助我们改善两种知识的不同之处,而且能够在本土和西方本体论之间起桥梁作用。[①]将地方性知识融入职前教师教育课程体系,除了在教师教育教材的编写中关注相应的题材,对农村地方知识进行深描之外,最主要的途径是增设相应的课程和增加实践机会。

陶行知等人曾经创办过专门的农村师范学校。这类学校大多开设多门有关农村地方性知识的课程。当然,现在再开办专门的农村师范学校有一定的困难,但在师范院校教师教育课程体系中开设关于农村的必修或选修模块则是有必要和切实可行的。有学者从民族地区学校教育的角度,认为师范院校的课程设置应该打破传统的重教育学、心理学等基础课的课程设置方式,增设教育人类学、文化人类学、"多元文化教育"或与少数民族社会与文化相关的课程。这些课程既可以安排在专业课程之内,也可以安排在通识课程之中。这样的课程安排可以发展准教师们的多元文化技能,促进师范生对民族文化的了解、认同、欣赏、接纳,并愿意主动将其付诸教学实践。[②] 这一建议对于农村地方性知识类课程的开设是很有启发意义的。

从目前师范生的实习实践来看,绝大多数的师范生是在城市和县城里的学校实习,各师范院校在实践基地建设时也很少将农村学校纳入进来。这样,未来的农村教师缺少对农村地方性知识的了解,其在农村学校切实有用的实践性知识也就难以形成和运用。实践知识的成功运用靠的是实践者稔熟知识运用的错综复杂的环境。[③] 因此,加强农村学校实践基地建设,增加师范生到农村学校的时间,增加他们对农村的认知和体验,可以有效地增长他们关于农村的眼界和见识,为成为一个合格的农村教师做好地方性知识方面的准备。

(二)教师职后继续教育中增加地方性知识的培训

在关于农村教师专业发展的种种定义与实践当中,一直存在这样一个误区,即以一般意义上的教师或城市教师的专业发展标准来衡量农村教师,把农村教师淹没在"教师"这一群体性抽象概念当中,没有能够考虑到农村教师专业发展的独特性。在一定意义上可以认为,农村教师专业发展的独特性在于促进农村

---

① JORGENSEN R,GROOTENBOER P,NIESCHE R,et al. Challenges for teacher education: the mismatch between beliefs and practice in remote indigenous contexts[J]. Asia-Pacific journal of teacher education,2010,38(2):161-175.

② 吴晓蓉.我国民族地区学校教育质量提升对策研究[J].民族教育研究,2009(6): 80-83.

③ 阿伦·阿格拉瓦尔.本土知识与分类战略[J].郭建业,译.国际社会科学杂志(中文版),2003(3):11-20.

教师地方性知识的发展，农村教师地方性知识发展状况是其专业发展程度的一个重要标志，这是由地方性知识对于农村教师的独特意义所决定的。

目前农村教师继续教育的内容绝大多数是一般意义上的学科知识和教育类知识，与农村联系很少，难以满足农村教师的实际需要，培训时效性较差。因此，农村教师培训应增加农村方面的内容，例如历史、物产、经济、价值观念、文化习俗、居民群体特征等地方性知识；如何进行本地区农村地方性知识的体认、总结、提炼；如何开展本地区和跨地区农村教育的实践考察；如何把地方性知识融入国家课程与课堂中；如何与农村家长进行富有成效的沟通，等等。

此外，从培训场景来看，如何利用农村实地场景，如何促进农村教师校本教研，如何让优秀农村教师成为教师教育者，这些都是应该予以重视的问题。

无论是职前教师培养，还是职后教师继续教育，都应该将农村教师作为一类特殊的群体来考虑，促进他们的地方性知识的增长。在这个方面，除了在课程与培训内容、实践场所、培训场地等方面加以考虑之外，还可以借鉴学术界关于地方性知识或本土知识数据库建设的有关讨论[①]，建设农村教师地方性知识数据库。这样，无论是师范生还是农村教师，都可以在任何一个时间和场所来学习地方性知识，这对于促进农村教师地方性知识的发展大有裨益。

---

① 阿伦·阿格拉瓦尔. 本土知识与分类战略[J]. 郭建业，译. 国际社会科学杂志（中文版），2003(3)：11-20.

第三章

农村教师的地方性知识调查

农村教师地方性知识最主要的来源途径是“在当地的生活经验”“自身成长经历”“同事、朋友之间的交流”等。80%以上的农村教师认为地方性知识对于促进农村教师的教育教学活动非常有用或比较有用,但是只有不到40%的农村教师认为自己经常在教育教学中使用地方性知识。本地教师比外地教师更了解各项地方性知识,也更注重在教育教学活动中运用地方性知识。在调查的基础上,本书提出从以下三方面促进农村教师地方性知识的发展:在农村教师入职培训中加入地方性知识培训的内容;鼓励农村教师组成学习共同体,共同探讨如何利用地方性知识促进教学;鼓励农村教师熟悉地方性知识,在教育教学活动中合理利用地方性资源。

第一节 引 论

一、问题的提出

20 世纪 70 年代末以来，本土知识逐渐引起人们的重视，陆续成立了许多相关国际性的学术组织，召开了一些国际性的会议，出版了数量可观的研究文献（包括教育文献）。20 世纪末，本土知识已成为国际发展组织和一些国家制定和实施各种发展规划、培训发展工作人员的一种重要知识基础。本土知识对于本土人民重新认识本土社会发展动力、深化教育改革等各项事业具有非常重要的意义，然而国内教育界对本土知识的研究较少。石中英在其研究中阐释了本土知识的概念、关键特征，及本土知识在帮助本土社会实现内在发展方面不可替代的价值。在此基础上，石中英又着重反思了现代学校与社会的关系，以及教育目的、课程、教学方法和师范教育模式，提出将重建本土社会作为新世纪教育改革的一项重要使命，培养热爱、理解和建设本土社会的人才，构建包含本土知识的课程体系，更新教学认识论，扩展师范教育的知识基础。① 另有研究者从知识论的视角研究农村教育的优势，认为农村作为本土社会的发展依托于本土知识的生产与使用，并将农村的本土知识分成三类：自然知识、传统文化知识、生产生活实践的生存知识。②

目前小学教科书存在着一定的城市化倾向，使农村教师和学生更倾向于认同城市文化，忽略了本土文化的重要性，不利于培养农村学生对家乡的热爱之情，不利于农村文化的传承和发展，不利于新农村的建设。农村教师若能很好地掌握当地的本土知识，并在教学过程中根据学科特点融入本土文化知识，将会增强农村学生对于所学知识的理解，促进其情感陶冶和成长体悟，对于本土文化的传承和发展亦具有重要意义。

我们对地方性知识在农村教师群体中的发展了解甚少。例如，农村教师在多大程度上掌握了地方性知识？农村教师从哪些途径获得地方性知识？农村教师在多大程度上能够将地方性知识应用在教学实践中？地方性知识对于农村教师的教育教学活动有多大的作用？这些都是亟待解决的研究问题。本书试图探查的问题主要有：① 农村教师地方性知识的发展现状。② 在分析调查数据的基础上，发现农村教师在地方性知识发展上存在的问题。③ 结合农村教育的特

① 石中英. 知识转型与教育改革[M]. 北京：教育科学出版社，2001.

② 姜振军. 农村教育优势——一种知识论的视角[J]. 教育科学研究，2007(6)：18-20.

定情况和新课程实施的要求，提出促进农村教师获得地方性知识的途径。

二、研究目的与意义

（一）研究目的

（1）通过文献分析，弄清形成农村教师地方性知识的理论基础。参考关于教师地方性知识的研究，厘清农村教师地方性知识的内涵、价值及其构成，建构理论框架。

（2）通过问卷调查法、访谈法，了解农村教师地方性知识的发展现状。通过自编问卷《农村教师地方性知识研究调查问卷》进行调研，并选择部分地区的几位教师进行访谈，较为广泛地了解浙江、山东、河北等省份的农村教师地方性知识的发展状况。

（3）在问卷调查的基础上，考察不同人口学变量，比如地缘因素、教龄因素、学科因素等是否在教师地方性知识发展问题上存在差异。为农村教师地方性知识的培养提供参考性意见。

（4）了解农村教师对地方性知识的价值认同和运用情况，挖掘地方性知识对农村教师教学活动的促进作用，为农村教师运用地方性知识提出一定的建议。

（二）研究意义

1. 理论意义

国内外的研究者分别从人类学、文化学、民族学等角度研究本土知识、地方性知识、乡土知识，明确了上述知识的价值与合法性。有一些研究者选择了教育学的研究角度，但主要是从课程设置、教材编写、知识传承等方面探讨本土知识、地方性知识、乡土知识等对农村教育的影响，很少从农村教师知识的角度展开研究。现有的研究中，缺乏对农村教师地方性知识的相对系统而深入的研究，本书可以为相关的研究提供一定的支持。

2. 实践意义

本书可以为农村教师知识的评价提供依据，为农村教师专业发展提供实践指导。本书关于农村教师地方性知识价值的探讨也可以为农村教师优化教学设计、融入公共生活提供参考意见，为农村教师教育政策的制定提供建议。

三、研究思路与方法

（一）研究思路

第一，查阅相关文献资料，了解教师知识与地方性知识的研究状况，厘清教师地方性知识的内涵、价值与具体构成。

第二，通过整理文献资料和访谈个别农村教师，确定农村教师地方性知识调查问卷的考察维度，初步编制调查问卷和访谈提纲。

第三，选取学校，进行小范围的问卷试测，分析试测结果，调整问卷内容，确定调查问卷的正式稿。

第四，选取问卷调查的样本范围，确定样本量，发放调查问卷并及时回收，输入问卷结果，统计分析数据。

第五，通过与数位农村教师的访谈，深入了解农村教师对地方性知识的掌握情况及地方性知识在教育教学活动中的运用情况。

第六，结合问卷调查的统计结果和访谈资料，分析农村教师地方性知识发展的现状及其存在的问题，并提出促进农村教师地方性知识培养的策略。

（二）研究方法

1. 问卷调查法

本书采用自编问卷《农村教师地方性知识研究调查问卷》，对浙江、河北、山东等省的农村中小学教师进行问卷调查，旨在全面了解农村教师地方性知识的发展现状。问卷内容包括农村教师个人基本信息、地方性知识的来源、对地方性知识作用的评价、对地方性知识的了解程度、对地方性知识的运用以及对地方性知识的发展积极性等方面。其中，农村教师对地方性知识的具体了解方面分别包括生产生活、传统文化、乡风民俗、地理景观、价值观念、民间工艺等六个方面。

2. 访谈法

问卷调查法虽然方便、经济，但是往往难以深入了解被调查者——教师个体的知识掌握情况及看法，因此本书在问卷调查的同时辅之以访谈法。访谈法有助于积累第一手翔实的资料，了解农村教师在其教学环境中掌握并运用地方性知识的情况。

笔者对金华、宁波的四所农村中小学以及浙江省外的两所农村中小学共计八位教师进行面对面访谈或者电话访谈，并在征得对方同意的情况下进行录音；若不能录音，就在访谈的同时快速记录下谈话内容，访谈后马上进行整理，减少回忆误差。访谈结束后，将录音逐字转录成文稿，并对文稿进行编辑。

四、相关概念的界定

（一）农村教师

本书中的“农村教师”是指在乡（镇）、行政村的公立小学、中学任教的全职教师，这些教师有的是家住农村的，也有不少是家住城里的，不包括外聘、兼职教师和退休教师，不包括不上课的行政和后勤人员。

（二）教师知识

国内外的学者对教师知识结构提出了不同看法。美国学者舒尔曼

(Shulman)将教师知识分为七类:学科内容知识、一般教学知识、学科教学知识、课程知识、学习者及其特质知识、教育环境知识、教育目的价值及其哲学及历史背景知识。①

林崇德从认知心理学的角度把教师知识分成四部分:① 本体性知识:即教师所具有的特定的学科知识。一些学者也直接将其称为"专业知识""学科知识""学科专业知识";② 文化知识;③ 实践知识:即教师在面临实现有目的的行为中所具有的课堂情境知识以及与之相关的知识;④ 条件性知识:指教师所具有的教育学与心理学知识。②

叶澜突破传统的并列型知识分类,构建了一个多层复合的教师知识结构模型。该分类主要包括三个层面:① 有关当代科学和人文两方面的基本知识,以及工具性学科的扎实基础和熟练运用的技能、技巧;② 具备一两门学科的专门性知识与技能,是教师胜任教学工作的基础性知识;③ 教育学科类知识,它主要由帮助教师认识教育对象、教育教学活动和展开教育研究的专门知识构成。这三个层面的知识相互支撑、渗透并且有机整合。③

陈向明根据教师知识实际存在方式的不同,直接把教师知识分成理论性知识与实践性知识。前者通常呈外显状态,包括学科内容、学科教学法、课程、教育学等原理类知识。后者通常呈内隐状态,包括教师在教育教学实践中实际使用和(或)表现出来的知识(显性的和隐性的)。④

从上述教师的知识分类可以看出,研究者的分类角度不同,教师知识的结构形式也会有较大差异。本书认为,农村教师在掌握实践性知识、学科知识、文化知识、教育理论知识的同时,还应该具备教学所在地的地方性知识。

(三)农村教师的地方性知识

地方性知识是某一区域内历史文化、自然环境、生产生活方式、价值观念的长期演变和积淀。在时间的沧桑变幻中,地方性知识有些为历史所淘汰,有些被留存了下来。地方性知识不同于理性主义所追求的"客观真理",不具有唯一正确的特质。不同的地区很可能拥有截然不同的地方性知识,而作为真实历史境遇中的个人不可能脱离其成长的环境。不同的地域文化造就不同的个人,即所谓的"一方水土养一方人"。农村教师作为乡村教学的实施者和乡村文化的传播者,应当熟知教学所在社区的本土人民在长期生产生活中所传承下来的知识体

---

① SHULMAN L S. Knowledge and teaching: foundations of the new reform[J]. Harvard educational review, 1987(57): 1-22.

② 林崇德. 教育的智慧:写给中小学教师[M]. 北京:开明出版社,1999:38-41.

③ 叶澜,白益民,王枬,等. 教师角色与教师发展新探[M]. 北京:教育科学出版社,2001:23-24,237.

④ 陈向明. 实践性知识:教师专业发展的知识基础[J]. 北京大学教育评论,2003(1):104-112.

系，以及在古老知识体系之上生发的衍生性知识。农村教育的主体是农村教师和乡村学生，而构成乡村基本生活内容的是乡村自然、乡村情感、乡村劳作和乡村文化等，正是这四者与乡村少年的相遇，扩展着乡村少年的生命世界，也使得乡村社会的教育资源生动地显现在乡村少年的生命世界中。[①] 因此，教师只有了解学生成长环境中的精神文化与物理环境因素，才能更好地了解学生，从而运用学生易于接受的案例或方法进行教学。

根据已有文献，本书将"教师地方性知识"定义为：教师所具有的关于教学所在社区的本土居民在长期生产生活中所传承下来的知识体系，以及对原有知识体系进行加工改进而获得的知识总和。相对于城市教师而言，各个地区的农村教师所面对的地方性知识具有更大的差异性。本书中的"农村教师地方性知识"可定义为：农村教师作为乡村教学实施者，所应具有的关于教学所在社区的历史文化、生产生活、传统民俗、地理景观、价值观念等方面的知识，以及对学生的生活环境、家庭情况的了解等。具体说来，农村教师的地方性知识主要包括六个方面的内容：生产生活的地方性知识、历史文化的地方性知识、传统民俗的地方性知识、民间艺术的地方性知识、地理景观的地方性知识、价值观念的地方性知识等。

1. 生产生活的地方性知识

生产生活的地方性知识主要是指教师对当地的农耕方式、特色产业、贸易流通、饮食居住、交通、医药等方面的了解。这方面的知识对教师能否适应当地的生活产生直接的影响，有助于教师形成对当地的认同感 。很多地区的农村教师除了教书还会到田间劳作，或者他们的父辈从事着农业劳动，农村教师对生产生活知识的了解有助于在教育教学中渗透相关知识，增进乡村学生对自身生活环境的了解。

2. 历史文化的地方性知识

历史文化的地方性知识是指教师对当地的历史、文化传统、文化名人的了解。这方面的知识有助于教师在学科教学的过程中，渗透当地的历史文化，加深学生对家乡历史文化的了解，培养他们的文化认同感和自豪感，形成最初的乡土情怀。而且，历史文化的地方性知识有助于引导农村学生的价值观念，在他们幼小的心灵中播下求知求善的种子。

3. 传统民俗的地方性知识

传统民俗的地方性知识是指教师对当地的人际交往习俗、乡风民约、传统节日习俗等的了解。农村教师只有了解当地的交往习俗，才能更顺畅地与当地人进行交往；熟悉当地的乡风民约，才能遵守当地的村规民约，融入教学当地的生活；熟知传统节日，有助于在教学中渗透相关知识，传承乡村传统文化。

① 刘铁芳. 乡土的逃离与回归：乡村教育的人文重建[M]. 福州：福建教育出版社，2008：101.

4. 民间艺术的地方性知识

民间艺术的地方性知识是指教师对当地的民间工艺、口头传诵的故事歌谣、绘画形式、音乐样式的了解。例如,美术教师可以在教学中介绍当地的工艺制作,或者可以带领学生去实地考察学习,从而丰富教学形式。民间艺术的地方性知识有助于农村教师在教学中渗透审美教育,培养乡村学生的艺术知识和审美感。

5. 地理景观的地方性知识

地理景观的地方性知识是指教师对教学当地的自然环境、人文景观、气候规律、地理特征的了解。不同地区的农村有着不同的地貌特征和气候特点。此类知识有利于教师在课堂中渗透地方性的地理知识、人文知识,培养学生对周遭生活的观察和体悟能力。此外,农村教师也可以利用所掌握的地理景观知识帮助当地农民保护农村生态环境。

6. 价值观念的地方性知识

价值观念的地方性知识是指教师对当地人的宗教信仰、教育观等观念的了解。此类知识有助于教师了解当地人的思想价值观念以及家长的教育观念等,了解这些价值观念对学生的影响,从而有助于教师对学生的思想引导。同时,在城市文化对乡村文化的冲击日益严重的今日,教师应当警惕功利思想对乡村学生的不良影响。

除了以上六个方面的地方性知识,还包括农村教师对学生的生活环境、家庭情况的了解。学生的家庭成长环境会对其人格发展产生很大的影响。例如,目前很多农村学生因为父母外出打工而成为留守儿童,他们的学习和生活处境更需要得到教师的关注和关心。相比城市教师,农村教师更容易在乡村的环境中获知这些信息,了解学生行为或性格形成背后的原因,从而有助于教师更好地理解学生、帮助学生、教育学生。

第二节　调查设计与实施

一、研究工具

(一) 调查问卷

基于研究目的,本书设计了《农村教师地方性知识研究调查问卷》。本问卷的编制依据有:① 通过查找国内外关于地方性知识的文献资料,确定教师地方性知识的内涵,确定其结构维度,形成农村教师地方性知识的内容框架;② 通过查找教师知识的相关文献研究,确定农村教师地方性知识现状研究的总体框架;③ 根据对部分教师非正式访谈以及笔者自身经历经验等,对相关问题进行补充完善；④ 根据调查问卷的一般设计方式编制问卷，问卷主体根据李克特量表法(Likert Scale)进行编制，并采用五点计分法(1＝完全不同意、2＝基本不同意、3＝不太清楚、4＝基本同意、5＝完全同意)。

本问卷总共分为三个部分：第一部分是个人基本信息，例如性别、年龄、教龄、职务、所教学科等。这一部分的设计是为后期的人口学变量分析做准备，同时为不同样本之间进行差异性检验进行自变量区分。第二部分是农村教师地方性知识的来源，考察各个途径对增进农村教师地方性知识的作用。第三部分是农村教师地方性知识的发展现状，包括教师在当地的生活时间、对地方性知识作用的评价、农村教师对地方性知识的了解程度、农村教师对地方性知识的运用、教师对地方性知识的发展积极性等。此外，还设计了农村教师对自身地方性知识发展状况的评价性问题，旨在调查农村教师在对教学所在地区地方性知识的了解情况，以及地方性知识在农村教育教学中的运用等。

(二) 访谈提纲

"农村教师地方性知识研究"访谈提纲，见表 3-1。

表 3.1　"农村教师地方性知识研究"访谈提纲

维度	访谈问题
教师基本信息	您教的学科是什么？在教学所在地区工作几年了？您是本地人吗？习惯在工作的地区生活吗？
教师对地方性知识的了解程度	您对于教学当地的生产生活、历史文化、传统民俗、民间艺术、地理景观、价值观念等方面的情况了解吗？您一般通过什么途径了解以上这些地方性知识？您了解学生的家庭情况和生活环境吗？您是通过什么途径了解的？您了解当地的交往习俗吗？觉得和当地的同事、学生家长沟通交往顺利吗？
教师对地方性知识作用的评价	您觉得掌握这些地方性知识对促进自身的教育教学有多大的作用？能列举一个教学中的案例吗？
教师对地方性知识的运用	您在课堂教学过程中，会涉及您熟悉的地方性知识吗？比如，用学生生活中熟悉的故事、场景来解释相关的教学内容。您能举个例子吗？您或您周围的教师参与过校本课程开发吗？在校本课程开发中会涉及地方性知识吗？如果有的话，能举个例子吗？
教师对地方性知识的发展积极性	您对当地的地方性知识感兴趣吗？您是否会主动学习当地的地方性知识并运用地方性知识促进教育教学呢？

二、研究实施

调研的主要步骤为：① 根据研究目的和内容确定研究维度，设计调查问卷；

② 小规模发放问卷,进行问卷试测;③ 根据试测的情况调整问卷,确定正式调查问卷;④ 选定调查样本,随机发放问卷并回收;⑤ 运用 SPSS16.0 进行数据统计分析;⑥ 在问卷调查的同时进行个别教师访谈。

问卷编制完成后,在金华某农村小学进行了小范围的试测,发放了 70 份问卷,收回 52 份,试测回收率为 74.3%。对试测问卷进行了初步分析,删除了一个内容交叉的题目,并且对农村教师地方性知识了解程度的六个维度进行因素分析,结果表明,在 0.05 的显著性水平上,各维度的克伦巴赫 α 系数都在 0.65 以上,问卷可信(见表 3.2)。同时,笔者就问卷的设计征求了相关学者、研究生以及一线老师的意见,进而对问卷的个别项目又进行了调整。

表 3.2　六个因素的克伦巴赫 α 系数

因素	生产生活	历史文化	传统民俗	民间艺术	地理景观	价值观念
克伦巴赫 α 系数	0.848	0.682	0.943	0.818	0.876	0.813

正式的调查问卷确定之后,笔者选取了浙江、山东、河北等省的农村中小学教师作为研究对象,随机发放了 1 107 份调查问卷。在问卷的填写说明中注明采用无记名方式,并且获得的数据资料只用作研究,以使教师们根据实际情况作答。最后收回了 994 份问卷,回收率为 89.8%。其中,有效问卷数量为 961 份,问卷有效率为 96.7%。问卷发放情况见表 3.3。

表 3.3　问卷发放情况表

地区	发放数量/份	回收数量/份	有效数量/份
浙江金华	560	478	464
浙江宁波	132	132	127
浙江湖州	95	93	90
河北邢台	100	76	67
河北保定	30	30	30
河北唐山	30	30	30
山东青岛	40	40	40
山东临沂	30	30	30
山东兖州	40	40	40
四川南充	50	45	43
总计	1 107	994	961

调查结果的显著性水平为 0.05,数据分析主要采用以下统计方法:① 频数

分析(Frequencies):对于样本中的农村教师的基本情况进行频数统计,对于所有的问题进行频数分析,为之后的推断统计打下基础。② 独立样本 t 检验(Independent-Sample T Test):t 检验适用于两个变量均数之间的差异性检验。本书将对有关人口学变量与地方性知识的发展情况进行差异性检验,比如,农村中学、小学教师这两个离散型二分变量在地方性知识的发展方面是否存在差异。③ 单因素方差分析(One-Way ANOVA):方差分析适用于三个及以上变量间的均数比较。通过这种方法,可以对教龄等变量在农村教师地方性知识发展状况上的方差进行检验,从而深入了解不同群体教师之间的差异。

第三节 调查结果

一、人口学变量构成

本书主要选取了浙江、山东、河北、四川等省份的10个地区的1 107名中小学教师为调查研究对象,有效问卷为961份。

在961名农村中小学教师中,男教师353人,女教师608人,比例分别为36.7%和63.3%。小学教师489人,中学教师472人,比例分别为50.9%和49.1%。① 从教师年龄段的统计结果来看,主要以中青年教师为主,符合教师年龄分布规律:21至30岁的教师有403人,占总人数的41.9%;31至40岁的教师有318人,占33.1%;41至50岁的教师有149人,占15.5%;50岁以上的教师有91人,占9.5%。② 从教师的教龄统计结果来看,教龄分布比较平均:教师教龄在1至3年的有277人,占28.8%;4至6年的有111人,占11.6%;7至15年的有269人,占28.0%;16至25年的有183人,占19.0%;25年以上的有121人,占12.6%。③ 从教师学历的统计结果来看,主要以本科学历为主:学历在中师及以下的教师有67人,占7.0%;学历为大专的教师有177人,占18.4%;学历为本科的教师有714人,占74.3%;学历为硕士的教师有3人,占0.3%。④ 从教师的职务分布来看,普通教师有857人,占89.2%;学校中层管理干部有78人,占8.1%;正副校长17人,占1.8%;其他人员有9人,占0.9%。⑤ 在教师所教的学科分布中,语文教师有320人,占33.3%;数学教师有290人,占30.2%;英语教师有165人,占17.2%;科学教师有63人,占6.6%;政治、历史、地理教师有89人,占9.2%;物理、化学、生物教师有36人,占3.7%;音乐、体育、美术教师有95人,占9.9%;计算机教师有18人,占1.9%;其他学科的教师有9人,占0.9%。其中,14.5%的农村教师教两门或两门以上的学科。⑥ 在教师职称的统计结果中,具有初级职称的教师有537人,占总数的55.9%;具有中级职称的有255人,占26.5%;具有高级职称的有 17 人，占 1.8%；暂时没有职称的教师有 152 人，占 15.8%。⑦ 从教师的家乡来看，大部分农村教师的家乡就在教学所在当地：家乡在现任教学校所在的县的教师有 799 人，占 83.1%；家乡在本市其他县的教师有 102 人，占 10.6%；家乡在本省其他城市的教师有 51 人，占 5.3%；家乡在外省的教师有 9 人，占 1%。

以上数据表明：从性别分布来看，男女教师的比例接近于 4∶7，可见农村学校女教师占较大比重。而从学校类型分布来看，小学教师、初中教师的比例接近 1∶1。初中教师往往比小学教师在教学中面临更大的学生升学压力，他们是否会在教学中注重运用地方性知识，抑或全然根据教材中的知识内容和场景进行讲授？本书将对此予以关注。

从教师的教龄构成来看，各教龄段的农村教师数量分布比较平均。教龄在 7 至 25 年间的教师所占比重较大。这部分教师主要是农村教师队伍中的中青年教师，往往已经在本地成家立业，对教学所在地区的传统习俗、乡风民约、生产生活方式等地方性知识比较熟悉。但是，不同教龄段的农村教师对于地方性知识的掌握和运用是否存在差异需要在调查中进行进一步的分析。

从教师的地缘分布来看，90%以上的农村教师来自教学所在地区或本市其他县，只有不到 10%的农村教师来自本省其他城市或外省。这说明绝大多数农村教师具有在教学当地的成长经历和生活经验，具有获得教学当地的地方性知识的天然环境，在地方性知识的获取上比外地的教师更有地理优势。但是，不同地缘分布的农村教师是否在地方性知识的掌握和运用上存在差异将在调查中进行进一步的研究，以便为相关政策建议提供实证支持。

二、调查结果的频数分析

（一）农村教师地方性知识的来源

农村教师地方性知识的来源构成，见表 3.4。

表 3.4　　农村教师地方性知识的来源构成

来源途径	很有用/%	比较有用/%	不太有用/%	没有用/%	无此经历/%	总计/%
作为学生时的知识积累	30.9	48.8	14.6	4.7	1.0	100
同事、朋友之间的交流	37.7	59.0	3.0	0	0.3	100
阅读相关书刊	34.1	55.7	8.6	0.9	0.7	100
看电视节目	21.2	62.3	15.8	0.7	0	100
自身成长经历	38.1	54.1	6.6	1.2	0	100
网络平台	35.5	54.3	9.3	0.6	0.3	100
在当地的生活经验	48.7	48.8	2.5	0	0	100

从表3.4可以看出,以上各种途径都为农村中小学教师获取地方性知识发挥了比较重要的作用。其中,最主要的来源途径是"在当地的生活经验""自身成长经历""同事、朋友之间的交流"。有48.7%的农村教师认为在当地的生活经验对于促进其获得地方性知识很有用,38.1%的农村教师认为自身成长经历对于获得地方性知识很有用,而37.7%的农村教师认为与同事、朋友之间的交流对于获得地方性知识很有用。

由此可见,农村教师地方性知识具有很明显的经验性,需要教师通过实地直接参与体验而逐步积累,或是通过网络、书籍等间接途径获得。根据调查结果,90%以上的农村教师来自当地(教学所在的县或是本市其他县),只有少数教师来自其他城市或者省外。由表3.5可知,49.5%的农村教师在教学当地生活了10年以上,15.8%的农村教师在当地生活了5~10年(不包括10年),21.5%的农村教师在当地生活了2~5年(不包括5年),而有13.2%的农村教师在教学当地生活了不到两年的时间。从数据分布来看,无论农村教师在当地生活了多长时间,"在当地的生活经验"都对其地方性知识的获得产生了重要影响,因而农村教师要融入当地社区生活,从生活中学习。其次,"同事、朋友之间的交流"也很重要。社会交往是教师生活的重要方面,在与当地同事、朋友的交流中,关于当地的文化、习俗、地理等信息会自然而然地从对方的言语和行为中表现出来,教师从"局外人"转变成"局内人"的过程也是地方性知识获得的过程。

表3.5　　农村教师在教学当地的生活时间

生活时间	小于2年	2~5年(不包括5年)	5~10年(不包括10年)	10年以上	总计
人数/人	126	207	152	476	961
百分比/%	13.2	21.5	15.8	49.5	100.0

(二) 农村教师对地方性知识作用的评价

15.8%和70.6%的农村教师认为地方性知识对于促进其教育教学有非常大或者比较大的作用,而仅有13.3%和0.3%的教师认为地方性知识不太有用或没有用(见表3.6)。例如,山东的尹老师认为地方性知识非常有用,尤其是对学生家庭情况等信息的了解,对她的教育教学工作有很大帮助。她在访谈中提道:

我觉得地方性知识非常有用。我家不在本地,刚到现在的学校工作的时候,一点也不了解当地(学生)的情况。看到学生完成作业困难、学习吃力的现象,也不明白其中具体的原因。当地的老师告诉我,有些学生是因为得了某种疾病,还有些学生是因为父母离异或外出打工了。知道了具体原因，我才能更好地帮助学生。

表 3.6　　地方性知识对农村教师的教育教学活动的作用

	非常有用	比较有用	不太有用	没有用	总计
人数/人	152	678	128	3	961
百分比/%	15.8	70.6	13.3	0.3	100.0

农村教师地方性知识的具体作用，见表 3.7。

表 3.7　　农村教师地方性知识的具体作用

所持观点	有利于开发校本课程		有利于与家长沟通		有利于与同事相处	
	人数/人	百分比/%	人数/人	百分比/%	人数/人	百分比/%
完全同意	324	33.7	365	38.0	356	37.0
基本同意	558	58.1	545	56.7	542	56.4
不太清楚	70	7.3	51	5.3	45	4.7
基本不同意	9	0.9	0	0	12	1.2
完全不同意	0	0	0	0	6	0.6

从表 3.7 可以看出，90%以上农村教师十分认同或比较认同地方性知识在开发校本课程、与家长沟通、与同事相处等方面的作用。在校本课程开发方面，不同地区的地方性知识将会产生丰富多样的校本课程。农村教师对地方性文化的重视为其开发校本课程提供了重要的知识基础。例如，宁波宁海 Z 小学的王老师受小学美术教材中鹅卵石绘画的启发，利用学校周边的鹅卵石资源，开发了"鹅卵石工艺"的校本课程。她在访谈中提道：

学校附近的小溪边有很多鹅卵石，我看到美术教材里面"鹅卵石绘画"这块内容，就想着应该把这个地方资源利用起来，所以开发了"鹅卵石工艺"的校本课程。学生们可以在鹅卵石上面用颜料画画，或者结合其他的材料来完成，比如，植物种子、彩纸、毛线这些材料，都可以拿来用。期末的时候，会把学生完成的作品拿出来展出。

金华金东区 Y 小学的老师们根据当地的花果文化、山水文化和歌诗文化，开发了乡土文化教育课程。由于当地是"白桃之乡"，学校根据当地农村的实际和季节特点，开展"桃乡春韵""桃乡赏夏"等采风活动，学生们或是用镜头记录桃花盛开的美景，或是用文笔书写桃农们的感人故事，抑或是用画笔描绘桃乡的美景。此外,Y乡是著名诗人艾青、音乐家施光南的故乡,老师们带领学生寻访名人足迹,组建校园诗社,沐浴诗歌文化。① 学生们通过亲近乡土文化,提高了观察能力、审美情趣和细腻的情感,最重要的是增加了对自己家乡的认同和热爱,从而在他们的成长环境中形成一种正向的力量,为他们以后的人生提供养分。

在与家长沟通方面,家访和家长会是家校沟通的主要方式,而学校与家长的沟通主要通过教师来进行,地方性知识为农村教师进行家校沟通提供了重要的支持。从调查结果来看,90%以上的农村教师的家乡在现任教学校所在的县或是本市其他的县,只有不到10%的老师来自其他城市甚至是外省,因而大部分农村教师比较了解当地的语言文化和交往习俗,沟通更加顺畅。

在与同事相处方面,地方性知识能增进农村教师与同事之间的感情和相互理解,减少了因交往习俗、传统文化差异而产生的隔阂;也有助于教师意识到"文化冲突",在交往中既融入环境,又保持自身的独立性。例如,山东的张老师在访谈中提道:

我刚从城里过来的时候,不太习惯。周围的老师基本是本地人,他们有事会一起行动。我和他们观念不一样,说不到一块儿,感觉有点孤单,相处时间长了就好多了。校长也是土生土长的本地人,是位实践教学经验丰富的老教师,在当地很有威望,很多当地人会听他的意见,但是他比较保守,在决定事情的时候喜欢一个人说了算。

(三)农村教师对地方性知识的了解程度

农村教师对地方性知识的了解程度,见表3.8。

表3.8　　农村教师对地方性知识的了解程度

了解程度	非常了解	比较了解	不太了解	不了解	总计
人数/人	6	261	647	47	961
百分比/%	0.6	27.2	67.3	4.9	100.0

从表3.8的调查结果来看,0.6%的农村教师认为自己非常了解教学所在地区的地方性知识,27.2%的农村教师认为自己比较了解教学所在地区的地方性知识,而超过70%的农村教师认为自己不太了解或不了解教学所在地区的地方性知识。由此可见,大部分农村教师对于地方性知识尚处于浅层的了解阶段。

农村教师对地方性知识的具体掌握情况,见表3.9。

① 金玉珍.源东乡里处处好风光——金华市源东中心学校乡土文化教育纪实[J].辅导员,2010(11):30-31.

表 3.9　　农村教师对地方性知识的具体掌握情况

因素	题号	完全了解		基本了解		不太了解		基本不了解		完全不了解	
		人数/人	百分比/%	人数/人	百分比/%	人数/人	百分比/%	人数/人	百分比/%	人数/人	百分比/%
生产生活的地方性知识	7	363	37.8	477	49.6	109	11.3	12	1.2	0	0
	8	331	34.4	531	55.3	93	9.7	6	0.6	0	0
	9	295	30.7	578	60.1	73	7.6	12	1.2	3	0.3
历史文化的地方性知识	10	159	16.5	515	53.6	251	26.1	33	3.4	3	0.3
	11	536	55.8	394	41.0	22	2.3	6	0.6	3	0.3
	12	490	51.0	349	36.3	50	5.2	60	6.2	12	1.2
传统民俗的地方性知识	13	399	41.5	447	46.5	100	10.4	12	1.2	3	0.3
	14	380	39.5	430	44.7	133	13.8	12	1.2	6	0.6
	15	414	43.1	460	47.9	75	7.8	9	0.9	3	0.3
民间艺术的地方性知识	16	162	16.9	556	57.9	192	20.0	45	4.7	6	0.6
	22	115	12.0	469	48.8	320	33.3	45	4.7	12	1.2
地理景观的地方性知识	17	370	38.5	513	53.4	66	6.9	12	1.2	0	0
	18	391	40.7	513	53.4	51	5.3	6	0.6	0	0
	19	291	30.3	531	55.3	127	13.2	12	1.2	0	0
价值观念的地方性知识	20	190	19.8	490	51.0	251	26.1	27	2.8	3	0.3
	21	252	26.2	576	59.9	115	12.0	9	0.9	9	0.9

注:“题号”为本章附录中“教师地方性知识的发展现状”部分所对应的题目。

由表 3.9 对应调查问卷中的相关题号可以看出,55.8%和 41.0%的农村教师能完全听懂或基本听懂教学所在地区的方言,而有 51.0%和 36.3%的农村教师完全会讲或基本会讲当地的方言。语言是文化的载体,农村教师能听懂当地的方言才能更直接地接触鲜活的地方性知识,会讲当地的方言才能与当地人更近距离地交流互动。虽然现在全国在大力推广普通话,非本地的老师与大多数当地人之间的基本交流没什么问题,但是在用普通话表达本土化思想的时候,随着话语体系的转变,很多细微的地方性文化特征已经被遮蔽了。所以,农村教师应该有意识地学习教学所在地的方言,最基本的要求是能听懂教学所在地的方言。

另外,调查结果显示,43.1%和 47.9%的农村教师了解或比较了解当地的传统节日及习俗,41.5%和 46.5%的农村教师熟悉或比较熟悉当地的交往习俗,40.7%和 53.4%的农村教师熟悉或比较熟悉当地的气候规律。此外,农村教师在乡风民约、自然环境、交通系统、饮食文化等地方性知识方面也有较好的了解。

上述的地方性知识无时无刻不存在于农村教师的教学生活中。以综合课程实施为例，农村教师掌握地方性知识对综合活动课大有裨益。《基础教育课程改革纲要(试行)》强调改变现有课程结构，设置综合课程，并指出小学阶段以综合课程为主，初中阶段设置分科与综合相结合的课程。① 也有研究者指出，综合实践活动具有基于学校和地区课程的性质，应该充分发挥地区和学校的特点，开发具有个性化的课程。② 而每个地区和学校具有不同的物理环境和文化背景，关键取决于教师对当地文化和物理等因素的综合考虑，并在此基础上设计相应的综合实践课程实施方案。农村教师掌握地方性知识有助于综合课程的开发和实施，也有利于教师自身的专业发展。

但是，从调查结果可以看出，农村教师在地方史、民间艺术、价值观念等地方性知识方面了解不足。16.5%和53.6%的农村教师了解或比较了解工作所在地的地方史，16.9%和57.9%的农村教师了解或比较了解教学当地特色的民间艺术(手工艺、音乐、绘画等)，12%和48.8%的农村教师了解或比较了解当地人口头传诵的故事歌谣，19.8%和51.0%的农村教师熟悉或比较熟悉当地人的宗教信仰。此外，有26.2%和59.9%的农村教师表示能在与当地人的交往中清楚了解他们的价值观念(包括教育观念等)。很多农村中小学主要由班主任出面开展家访工作，而且对象主要为有学业困难或特殊情况的学生，家访的次数较之以前也有所减少，平常很少进行。从访谈中多位教师反映有些农村家长的教育观念有待更新。

（四）农村教师对地方性知识的运用

运用地方性知识辅助本学科的教学情况，见表3.10。

表3.10　　运用地方性知识辅助本学科的教学情况

运用情况	完全同意	基本同意	不太清楚	基本不同意	完全不同意	总计
人数/人	315	416	167	54	9	961
百分比/%	32.8	43.3	17.4	5.6	0.9	100.0

从表3.10可以看出，仅有32.8%的农村教师完全认同自己经常运用地方性知识辅助本学科的教学，43.3%的农村教师基本认同自己经常运用地方性知识辅助本学科的教学，可见农村教师在教育教学活动中运用地方性知识的频率并不高。很多农村教师只是按照教材的内容和情境讲解知识点，有些教师会在

① 基础教育课程改革纲要(试行)[N].中国教育报，2001-07-27(2).

② 李芒.论综合实践活动课程与教师的教学能力[J].教育研究，2002(3)：63-67.

某些课程中较多地使用地方性知识。例如，山东的尹老师较多的在科学课中运用地方性知识，她在访谈中谈道：

我教的是英语和科学，我们学校的老师每人至少教两门课。对我来说，在教学中用到地方性知识较多的是科学课，我会让孩子们进行生活观察。农村学生的视野窄、思路窄，很多学生没去过科技馆、博物馆等地方，这些先进的东西离他们太远了，我需要从他们熟悉的东西去引入上课内容。不过，学生们还是比较乐意接受新事物的，这也有助于他们开阔眼界。所以我觉得最好的教学方法是从学生熟悉的事物引入，兼顾介绍外界先进的东西，这样才能真正地促进学生的发展。

教师运用学生熟悉的事例解释相关概念的情况，见表3.11。

表3.11　教师运用学生熟悉的事例解释相关概念的情况

运用情况	经常运用	时常运用	不太运用	基本不运用	完全不运用	总计
人数/人	330	551	47	27	6	961
百分比/%	34.3	57.3	4.9	2.8	0.7	100.0

从表3.11看出，34.3%的农村教师经常运用学生生活中熟悉的故事、场景等事例解释相关概念，57.3%的农村教师有时会在教学中运用学生熟悉的事例进行教学。可见，农村教师应该根据自身的学科特点收集本地的素材、案例或故事等，因为贴近学生生活的案例更容易引起学生的共鸣或易于理解，使其更好地理解教学内容。

（五）教师对地方性知识的积极性

农村教师对地方性知识的兴趣程度与农村教师学习地方性知识的主动性，分别见表3.12和表3.13。

表3.12　农村教师对地方性知识的兴趣程度

兴趣程度	非常感兴趣	比较感兴趣	不太感兴趣	不感兴趣	总计
人数/人	39	192	602	128	961
百分比/%	4.1	20.0	62.6	13.3	100.0

表3.13　农村教师学习地方性知识的主动性

主动性情况	非常主动	比较主动	不太主动	不主动	总计
人数/人	30	292	568	71	961
百分比/%	3.1	30.4	59.1	7.4	100.0

从表3.12的调查结果看出，仅有4.1%的农村教师对地方性知识非常感兴趣，20%的农村教师对地方性知识比较感兴趣。从表3.13可知，在学习积极性方面，仅有3.1%的农村教师非常主动地学习地方性知识，而30.4%的教师态度比较主动。可见他们对学习地方性知识的积极性并不高。究其原因，农村教师尚未转变他们的知识观。在他们看来，只有教材或权威书籍中的主流知识才是真正客观的知识，而乡野田间的地方性知识只是一种零散、落后的地域性知识。这似乎与前面的调查结果——90%以上的农村教师认为教师地方性知识非常重要或比较重要相矛盾，其实不然，因为这恰恰说明了教师内心深处的矛盾：教师应该为了学生的“前途”而不断地强化国家课程的学习，还是应该挖掘身边的充满自然气息和生活气息的地方性知识呢？虽然国家设置了地方课程，但是在真正实施的过程中却往往形同虚设，一旦它被放在了考核范围之外，那么它也就被弃置于课程之外。很多农村中小学校没有配备专门的地方课程的老师，而是由语文老师或其他学科的老师兼顾，对于地方课程的课时数也没有硬性的要求，其结果可想而知。例如，浙江的陈老师在访谈中谈道：

以前区里面要求考核地方课程的时候，老师们会上这门课；后来教研员说不考核地方课程的成绩了，我们也就不上了，改成上语文课或数学课了。

除此之外，农村教师的教学量比较繁重也是影响农村教师发展积极性的另一原因。农村教师平均每周的教学量，见表3.14。由表3.14可知，除了少数学校管理层的教师，58.2%的农村教师每周课时为10～15节，而26.1%的农村教师每周需要上16～20节课，8.4%的农村教师课时甚至在20节以上。农村教师不但课时量大，而且很多老师需要上两门或两门以上学科的课，需要的备课时间就更多了。

表3.14　　农村教师平均每周的教学量

每周教学量	小于10节	10～15节	16～20节	大于20节	总计
人数/人	70	559	251	81	961
百分比/%	7.3	58.2	26.1	8.4	100.0

三、问卷的平均数显著性差异分析

（一）不同地缘的农村教师间的独立样本t检验

笔者以农村教师的地缘因素（本地、外地）为自变量，以他们在地方性知识的价值判断、了解程度、运用情况、发展积极性上的平均分为因变量，在方差齐性检验的基础上对其进行了独立样本的 t 检验。需要说明的是，为了明晰自变量的分层，笔者将家乡在教学所在的行政市范围内的农村教师作为本地教师，将家乡在其他行政市或省的农村教师作为外地教师。本地和外地农村教师在地方性知识的了解程度、运用情况上的独立样本 t 检验，见表 3.15。从表 3.15 的分析结果来看，不同地缘的农村教师在地方性知识的价值判断、发展积极性上的平均分没有显著性差异；在地方性知识的了解程度、运用情况上，尽管两者的方差齐性情况不同，但都在 0.05 显著性水平上存在着显著性差异。从均值差异来看，本地教师比外地教师更了解地方性知识，也更注重在教育教学活动中运用地方性知识。

表 3.15　　本地和外地农村教师在地方性知识的了解程度、运用情况上的独立样本 t 检验

变量		方差齐性的 Levene 检验		均数相等的 t 检验				
		F	Sig.	t	自由度	Sig.（双侧）	差异的 95% 置性区间	
							下限	上限
地方性知识的了解程度	假设方差齐性	2.067	0.151	7.339	959	0.000	0.066 11	0.355 47
地方性知识的运用情况	假设方差不齐性	5.818	0.016	3.630	64.308	0.001	0.117 34	0.191 56

笔者又以农村教师的地缘因素为自变量，以他们对地方性知识的六个维度的掌握情况的平均分为因变量，在方差齐性检验的基础上对其进行了独立样本的 t 检验。本地和外地农村教师在地方性知识六个维度上的独立样本 t 检验，见表 3.16。表 3.16 的分析结果显示：在生产生活、历史文化、传统民俗、地理景观等四个方面的地方性知识上，方差检验的显著性水平大于 0.05，因而方差齐性；它们的双侧显著性水平都小于 0.05，因而在 0.05 的显著性水平上，本地农村教师与外地农村教师对生产生活、历史文化、传统民俗、地理景观等四个方面的地方性知识的掌握存在着显著性差异。在民间艺术、价值观念的地方性知识上，方差检验的显著性水平小于 0.05，因而方差不齐性；它们的双侧显著性水平也都小于 0.05，因此在 0.05 的显著性水平上，本地与外地农村教师对民间艺术、价值观念的地方性知识的掌握同样存在着显著性差异。总而言之，本地与外地农村教师在地方性知识的六个维度上都存在着显著性差异。同时，通过均值

差异的分析来看，本地农村教师在六个维度的地方性知识上的平均值都要高于外地农村教师。

表 3.16　本地和外地农村教师在地方性知识六个维度上的独立样本 t 检验

变量		方差齐性的 Levene 检验		均数相等的 t 检验				
		F	Sig.	t	自由度	Sig.（双侧）	差异的 95% 置性区间	
							下限	上限
生产生活的地方性知识	假设方差齐性	0.877	0.349	2.131	959	0.033	0.013 26	0.321 77
历史文化的地方性知识	假设方差齐性	0.289	0.591	15.261	959	0.000	0.956 02	1.238 17
传统民俗的地方性知识	假设方差齐性	3.090	0.079	5.240	959	0.000	0.292 37	0.642 52
民间艺术的地方性知识	假设方差不齐性	4.006	0.046	4.098	64.981	0.000	0.222 01	0.644 02
地理景观的地方性知识	假设方差齐性	0.205	0.651	4.273	959	0.000	0.178 48	0.481 64
价值观念的地方性知识	假设方差不齐性	14.178	0.000	3.594	64.401	0.001	0.157 97	0.553 13

（二）不同教龄段的农村教师间的单因素方差分析

笔者以农村教师的教龄作为人口学变量，以他们对地方性知识的价值判断、了解程度、运用情况、发展积极性因素等所作回答的平均数作为因变量，进行单因素方差分析。需要说明的是，为了明晰自变量的分层，笔者将问卷中的 5 个教龄段（1～3 年、4～6 年、7～15 年、16～25 年、25 年以上）进行数值转换，合并为 3 个教龄段（1～6 年、7～25 年、25 年以上）。统计分析结果显示，在 0.05 水平上，3 个教龄段的农村教师在地方性知识的运用情况上存在显著性差异，而在地方性知识的价值判断、了解程度、发展积极性上差异不显著。不同教龄段的农村教师对地方性知识运用情况组间方差分析结果，如表 3.17 所示。由表 3.17 可知，显著性水平 0.000<0.05，方差检验的零假设不成立，因而不同教龄段的教师对地方性知识的运用存在显著差异。在这种情况下，需要对各个教龄段之间进行多重比较。不同教龄段的农村教师对地方性知识运用情况组间多重比较结果，见表 3.18。

表 3.17 不同教龄段的农村教师对地方性知识运用情况组间方差分析结果

地方性知识的运用情况	平方和	自由度	均方	F	Sig.
组间	25.138	2	12.569	23.930	0.000
组内	503.175	958	0.525		
总计	528.313	960			

表 3.18 不同教龄段的农村教师对地方性知识运用情况组间多重比较结果

教龄段	N	显著性水平=0.05		
		1	2	3
1～6 年	388	3.945 9		
7～25 年	452		4.177 0	
25 年以上	121			4.433 9
Sig.		1.000	1.000	1.000

由表 3.18 的多重比较结果可以看出，在 0.05 的显著性水平上，对地方性知识的运用情况方面，3 个教龄段的农村教师两两之间存在着显著性差异。其中，组 1 的均值是 3.945 9，组 2 的均值是 4.177 0，组 3 的均值是 4.433 9，各教龄组之间存在较大的差异。可见，教龄越长的农村教师越注重对地方性知识的运用。

第四节　研究结论与建议

一、研究结论

调查结果表明，农村教师地方性知识的最主要的来源途径是“在当地的生活经验”“自身成长经历”“同事、朋友之间的交流”，其次是“网络平台”“阅读相关书籍”等途径。80%以上的农村教师认为地方性知识对于促进农村教师的教育教学活动非常有用或比较有用，但是只有不到 40%的农村教师认为自己经常在教育教学中使用地方性知识。农村教师在生产生活、历史文化、传统民俗、地理景观等方面的总体发展尚待提高，并且他们对地方性知识的发展积极性不高，主要原因在于农村教师尚未转变其知识观念。因此，转变农村教师的知识观，注重培养他们的地方性知识，并鼓励其运用地方性知识改善教育教学效果，应当成为促进农村教师专业发展的重要途径。

从对不同地缘和不同教龄段的农村教师在地方性知识各个维度上平均分的显著性差异分析来看，本地教师比外地教师更了解各方面的地方性知识，也更注重在教育教学活动中运用地方性知识。此外，不同教龄段的农村教师在地方性知识的运用情况上存在显著性差异，而在地方性知识的价值判断、了解程度、发展积极性上差异不显著；并且，农村教师的教龄越长就越注重对地方性知识的运用。

二、建议

（一）要重视农村教师地方性知识在教育教学活动中的作用

1. 教师地方性知识有利于促进农村教师的专业发展

教师专业发展的地方性知识视角强调农村教师专业发展要基于其生存环境与文化脉络。该视角突出了农村教师在专业发展中的主体地位，促使人们重新思考专业发展与地方知识形态之间的关系。[①] 从教师知识角度而言，地方性知识扩大了农村教师的知识基础，是农村教师从事乡村教育工作的关键；从教师技能角度而言，掌握地方性知识有利于农村教师丰富教学形式，挖掘教学素材，提高教育教学质量；从教师的职业道德角度而言，地方性知识能够加深农村教师对其教学所在地区的理解和体悟，从文化的眼光审视地域文化，增强农村教师从事乡村教育的责任感和成就感。

2. 农村教师地方性知识有利于拉近课堂与生活的距离

目前农村中小学所使用的教科书存在明显的城市化倾向，教材的素材、情境、插图等都与农村学生的生活现实相距较远，导致农村学生在学习相关知识时有些吃力。就像一位接受访谈的教师提到的："农村学生的视野窄、思路窄，很多学生没去过科技馆、博物馆等地方，这些先进的东西离他们太远了，我需要从他们熟悉的东西去引入。不过，学生们还是比较乐意接受新事物的，这也有助于他们开阔眼界。"也就是说，农村教师需要在新知识和学生已有的经验之间建立一种联系，而地方性知识正是学生经验的主要来源。农村教师可以利用地方性知识在农村学生和城市化教学情境之间搭建桥梁，使教学内容更贴近学生生活，更易被学生理解和接受，同时也使农村学生能够接触和学习新的事物。

3. 教师地方性知识有利于农村教师了解农村学生

林崇德认为目前中小学生主要存在的三类心理问题：① 人际关系问题，主要包括师生关系、亲子关系、同伴或同学关系等问题。② 学习方面的问题，主要包括学习压力、厌学、学习困难、学习障碍等问题。③ 关于自我的问题，主要包括自我评价、自我体验、自制力等问题。而且，这三方面的心理问题往往是联系

---

① 葛孝亿.农村教师专业发展范式转换——"地方性知识"的视角[J].中国教育学刊，2012(3)：82-85.

在一起的。[①] 学生的心理发展很大程度上受其生活环境影响，这里的生活环境包括精神环境、物理环境、文化环境、行为环境等。而农村学生的心理发展离不开乡村环境的影响，乡村的风土人情以及家庭环境都是其成长的影响因素，农村教师只有了解了当地的地方性知识，了解了学生的家庭环境，才能真正理解学生及其行为问题的根源，从而有针对性地加以引导。

（二）要关注对农村教师地方性知识的培养

可以从以下三个方面促进农村教师地方性知识的发展：在农村教师入职培训中加入地方性知识培训的内容；鼓励农村教师组成学习共同体，共同探讨如何利用地方性知识促进其教学；鼓励农村教师熟悉地方性知识，在教育教学活动中合理利用地方性资源。

1. 在农村教师入职培训中加入地方性知识培训的内容

调查结果表明，农村教师获得地方性知识的途径有直接经验式，例如在当地的生活经验、自身的成长经历、与同事、朋友的交流等途径；也有间接的获得途径，例如网络平台、阅读相关书刊等途径。因而，在农村教师入职培训过程中，应当增加地方性知识培训这一内容。农村教师的入职培训有集中培训和校本培训两种形式，主要从知识、技能、道德等三个方面对农村教师进行素质提升。为了提高培训的操作性，地方性知识的培训范围可以以县（区、市）为单位，以各县的地方性知识以及所在行政市的主要地方性知识为内容，以在当地教学的农村教师为对象，分阶段进行培训。大多数农村教师不够重视地方性知识的运用，但本地教师比外地教师更了解教学当地的地方性知识，更加注重运用地方性知识。因此，对于本地的农村教师可以侧重地方性知识运用方面的培训，而对于外地的农村教师可以先进行地方性知识内容上的培训，再进行地方性知识运用方面的培训。其中，传统文化、民俗工艺、地理景观等方面的内容可以采用授课式培训，而对于交往习俗、价值观念、生产生活等方面的内容可以让农村教师撰写社会调查报告，并在培训课上互相分享，互相讨论这些地方性知识对于教育教学的作用和影响。

2. 鼓励农村教师组成学习共同体，共同探讨如何利用地方性知识促进教学

农村教师掌握地方性知识并运用于教育教学活动之中，有助于增强农村学生对于所学知识的理解，促进其情感陶冶和成长体悟，对于本土文化的传承和发展具有重要意义。因而，农村学校应当鼓励农村教师在教学中运用地方性知识，并组成相应的学习共同体，共同探讨如何更好地利用地方性知识促进教学。例如，可以根据当地的特色资源和人文环境开发校本课程，或是由教师们撰写相

---

① 林崇德. 要重视越来越多的学生心理问题[J]. 思想政治课教学，2000(2)：59-61.

关的教学案例，定期讨论教学效果，形成地方性知识视角下的教学案例库，从而为本校甚至是本地区的农村教育质量提高提供助力。

3. 鼓励农村教师熟悉地方性知识，在教育教学活动中合理利用地方性资源

农村教师在熟悉地方性知识的基础上，要充分挖掘并利用地方性资源。例如，在科学课的教学中，农村教师可以结合当地的生物种类、气候特征等进行讲解；在语文课的教学中，农村教师可根据当地的传统文化、人文景观、自然环境等进行课堂延伸；在数学课的教学中，农村教师可根据当地的生活情境、自然环境、特色产业等创设合适的教学情境；在美术课的教学中，农村教师可结合本地的景观风貌、自然资源等进行教学设计。总而言之，农村教师可以引导学生从学科的视角去观察、思考、探索周围的事物。教师甚至可以活用当地的文化资源，例如邀请当地的文化人讲述当地的历史，邀请当地的手工艺者讲解怎样制作工艺品。

三、研究的局限

限于精力、能力以及现实条件的限制，对于农村教师地方性知识的现状调查还存在着一些局限，需要在今后的研究中进一步完善。

首先，应增大访谈对象的数量，进行叙事或个案研究。农村教师地方性知识的发展存在很大的个体差异和内容差异，问卷调查能反映样本的整体特征，但若要深入了解农村教师地方性知识的发展状况，需要进行较大样本量的访谈，收集丰富的案例。或是在已有研究的基础上，选取典型的研究对象，进行叙事或个案研究，研究教师个体的地方性知识发展轨迹。

其次，深入挖掘地方性知识对于农村教师专业发展的价值，开发农村教师地方性知识的培养策略，形成具有操作性的培养标准和考核方式。

最后，需要结合农村教师的生活，利用现代技术手段，探讨提升农村教师地方性知识及其应用水平的条件和环境建设。

附录　农村教师地方性知识研究调查问卷(部分)

尊敬的老师：

您好！感谢您抽空填写本问卷，本问卷的目的是全面了解农村教师的知识发展状况。您的回答非常重要，请您真实地回答所有问题。我们对您回答的所有问题会严格保密，仅用作本课题的研究。

填表说明：

(1) 凡符合您的情况和想法的项目，请在该项的“○”内画“√”，或是选出正确的选项写在括号内。

(2) 如果有些问题未列出适合您的情况或想法的项目，请在横线处填写您的具体情况或想法。希望您认真填写每一题，不要遗漏。

非常诚挚地感谢您的支持与合作！

"农村教师地方性知识研究"课题组

2011年11月

(一) 个人基本资料

1. 您的性别： ○男 ○女

2. 您所在学校的类型： ○小学 ○中学

3. 您的年龄： ○21～30岁 ○31～40岁 ○41～50岁 ○50岁以上

4. 您的教龄： ○1～3年 ○4～6年 ○7～15年 ○16～25年 ○25年以上

5. 您的学历是： ○中师及以下 ○大专 ○本科 ○硕士

6. 您目前的职务是： ○教师 ○学校中层管理干部 ○正副校长 ○其他

7. 您目前所教的科目是：(　　)

A. 语文　　B. 数学　　C. 英语

D. 科学　　E. 政治、历史、地理　　F. 物理、化学、生物

G. 音乐、体育、美术　　H. 计算机　　I. 其他

8. 您每周的教学量是多少课时？(　　)

A. 小于10节　B. 10～15节　C. 16～20节　D. 大于20节

9. 您目前的职称是： ○初级职称 ○中级职称 ○高级职称 ○暂无职称

10. 您的家乡在： ○教学所在的县 ○本市外县 ○本省外市 ○外省

(二) 教师地方性知识的来源

◆ 我们所说的"教师地方性知识"主要包括农村教师关于教学所在地区(乡镇)的生产生活、历史文化、传统民俗、民间艺术、地理景观、价值观念等六个方面的知识。

1. 您认为下列选项对于增进您的地方性知识有多大的作用？(请您对每一项作出判断，在所选答案下面画"√")

选项	很有用	比较有用	不太有用	没有用	无此经历
作为学生时的知识积累					
同事、朋友之间的交流					

续表

选项	很有用	比较有用	不太有用	没有用	无此经历
阅读相关书刊					
看电视节目					
自身成长经历					
网络平台					
在当地的生活经验					

（三）教师地方性知识的发展现状

2. 您在教学所在地区生活了多长时间？（　　）

A. 小于2年　　B. 2～5年(不包括5年)

C. 5～10年(不包括10年)　　D. 10年以上

3. 您认为教师掌握地方性知识对教育教学活动用多大的作用？（　　）

A. 非常有用　　B. 比较有用

C. 不太有用　　D. 没有用

4. 您对当地的地方性知识的了解程度如何？（　　）

A. 非常了解　　B. 比较了解

C. 不太了解　　D. 不了解

5. 您是否对当地的文化感兴趣？（　　）

A. 非常感兴趣　　B. 比较感兴趣

C. 不太感兴趣　　D. 不感兴趣

6. 您是否积极主动地了解当地的地方性知识？（　　）

A. 非常主动　　B. 比较主动

C. 不太主动　　D. 不主动

仔细阅读下表，请您根据您的实际情况进行判断，并在适当的空格处画“√”。

	完全了解	基本了解	不太了解	基本不了解	完全不了解
7. 我对当地的交通系统十分了解					
8. 我清楚了解当地的饮食文化					
9. 我清楚知道当地人的生产方式					
10. 我对工作所在地的地方史有熟悉的了解					

续表

	完全了解	基本了解	不太了解	基本不了解	完全不了解
11. 我能听懂当地人所说的方言					
12. 我会讲当地的方言					
13. 我熟悉当地的交往习俗					
14. 我熟悉当地的乡风民约					
15. 我了解当地的传统节日及习俗					
16. 我了解当地的特色民间艺术(例如手工艺、音乐、绘画等)					
17. 我清晰地了解当地的自然环境					
18. 我熟悉当地的气候规律					
19. 我清楚地知道当地特色的人文景观					
20. 我熟悉当地人的宗教信仰					
21. 在与当地人的交往中,我能清楚了解他们的价值观念(例如对教育重要性的看法)					
22. 我知道许多当地人口头传诵的故事歌谣					
23. 我经常会应用地方性知识来辅助本学科的教学					
24. 上课时,我经常会用学生生活中熟悉的故事、场景等来解释相关概念					
25. 我认为教师了解地方性知识有利于校本课程的开发					
26. 我认为教师了解地方性知识有利于与家长之间的沟通					
27. 我认为教师了解地方性知识有利于和同事的相处					

问卷到此结束,请不要漏答,再次感谢您的支持与合作!

第四章

农村教师地方性知识发展现状的个案

本章在肯定农村青年教师地方性知识发展的必要性、分析发展的应然状态的基础上，以一位非当地人的乡村女教师作为研究对象，深入该教师的工作、生活中，通过观察和访谈等形式了解该教师的地方性知识现状。以此为切入点来了解当前农村青年教师客居乡村社会的生存发展现状，了解他们的心声，为他们更加安心和顺利地在乡村教书育人、传承和发展乡村社会的地方性知识提供帮助。

第一节　引　　论

一、研究概述

（一）问题的提出

1. 农村青年教师的生存和发展离不开乡村社会文化场

从农村教师进入乡村学校任教的那一刻起，就自然而然地与乡村社会文化环境存在着千丝万缕的联系。乡村社会文化环境作为影响农村教师生存和发展最直接的环境，使得农村教师和城市教师的生存与发展有很多差异。在教育场域中，农村教师接触最多的对象是乡村学生与同事，他们有着不同的生活经历、文化背景，彼此之间的互动和交流是农村教师职业生活中重要的一部分；在日常生活场域中，农村教师会接触到当地人，农村教师与当地人彼此之间有着不同的生活习惯、语言、风俗、价值观念等。通过在日常生活中的交流，双方不断地相互了解、相互影响，农村教师逐渐了解和获取当地地方性知识，这对农村教师的知识结构、教学理念和行为都会产生影响。

2. 稳定农村教师队伍的现实需要

老一辈的农村教师在乡村学校的数量逐渐减少，青年教师的数量开始在乡村学校增多，这为乡村教育和农村社会地方性知识的发展注入了新的活力和血液。然而，大多数青年教师是大学毕业后参加教师招聘考试被分配到乡村任教的，很多都离家很远，这与他们原本所期待的有很大差距。青年教师以往接受的是城市化教育，使他们身上带着浓厚的“城市文化”气息，缺少乡村地方性知识的积淀，对乡村社会文化会产生陌生感和距离感。而且，更令人担忧的是很多年轻的农村教师虽身处乡村，却一心向往着日后进入城市从教，把在乡村从教作为暂时的“停靠站”，了解和获取地方性知识的主动性和积极性不高，从而导致乡村学校常常出现教师流失的问题。

3. 传承和发展乡村地方性知识的需要

现代化的乡村教育以升学为导向，学校的课程设置、教学内容和方法以及评价方式采用的是城市化模式，在这样的“风向标”的指引下，农村教师采用的是城乡统一的教材，并结合自身在城市中所积累的文化和生活经验，把“普适化”知识传授给学生。长此以往，乡村学生逐渐淡漠和疏离自己家乡的地方性知识；更严重的是，乡村学生会对自己所面对的地方性知识产生怀疑和自卑感。并且，随着现代化技术逐渐推广到乡村，越来越多的家庭拥有了电脑、电视机等现代化设备，乡村的孩子也逐渐成为“有鼠标”的一代，他们可以接触到外界的各种文化，这在无形之中也拉大了乡村学生与所处地区的地方性知识的距离。

乡村学校是培养乡村社会未来建设者、文化传承与发展者的主要场所，而农村青年教师是乡村学校中教书育人的主力军，理应在向学生传播现代科学文化知识的同时适时普及乡村社会地方性知识，使乡村社会地方性知识能通过未来社会接班人实现从传统向现代的转型和发展。

（二）研究目的和意义

1. 研究目的

本书关注农村青年教师生存与发展的社会文化环境，希望通过对一位农村青年教师在校内外的教育活动和日常生活进行深入细致的观察，了解该农村青年教师的地方性知识发展状况，进而思考与把握农村青年教师客居乡村的生存和发展状况；并且，结合农村青年教师地方性知识发展的影响因素，为培养和完善农村青年教师群体的地方性知识提出建议和对策，帮助农村青年教师更顺利地适应乡村文化环境、融入乡村社会、传承和发展乡村地方性知识。

2. 研究意义

（1）理论意义

本书在前人研究的基础上对青年教师的地方性知识了解和掌握情况进行实证研究，关注农村青年教师专业发展的文化和社会生活场域，考察农村青年教师在专业发展的过程中获取地方性知识所做出的努力以及遇到的阻碍，为研究农村青年教师专业发展提供一个真实的案例，以充实农村教师专业发展理论。

（2）实践意义

对被调研教师自身而言，此次研究让该教师增进了对地方性知识的了解，为其融入乡村社会文化环境提供了帮助。该教师在反思自身地方性知识发展状况以及自己的教学过程中，也提升了自身的教学水平和文化素养。

此次研究尽可能通过全方位、深入、细致地展现一位农村青年教师地方性知识发展现状来探索农村教师地方性知识的培养对策，进而对培养农村青年教师、促进农村青年教师专业发展提供新的思路。

（三）研究内容与方法

1. 研究内容

（1）发展农村青年教师地方性知识的意义

通过收集和分析相关的研究成果，从教师、学生、乡村社会发展和地方性知识发展各个角度分析农村青年教师需要具备地方性知识的必要性，并且论述了应有的状态，为研究农村青年教师地方性知识发展提供理论基础。

（2）农村青年教师地方性知识发展的现状及其影响因素

通过对该农村青年教师校内外生活和工作的观察以及深入的访谈，了解和分析该农村青年教师获取地方性知识的途径、关于各类地方性知识的了解情况以及在教学中运用地方性知识的情况。结合农村青年教师地方性知识发展的现状以及存在的问题，分析影响因素，为探索培养农村青年教师地方性知识的对策提供参考。

(3) 培养农村青年教师地方性知识的对策和建议

在对该农村青年教师地方性知识发展状况有了一个整体、全面的把握后，主要围绕着探索培养农村青年教师地方性知识的对策开展研究，以期提升农村教师的文化素养、促进农村青年教师专业发展以及传递和发展地方性知识。

2. 研究方法

本书主要以一位 24 岁、有两年教龄的非当地人的农村青年女教师为个案研究对象。这位农村教师由于工作原因来到乡村学校任教。首先，通过与该教师网上交谈以及面对面的访谈了解其基本情况，包括教育经历、家庭情况、文化背景以及对地方性知识的认识等；其次，在此基础上深入到该教师的教学生活和日常生活中，观察该教师与同事、学生、家长、村民等乡村社会各主体之间的交流，记录彼此的交流内容、方式以及所使用的语言等内容；再次，通过与该教师的交谈和正式访谈，了解该教师是如何获得当地地方性知识、当前对当地地方性知识的了解程度；最后，通过对该教师的课堂教学观察，了解该教师是否及如何运用地方性知识到课堂教学的实际情况以及在此过程中遇到的阻碍，并与该教师一起探索寓地方性知识于教学的方式方法。

二、研究实施过程

(一) 研究对象的基本情况

笔者基于研究的需要，在同学和老师们的帮助下，最终选择了衢州江山市一所乡村学校(B 小学)的一位女老师(F 老师)为个案研究对象。

F 老师是一位有两年多教龄的青年女教师，家住衢州市区，小时候在出生地开化县生活过一段时间，后由于家搬到衢州市区，她便在衢州市区的学校上学。通过高考，F 老师考上了浙江省一所大学。她的家人觉得女孩子要有一份稳定的工作，希望她能成为一名老师。F 老师自身也比较喜欢孩子，因此她选择了小学教育专业。F 老师所就读的大学并不在衢州市，所以在大学的 4 年学习生涯中，她一直住在学校的 4 人间寝室中。F 老师回忆起她的大学生活时十分兴奋，她提到她和室友们经常一起结伴去图书馆看书、出去旅游，4 年融洽的集体生活使 F 老师和其他 3 位同学结下了深厚的友谊。现在她们都已经成为小学教师，虽然不在一个地方工作，她们会通过 QQ、微信等途径一直保持着联系。由于职业都是小学老师，4 位同学之间有很多话题可以聊，有时候也会聊到自己教学方面遇到的问题，彼此互相加油打气，有时候也会在网上谈谈各自的生活境况。

大学4年专业课的学习和教师技能的训练坚定了F老师做教师的决心。F老师见习和实习的学校都是在大学附近的小学里且都在城市里。2012年6月F老师大学毕业参加了衢州市的教师招聘考试，在成功地通过了笔试和面试后，她被分配到一所乡村学校——B小学担任语文教师。F老师一来到B小学开始工作便担任一年级的班主任。班里的一些学生由于家离学校远或者父母外出工作无人照顾，因此便早早地开始了住校生活。学校因为有住校生，所以安排了晚自习。身为班主任的F老师需要帮助这些孩子早日适应学校的学习生活。因此，与学校里很多老师一样，F老师住在学校的宿舍里，有时候双休日回家，但是每次需要坐3个多小时的车才能到家。

（二）B小学概况

B小学建于1911年，已经有100多年的历史。该学校所在地正好是一个旅游景点，有着丰富的自然资源和人文资源，这也使得B小学有着深厚的历史文化底蕴。学校现有6个班级（每个年级1个班）；有教师17人，其中男教师只有4人，教师的年龄主要集中在25～45岁之间；有学生300余人；建有1幢教学楼、1幢宿舍楼、1个操场；教学楼中包括1个图书阅览室和1个会议室；正在建食堂和学生宿舍。

B小学是B乡唯一的一所小学，乡里几个村子的孩子几乎都在这里上学。村子里很多户人家只剩下孩子和老人，因为这里没有很多就业渠道和岗位，除了一些家庭靠在景点附近摆摊卖点小商品或者务农之外，很多学生的父母都外出去工作了。F老师任教的班是一年级，班里90％以上的学生是留守儿童。学生父母常年在外，F老师一个学期能见到学生父母的次数甚少，大多数学生平常由爷爷奶奶照顾。有些村子离B小学距离远，每天上学来回不方便，这些学生就早早地开始了住校生活，每个星期五下午放学由家长接回家。为了方便管理学生的饮食起居和学习，学校安排了晚自习，还为每位教师分配了宿舍。一些教师本身是当地人，没有晚自习值日的时候就回家住，偶尔在宿舍住；而像F老师一样非当地人的年轻教师就住在学校，每天一日三餐由学校提供。

（三）研究过程

在确定自己的研究方向后，通过老师和同学的帮助，最后选定了F老师为研究对象。笔者和F老师的第一次交谈是在QQ上。F老师讲述了她的一些基本情况，主要包括她的成长经历、教育经历以及去B小学任教的过程。笔者也向F老师说明了自己的研究主题、内容和方法，她根据自己的实际情况给笔者提出了一些宝贵的建议，并和笔者约定了第一次见面的时间。

2014年7月5日，笔者接到F老师的电话，她说B小学刚刚结束了期末考试,这段时间她比较空,有更多面对面交流的时间。笔者乘火车到了衢州火车站,原本以为到了车站离B小学也没多少距离了,可是下车问了路人之后才发现还有两三个小时的车程。天下着雨,笔者站在公交站旁等去往B乡的公交,虽然有很多去那个方向的公交车,却没有到B乡的,得等一个半小时才会有一趟班车,就这样过了三个小时后笔者才到B乡。F老师热心地带笔者参观了学校、教室、办公室、宿舍,介绍了学校的校史,还介绍认识学校里的其他老师,尤其是她的"师父"。F老师觉得师父会对笔者的研究有帮助,因为这位老师在B小学已经从教10年了,在B乡也组建了自己的家庭,对当地的情况更加了解。F老师也向她讲了笔者的来意,这位老师也表示支持。

B小学所在的地方有一些景点,在接下来的几天,F老师还很热情地带着笔者参观了名人故居、文化馆、祠堂等一些景点,并向笔者介绍了一些有关的历史。笔者除了拍一些当地景观的照片和做一些笔记外,还在征得F老师的同意后,把F老师向笔者介绍当地景观的一些片段录下来,在当天的晚些时候把这些资料进行整理。在参观当地景点的过程中,我们也经常遇到当地人,每次笔者都会把F老师与村民或者学生家长交流的主要内容记录下来,并且每次会标记他们交流时所使用的语言。笔者和F老师也会在这个过程中进行交谈,主要是非结构式的访谈,涉及的内容主要是F老师在当地从教两年多了解当地地方性知识的过程以及从中遇到的障碍,然后把这些访谈记录做好整理。

在B小学的这一段时间,笔者和B小学的老师一起在学校的食堂里就餐,像F老师一样住在学校的宿舍里。F老师与其他老师交流的时间主要是在办公室没课的时候、就餐期间以及在宿舍时。在征得老师们的同意后,笔者每天将与他们的交流内容记录下来,每天晚上腾出一些时间将这些记录的内容进行整理、分析和分类。

上述整个研究过程是在学校期末考试后进行的,主要侧重观察F老师在日常生活中与村民、同事的交流,从而了解F老师对当地地方性知识的熟悉情况以及她的一些想法。2014年9月初学校开学不久,笔者再一次来到B小学,这个学期F老师担任副班主任,负责协助班主任管理班级。这一次F老师比较忙,除了教学和班级管理外,还负责管理图书馆的书籍借阅工作。笔者走进F老师的课堂中进行观察,以此来了解F老师运用地方性知识于课堂教学的情况。F老师任教的学科是语文,每天都会有一两节语文课。在每天听课时,笔者会做好听课笔记,并且把有与本书相关的部分录下来。例如,F老师在导入时用到了当地的乡村文化资源,课后笔者会及时和F老师沟通和讨论,进一步了解F老师这样处理教学的想法,每天利用一些时间把收集到的东西加以整理和归类。

除了课堂教学观察外,在每天与F老师的交往过程中,继续观察并记录F

老师与同事、村民的互动交流情况，从中提取一些新的东西来更新、补充上次收集的资料。

通过两次长达三个月的个案研究、资料收集和整理，在与F老师进行多次讨论后形成了研究报告的基本框架，然后把收集整理的资料充实到研究报告中。在接下来的报告撰写和修改过程中遇到困惑时，经常会与F老师进行沟通，而且得到了她耐心的帮助。

第二节　农村青年教师地方性知识发展的必要性与应然状态

一、发展农村青年教师地方性知识的必要性

（一）有利于充实农村青年教师的生活

当前在乡村学校中，熟悉乡村地方性知识的老一辈农村教师成为一个行将消失的群体，而取而代之的是年轻一代的农村教师。他们或是儿时生活于乡村后到城市读大学，或是生长在城市而后到乡村工作，他们身上显现的更多是城市化的气息。他们的生活方式、价值观等与当地村民有一定的差别，对周围的环境有着不同程度的陌生感，尤其是刚刚到乡村从教的青年教师，他们会有很大的“落差感”。不少青年教师在适应和融入乡村社会的过程中表现消极，仿佛成为“不食人间烟火”之人，在工作之余也把自己封闭在学校里，与外界的接触甚少，生活单一。如果农村教师能够在繁忙的教育工作之余走出校园，以一种轻松的、开放的心态接触乡村社会，可以大大丰富农村教师的生活，渐渐对乡村产生熟悉感和亲切感。乡村社会有各自的一套约定俗成的交往、娱乐和休闲方式，农村教师通过参与乡村社会的各种活动，可以扩大其社交圈子、充实其生活、愉悦其身心，帮助农村教师尽早地融入乡村社会中去。

（二）有利于拓宽农村青年教师的知识视野

青年教师在师范教育阶段往往学习到的是学科专业知识、教育教学基础知识，进入乡村社会从教后接触到相对陌生的新的文化环境。农村教师通过与乡村学生和村民的互动交流可以获得丰富的地方性知识，为其开展教学奠定一定的文化基础；并且在乡村教育情境下，农村教师通过教学实践、社会交往和反思可以逐渐积累起一定的教学经验和生活经验，即实践性知识。这些知识是农村教师的知识体系不可或缺的构成部分，是推动农村教师专业发展范式转变、促进农村教师知识转型以及探索真正适合农村教师专业发展路径的重要突破口。

（三）有利于提升农村青年教师的教学水平

乡村课程改革需要认识乡村教育的文化特性，并以此走出一条适合乡村地

区的道路。[①] 作为乡村教育的重要主体，农村教师获取和生成乡村社会地方性知识的过程也是探索出贴近乡村学生生活世界的教学方式的过程。与城市教师相比，农村教师所处的工作环境、教育条件等方面有一定的劣势，但农村教师也拥有独特的教育资源，那就是乡村文化资源。农村教师通过“走出去”，走入乡村，观察乡村社会百态，与村民进行交流，了解乡村社会的自然环境、风土民情，可以挖掘有价值的乡村文化资源。正如梁漱溟所提倡的，村学、乡学教员“应时常与村众接头，作随意之亲切谈话，随地尽其教育功夫”。[②] 然后在与学生交流互动时适时地将乡村地方性知识“请进来”运用于教学中去，创造性地把乡村教育发展的不足转变为发展的特色和优势。这样可以使课堂教学充满别样的文化气息和活力，也能够帮助学生更加积极有效地掌握现代科学文化知识和了解家乡文化。

（四）有利于传承和丰富乡村社会地方性知识

随着城镇化、现代化的步伐不断加快，乡村地方性知识的衰落成为乡村社会急需予以解决的问题。而乡村学校作为乡村社会的文化中心，理应承担起传承和发展乡村地方性知识的重任。农村教师作为乡村社会文化人，青年教师作为乡村学校的主力军，适时地将地方性知识引进课堂，在乡村社会未来接班人中予以传播，可以使乡村社会地方性知识不断地延续下去。当然，乡村地方性知识也不能仅仅满足于保存已有的传统，否则便会停滞不前成为一潭“死水”。乡村地方性知识需要通过内部自我完善与外部力量共同作用推动其发展，就如同流动的“活水”需要不断汲取新鲜的养分一样。农村教师作为乡村社会的知识分子，他们所具备的现代科学文化知识可以为乡村地方性知识供给新鲜的“血液”。

（五）有利于重塑乡村学生对地方性知识的文化自信

乡村学生大多从小生长在乡村，所使用的教材偏城市化，偏离学生的生活实际，这样会使学生对自己所处地区的地方性知识产生怀疑甚至排斥。农村教师在获取当地地方性知识的过程中了解学生的生活世界，再结合学生实际情况对教材进行二次开发，可以帮助乡村学生在更好地理解和掌握现代科学文化知识、学习新知识的过程中了解自己家乡的文化，能够使乡村学生看到家乡文化的价值所在，并为所拥有这些文化感到骄傲和自豪。

（六）有利于增进乡村社会主体间的认同和团结

在以往的乡土社会，古代塾师大多是退隐官员、未取得功名的儒士和一般的知识分子。他们的经济收入主要来源于学生送给老师的酬金，并且由雇主提供

---

① 黄白. 农村教师问题研究：教师专业化视角[M]. 太原：山西教育出版社，2009：171-172.

② 毛礼锐，沈灌群. 中国教育通史：第四卷[M]. 济南：山东教育出版社，2005：103.

食宿，塾师以知识分子的身份参与地方事务时，也能够获得一些职业外的收入。① 他们除了教书，还参与乡村各种社会活动，交往范围广，交往对象涵盖了各个群体，包括生徒、乡民、雇主、地方官僚和乡绅等。② 他们熟谙乡村文化，帮乡民的孩子取名、写春联、主持各种祭祀活动等，为雇主提供各种笔墨服务，帮助上级官员宣布上谕，教化民众。③ 但从近代以来，科举的废除、新式学堂的建立、全国统一教育宗旨的厘定使国家权力逐渐深入乡村社会，乡村学校成为“村落中的国家”。④ 农村教师虽身处乡村从教，却与乡土社会的距离逐渐拉大，在乡村中的声望也大大削弱，亟须重建村民对教师的信任和认同。为此，农村教师在交流时可充分发挥其文化优势，将积极向上、现代科学的文化、科技传播给学生和村民，有利于他们提升自身的文化素质和形成健康文明的态度；同时，教师也可从村民那儿获取更多的地方性知识，包括生活习惯、习俗、行为规范、价值观念等，从而增强对乡村社会的了解和认同。乡村社会主体彼此之间这种熟悉感和信任感的建立有助于形成互助互信、和睦友好的乡村社会风貌。

二、农村教师地方性知识发展的应然状态

（一）农村教师能谙熟当地地方性知识

农村教师作为乡村社会的一分子，理应主动去了解自己工作和生活所在地的环境以及文化。一是当地的物质文化，包括自然和人文景观、饮食、交通等。教师要清楚当地的一些标志性的景观，努力适应当地人的饮食起居。二是当地人的方言。村民往往有自己的地方方言，乡村学生、村民在平日生活中也通常用方言进行交流，对于大多数农村教师，尤其是非本地人的农村青年教师来说，尽可能学会当地的方言，可以方便与学生家长、当地村民的沟通，也可以进一步了解当地文化和学生的生活世界。三是当地人的人际交往等行为规范和风俗习惯。村民们在长期的生产生活中已经形成了一套约定俗成的交往规范和一些风俗习惯，教师需要在与他们交往时多观察和体验，尊重他们的风俗，反过来他们也会慢慢地接受和尊重教师。四是当地人的价值观、思想观念等精神文化，包括消费观、教育观、生活观等，这些内隐在乡村人中的观念不像其他方面可以显现在教师面前，但它们是构成当地地方性知识最核心的部分，需要教师花更长的时间去体会。

---

① 徐梓．明清时期塾师的收入[J]．中国社会经济史研究，2006(2)：30-37．

② 刘晓东．明代的塾师与基层社会[M]．北京：商务印书馆，2010：109-226．

③ 申国昌．明清塾师的日常生活与教学活动[J]．教育研究，2012(6)：123-128．

④ 李书磊．村落中的“国家”[M]．杭州：浙江人民出版社，1999：1-14．

（二）农村教师能寓地方性知识于教学之中

教师要结合教学实际需要和学情，多创设以乡村地方性知识为背景的教学情境，使学生运用自己原有的生活经验知识建构新知识，这样可以帮助他们通过丰富的感性认识更好地掌握所学内容。要实现这样一个良性循环的学习过程，前提是农村教师要熟知当地各方面的地方性知识并将其作为自身的知识储备，并且不断地予以更新，还需要了解学生的生活世界，并且对所教学科的教材钻研透彻。

在教学设计中，不论是单独备课还是学科组集体备课时，教师要针对所授课的教学内容并结合所教学生的学情，尽可能制定适应乡村学生的教学计划，收集合适并且翔实的乡村资源作为教学辅助材料。在课堂教学中创造性地开发出适合乡村学生学习的课堂教学模式，根据课堂中学生的反应和接受情况及时进行调整，并在课后做好反思，多与其他教师进行讨论以此来不断完善教学。在课外活动课中，教师可以挖掘所处乡村地区的文化创建有当地文化气息的社团，通过鼓励学生参与社团活动让学生了解自己家乡的文化，并且丰富了学生的学习生活。除此之外，在校本课程开发或者乡土教材编制中，教师要通过各个渠道收集当地的地方性知识，再挖掘出有价值的资源，使乡村文化不断地被传承。

（三）农村教师能充分发挥乡村文化人的角色功能

农村教师作为乡村社会的成员以及乡村学校中教书育人的文化人，理应在乡村社会新一代中传播乡村优秀文化。农村教师要努力使自己尽早适应和融入乡村社会文化环境中。正如晏阳初所提倡的，农村教师“化农民”首先要“农民化”，只有对当地文化有了深刻了解之后才能加以传承。在了解当地各种文化后，教师要做的是挖掘其中优秀的、积极向上的文化，在向学生传授各种科学文化知识的同时，需要让学生了解自己家乡的历史，继承家乡人积极向上的思想观念以及朴素、相亲相爱的生活方式。

农村教师作为接受过高等教育的知识分子，在乡村社会要做乡村文化的引导人，在发展乡村地方性知识时要发挥自身的角色。在村民看来，农村教师是见多识广和有文化的人，他们身上的很多东西会在一定程度上受到乡村学生和村民的关注和效仿。在生活中，农村教师要严于律己，在学生和村里人面前做好榜样示范作用，向学生和村里人传播饮食卫生保健意识和常识、乐观的生活态度等积极向上的内容；传授给学生系统化的知识技术，使学生掌握现代化的科学文化知识，并通过学生间接地影响到学生家长及村民；还要尽可能向学生家长及村民普及普通话，使他们便于与外界交流，从而获得先进的知识和思想，以此来丰富和发展地方性知识。

第三节 F老师地方性知识发展的具体表现

一、F老师地方性知识的构成

（一）F老师关于当地地理环境的知识

B小学所在地有很多景点，当地人最熟知的是戴笠故居和仙霞关。戴笠故居外观上看似一座普通民宅，里面却暗藏很多机关和密道。另外一个景观就是仙霞关，位于浙、闽、赣三省交接处，正是因为特殊的地理位置，它曾是古代重要的关口之一。F老师介绍说这里还存有黄巢起义的遗址。

除了这些广为人知的景点之外，B乡的山众多。F老师说：

这儿有很多山，我喜欢周末的时候和同事一起去爬山，山上空气比较好。在城市里听到最多的是车子的声音，在这里大家要么走路要么骑车，经常可以听到鸟叫声还有水流声，每天晚上可以听着水流的声音入睡。

从F老师带领笔者参观周边景点的过程中可以感觉到，F老师在这儿工作两年多，对周围的地理环境已经比较熟悉，可以为来这里游玩的朋友和家人介绍这里景点的由来和历史，也渐渐开始接受周边的环境。

不过，F老师在回忆她第一次来到这所学校对周边环境的感受时，与现在却完全不一样：

当我收到通知被分配到B小学时感到有点失望，因为不是自己当初所期待的那样在城里当老师。我记得来学校报到的那一天，我坐了3个小时的车到村里，一路上一直往公交车窗外张望，越看越焦虑，因为车子越往前开，就越看不到高楼大厦，只看到很多山。下了车，学校一位老师在村口接我，我们拎着大包小包去学校，一路上真有一种想逃的冲动。石子路两旁的房子都是一些高矮不一的房子，几乎没看见什么商店。到了学校大门口，学校给我的第一感觉就是小却幽静，完全和我在大学里梦想的工作环境不一样。

在接下来的几天里，学校的老师们向我介绍了当地一些有名的景点，我的师父还抽空带我逛了一下离学校近的地方。当时让我印象最深刻的就是她讲述的一些历史故事，所以每次带家人或者朋友来玩，我都会跟他们讲这些故事。

F老师通过自身的探索体验以及同事、村民的介绍积累了一些关于当地地理环境的知识，能够并且乐意向自己的家人和朋友介绍这些景观，这在一定程度上传播了当地地方性知识。

（二）F 老师关于当地生产生活方式的知识

受地理位置、气候条件、风俗习惯、民族文化等因素的影响，不同地区的人们在长期的生产生活过程中形成了各自不同的生产生活方式。

B 乡在江山市属于一个旅游景区，有很多自然和人文景观，因此，旅游业是 B 乡的一大支柱产业，为当地村民创造了谋生渠道。F 老师班里就有几位学生的父母是卖旅游纪念品的或者是在景区边上开超市、饭店的。B 乡还有另外两种特殊产业：笋竹业和茶业。这里盛产毛竹和竹笋，家家户户不仅会制作笋干，而且会用不同的烹饪方式做成各式各样的家常菜，例如笋干鸭煲、笋干炒肉丝等。在 B 小学的食堂，老师们经常会吃到有笋干的菜。很多家庭还经营毛竹加工和笋干销售，F 老师经常会买一些送给自己的亲朋好友。

村里人爱吃辣，几乎每道菜都会放辣椒。笔者在 B 小学时和老师们一起吃饭经常辣得直吐舌头，边上的老师们看到了都会哈哈大笑。F 老师说：

> 我起初的反应跟你一样，也很不习惯。特别是刚来那会儿，忍受不了这种口味，几乎每个菜里都会放有辣椒，有时候自己只能煮点面吃。时间长了，我也已经习惯了这种口味，现在没有辣椒觉得好像少了点味儿。偶尔回家吃饭，反而觉得家里的菜口味太淡。

说到吃辣的饮食习惯，F 老师还向笔者提到江郎山。此山又称三爿石，三座石峰直立相扶，象征着相互扶持和团结，造就了江山人重义气和直爽的个性，而这恰好和他们爱吃辣的习惯相吻合。

在出行方面，村民们出行基本上是走路、骑自行车或电动车。学生每天都是走路来上学，家离学校远的学生便选择住校。村头有城乡公交车，但是要隔大约 1 小时才有一班车，F 老师每次乘公交车回家要花 3 小时的时间，对此 F 老师倒挺乐观：

> 这儿地方小，我们平时走路就可以了，不像城里到哪里去基本上都要乘公交车或者坐出租车，这样也挺好的，走在路上闻不到什么汽油味，也不会有太多汽车的喇叭声。而且我比较喜欢步行，多走路对身体好，平时走在路上还可以和村子里的人边走边聊会儿天。这儿山又多，我有空的时候还会去爬山，山上空气好。

这儿不像城里，没有 KTV、服装店，因而没有很多种类的娱乐活动，不过每个星期村子里都会有一天“赶集日”。F 老师有时和其他老师相约去村口的赶集市场购买一些生活用品和水果。每个星期的这一天，村口就十分热闹，路两边摆放了各式各样的商品，村民们都出来购置一些需要的东西。

老师们每天在吃完晚饭后会一起出去散步，边走边听年长的教师介绍附近的一些景色。这里的生活节奏比较慢，晚饭过后，村民有的很早就关门睡觉了，有的会在村头跳一会儿广场舞，有的就在小店里打牌，不过基本上睡得都比较早。当F老师关灯睡觉时附近的人家都已经熄灯了，十分安静。

我们平常都是在学校食堂里吃饭，附近也没有很多餐馆，而且大家都比较忙，很少会出去吃，偶尔会去小店买点吃的，所以每天花在吃饭上的费用很少。其他方面的花销也很少，这里没有什么商店，我们找不到地方买衣服，这里的人都是去镇上或者在每个礼拜的集市上买些衣服。虽说学校也有网络，可以网购，但是这里交通不方便，快递隔好几天才送一次，所以我们也很少在网上买东西。

F老师经过两年多的努力逐渐了解和适应了当地人的生产生活方式，当地人的一些生活习惯在F老师看来存在着一些不合理之处，比如说饮食搭配不均衡。由于当地客观条件的限制，再加上当地人已经习惯了这样的生活方式，F老师在改变当地村民的一些生活方式上显得无力。

（三）F老师关于当地乡风民俗的知识

B乡的村民们所住的房子主要是以两三层的楼房为主，也有些人家住的仍是泥砖房。每户人家的房子是各式各样的，各家各户紧挨着，每天一早打开自家大门就能见到隔壁的邻居，很多邻里之间都有亲戚关系。B乡的村民历来崇尚“孝”文化，B小学校长更是把“孝亲”文化作为校园文化建设的核心，从校歌到校园布置上都突出“孝”，例如在学校操场上，有一块大石头便刻着“孝”字。F老师十分赞赏这一点，一方面她觉得可以让学生懂得感恩并孝顺自己的亲人，另一方面她觉得对自己帮助很大，让她更加珍惜亲情和孝顺自己的父母。

村民们有串门的习惯，彼此之间相互认识，联系交往的比较频繁。平时哪家有好吃的，也会拿出来和邻居家分享；哪家有困难，村里人会前来搭把手。村子不大，村里人几乎都认识B小学的老师，他们很尊重老师。同样，F老师几乎都认得他们，尤其是有自己班学生的人家。平时F老师和笔者走在路上，村民看到F老师会打声招呼，喊声“老师好”，许多村民向F老师询问自己孩子的学习情况。但是令F老师尴尬的是有时买东西，一些村民不收老师的钱，这让F老师觉得很难办：

有时我走在路上，他们还让我去家里吃饭，十分热情，我都不好拒绝。有些学生家长还把自己家种的菜拿到学校里来给我们老师，我们觉得挺不好意思的。其他老师告诉我，如果我不接受他们的邀请或者拒绝他们特意拿来的东西，这是不礼貌的，他们会觉得是我看不起他们的东西。

关于当地的一些风俗，F老师了解得比较少，印象比较深的是年末时家家户户会杀掉自家养的猪，然后将猪肉腌制做成菜；清明节时，村民们会在自家的门上插上柳条以驱邪，还要吃用艾草和糯米做成的清明果子。F老师说村子里最热闹的事情就是结婚。每次村子里有人结婚，新郎、新娘的家里人很早就开始张罗，提前找好厨师，还要找一个比较有担当的人来管事做统筹，做好收礼金、记账等事宜。左邻右舍的村民会前来帮忙，特别在结婚日当天，村民会送上份子钱，有些还主动帮忙洗菜、招呼客人。自F老师来到B乡，F老师已经参加了几次婚礼。虽然婚礼不像大城市里那么豪华，但是她非常喜欢当地结婚时别样的氛围。

当地的很多风俗习惯已经慢慢弱化甚至消失了，F老师获取该方面知识的机会少，因此对当地人的乡风民俗了解不是很多，知道的仅仅是自己亲身体验到的。另外，F老师认为当地人的风俗与自身生活没有紧密的联系并且平时也很少有机会接触到，所以在了解和获取该方面知识的兴趣和积极性不够高。

（四）F老师关于当地方言的知识

中国地域辽阔，通过长期的历史发展演变，语言在不同地区分化成了有地方性特点的地域方言，成为各地区文化传统中重要的一部分。我国绝大多数地区都有地方方言，人们基本上掌握了两种语言，即普通话以及所在地的地方方言。人们在与同区域的人进行交流时通常用的是当地方言，而在与不同区域的人交流时则用普通话。

江山市位于浙江省西南部，是浙、闽、赣三省交界处，南边与福建省的浦城县交界，受此影响，部分浦城县人使用江山话。江山话虽然归于吴语片，由于受到闽语的影响，与典型的吴语有很大区别。例如，“眼睛”的“眼”，闽语和江山话还保留了“目”的说法，江山话读作“mo^{8}”，福建建瓯话读作“mu^{4}”（右上角数字表示调值）。① 并且，江山话是一种古老的语言，有不同于普通话和其他地方方言的语音系统，保留了很多中古汉语的成分。例如，在声调方面，江山话中的“平、上、去、入”四声各分阴阳，其中，阴入、阳入保留了大部分古语中的入声字。② F老师出生在衢州开化，后一直生活在衢州市区，江山话与衢州话虽都属于吴语的范畴，但有很大的差别。来到B小学F老师才开始接触江山话，由于以前从未接触过江山话，学说江山话十分困难。

F老师的班上有很多学生的爸爸妈妈外出工作，90%以上是留守儿童，平常他们和自己的爷爷奶奶或者外公外婆生活在一起。学生的爷爷奶奶们岁数都大了，大多数有六七十岁，他们平常习惯了用当地方言进行交流，不会讲普通话，这对F老师来说是一个很大的难题。有时候F老师和学生的家长交流感到十分吃力，只好请学生帮忙翻译才勉强可以交流。

在学校里，F老师接触最多的除了学生便是同事，F老师所在的B小学中有

① 罗杰瑞.江山方言中类似闽语的成分[J].方言，1990(4)：245-248.

② 上海市语文协会，香港中国语文学会.吴语研究[M].上海：上海教育出版社，2010：112-116.

80%的老师是江山人，他们交流的时候经常会用江山话。B小学的老师几乎都在食堂里就餐，食堂面积不大，只有两张圆桌，平时老师们围着圆桌就餐，吃饭时他们也基本上用江山话进行交流。我在那儿和他们一块儿吃饭的时候，就听不懂他们在说什么，便问了一下F老师。

起初来学校之前，觉得都是一个城市的，方言应该也差不多能听懂。来了之后我才发现我根本听不懂他们在讲什么，就像你现在一样。还好其他老师在和我交谈的时候也会照顾到我，会有意识地用普通话。不过，他们中很多人是江山人，习惯用这儿的方言交谈。我就这么在边上听，两年多下来，现在也可以听懂大概80%的江山话，他们讲得慢一点，我基本上能听懂。不过我不会讲这儿的话，我和其他老师以及学生交谈的时候讲普通话，但我觉得自己的普通话不知怎么回事越来越不标准了。

语言是人与人之间进行交流的重要工具，也是人们表达思想、情感的重要手段。对于F老师来说，熟悉当地的语言可以更好地与学生、家长和同事沟通，更加清晰地了解学生情况和文化背景。可喜的是，F老师在两年多的时间中，从听不懂当地方言到能够听懂80%已经是很大的一个进步。F老师也认识到学习当地方言对教学和生活的重要性，她在与学生家长、同事和村民交流时表现出的耐心是值得肯定的。

（五）F老师关于当地民间艺术的知识

在笔者来B乡之前，F老师就告诉笔者B乡的二胡很有名。来到B小学后，笔者发现学校专门有一个二胡社团，由会拉二胡的老师作为指导老师。参加二胡社团的学生在每周的社团课学习二胡。F老师还说该社团经常去外地参加比赛，也获过很多奖项。学校还给F老师和一些新来的老师提供二胡，鼓励他们有空的时候跟着学校的二胡老师学习。现在F老师的宿舍里仍放着二胡，虽然不精通，但是她和室友空闲的时候也会拉二胡自娱自乐。

采茶舞是B乡裴家村的一种特色艺术。因为这里盛产茶叶，而且以手工茶最为有名，所以采茶舞最早来源于以前人们采茶时自编的一种休闲娱乐舞蹈。现在村子里的妇女们在节日里会穿上鲜艳的衣服表演采茶舞。B乡旅游业发达，每年举办旅游文化节活动和古道文化节，B小学的师生也积极参与其中。笔者来的这一年文化节老师和学生以及一些家长一起合唱学校的校歌，学校的一些老师还帮助指导了村民们的节目，其中包括采茶舞的表演。

F老师积极参与当地举办的艺术文化活动以及学校的社团文化活动，通过这些活动也了解到一些当地的民间艺术。学校开设的社团课为学生和老师提供了发展自身才艺的机会。

（六）F老师关于当地思想观念的知识

村民们十分重视自己孩子的学习问题，每次碰到F老师，谈论最多的就是自己孩子的学习情况。在他们看来，孩子要走出这个小山村，唯一的途径便是读书，因此大多数家长不让自己的孩子去田里干农活。正如一位学生家长所说，“书读好了，将来去城里工作才有出息。现在我苦点累点都没关系，我不想让我的孩子跟我一样一辈子就在这小村子里干农活。”F老师发现，家长虽然很重视孩子的学习，但忽视了平时对孩子良好的学习习惯的培养，很多家长觉得自己是乡下人没什么知识，孩子的学习是学校和老师的责任。

村里人对孩子学习的重视就自然而然使他们十分尊敬学校的老师，凡是在路上碰到F老师都会主动打招呼问好，有时还会热情地邀请F老师去家里吃饭。在村子里，年长的人地位也很高，村子里举办婚丧事宜时会邀请他们来主持，有关村子的一些重要决议也会听取他们的意见。尽孝一直是当地人的一贯传统。

在消费问题上，村民们平时都省吃俭用，希望把钱攒下来给孩子上学用或者结婚时派上用场。B乡没有什么商店，村民们要购置衣服或者其他生活用品都得去镇上买，因此，平时花钱的地方很少。F老师也慢慢理解当地人的消费方式，不会像以前学生时期那样大手大脚花钱。

总之，从F老师对各类地方性知识的了解程度来看，F老师最了解的首先是以实体形式存在的知识。例如自然和人文景观以及当地的特产，F老师说这些是她最早了解的也是最快熟悉的地方性知识。其次是与自己的生活和工作紧密相关的知识，例如当地人的饮食起居、生活习惯，因为常年生活在这个地方慢慢地适应了这里的生活方式。再次是经常接触到的知识，主要是指方言，在学校里有大半以上的教师是当地人，他们平时在就餐或者交流时习惯性地用方言，而且很多学生家长也用方言与F老师交流。耳濡目染，F老师现在已经能听懂方言的大概意思了。F老师了解得比较少的是当地的一些风俗习惯和价值观念，一是由于当地一些特别的风俗需要在逢年过节或者举行婚宴等重要仪式时才可以清楚地了解到，F老师接触到的机会少，并且一些风俗已经慢慢消失了；二是价值观念是以内隐的形式存在的，需要长时间地与村民们交流才能了解清楚。

二、F老师获取地方性知识的途径

从F老师自身的成长和教育经历看，F老师在入职前几乎对当地地方性知识一无所知，所获取的地方性知识是来到B学校任职后逐渐积累的。F老师获取地方性知识的途径主要包括以下几种。

（一）自身的探索与体验

F 老师在到 B 小学从教之前从未来过 B 乡，也从未想过自己会到这里来工作。当她得知自己被分配到 B 小学担任语文老师时并不感到兴奋而是感到焦虑，因为身边没有朋友或者亲戚在 B 乡，那里的一切都是未知数。F 老师首先想到的是尝试通过网络来了解一些当地的情况，当时 F 老师搜索到的有关当地的信息主要是从 B 乡的官网中获得的。这个网站的内容比较齐全，主要介绍了 B 乡的地方动态、旅游景点、各个村的特色、当地特产以及当地的企业。虽然网站所提供的内容有限，但是也使 F 老师对 B 乡有了一个大致的初步了解。

来到 B 小学后，F 老师便一直生活在这里，起初对这里的饮食习惯不大适应，但是她只能慢慢地去适应，因为学校附近没有其他吃饭的地方。另外，F 老师喜欢在空闲的时候出去走走或者爬山。

这儿离我家有两三小时的车程，我基本上一个月回家一次，学校大多数老师每礼拜都会回家。双休日的时候我经常一个人或者邀上同事去附近爬山，每次都能发现一些新的东西：附近哪里的油菜花好看，路上碰到哪位家长闲聊几句……

F 老师通过自己的努力试图融入这个群体中去，学校的老师以及村民在交谈的时候习惯讲当地方言，起初刚来的时候听不懂就经常问身边的同事。时间长了，凭着耳濡目染 F 老师也基本能听懂了。F 老师性格开朗，对一些小困难都能自己尽力克服，通过亲身体验感受当地的生活，了解周围的事物。

（二）与同事的互动交流

在 B 小学，与 F 老师一起来参加工作的有三位老师。其中一位老师是她的室友，家住 B 小学附近，因为从小在这里长大，对这里的情况比较了解。

我的室友家住在学校附近，刚开始我来这里工作的时候，她担心我一下子适应不过来，在生活上帮了我很多忙，还经常邀请我去她家里吃饭。每次她的父母会做很多好吃的给我俩吃。另外，她还和我讲了很多村子里的情况。

F 老师的师父在 F 老师获取当地地方性知识的过程中也起着重要的作用。从进入 B 小学的第一天起，学校采用“师徒结对”的方式为每位新老师安排了一位有经验的教师。F 老师的师父是一位在这里从教 10 年的老师，对这里的情况比较了解。在讲起与她师父熟识的经历时，F 老师总能说出很多东西来：

我刚来这所学校的时候，我师父就带着我参观了周边一些有名的景点，还向我讲述了一些当地的历史文化。当时走在路上，村子里的人都会和我师父打招呼，师父也热心地向他们介绍我，久而久之我也认识了村子里好多人。

师父除了担任班主任外，还在学校的教务处担任一职，对学生了解得比较多，我从她那儿了解到学生的一些基本情况，这对我后来的教学以及班主任工作的开展很有帮助。

除此之外，F老师与学校其他老师的互动交流也让F老师了解了不少当地地方性知识。在平日里的校园活动、开会、就餐、外出活动、宿舍休息时等老师们交流比较频繁。通过长期的交流和了解，F教师和学校的老师、学生慢慢培养了感情，彼此产生了熟悉感，在谈及与同事之间的交往时，F老师说：

学校里老师人数少，彼此很熟悉。他们中虽不都是B乡人，但很多是江山人，平时用方言沟通起来基本不成问题，并且很多在这里工作好多年了，对这里比较了解。平时在一起吃饭的时候气氛比较轻松，我们会聊很多东西：某位学生最近的表现、村子里谁家摆酒席、谁家盖新房、周边哪里比较好玩……从中我也了解了很多村子的情况。

同事们之间的交流不仅给了F老师许多教学上的帮助和灵感，使F老师能够早日适应教师的角色，也让F老师更顺利地融入乡村社会群体中去。

（三）与村民的互动交流

平时F老师与村民们交流的比较多，F老师并不会觉得自己是从城里来的就有什么不同。她喜欢没事的时候出去走走，她说这是忙里偷闲的一大乐趣。

每次走出校门会遇到很多新鲜事儿，有时候走在路上看到谁家的鸭子跑出来了就帮忙一起赶鸭子，有时候看到哪位老大爷在家门口拉二胡就站在那听一会儿，久而久之大家也都相互认识了。

每个星期村头会有一次赶集，家家户户只要没什么农活或者要紧事就会去集市上，有的买一些生活用品，有的只是出来和村子里的人聊聊家常。F老师和其他同事如果没有课也会去集市上。笔者在B乡的这段日子，有一次为了让笔者感受一下赶集的气氛，F老师特意和其他老师调课带笔者去看看，因为她觉得在这个集市上可以观察到生活百态。我们俩还没走到村头，就早已听见商贩们的吆喝声。路上遇到一些村民，他们都和F老师打招呼问好，有些还问起自己孩子的学习情况，F老师都会耐心地回答，有些村民说家里有自家种的青菜、红薯什么的，让F老师直接上家里去拿。

F老师每次回家都是在星期五下午，有时运气好能很快坐上公交车，但有时要等很久。村子里一些热心的村民有时就会让F老师搭自己家的车：

每次我搭他们的车回家，路上我们会聊上几句。例如说田里庄稼的产量如何、家里孩子的学习情况、村子近期发生的一些事儿，等等。

虽然每次和村民交流的内容大都是一些细小的事儿，但是也就是这一次次的互动使F老师更加了解当地人的生活观和思想观念，使F老师近距离感受到当地人的生活状况。

（四）与学生的互动交流

F老师接触最多、互动最频繁的是学生，其中包括彼此面对面的直接互动，也有间接的互动。他们彼此之间直接的互动基本是在课堂教学、班队活动或者课外交流中进行的。

在课堂上可以从学生的穿着、表情、状态、发言中获取很多信息，例如每个学生的性格特点、学习习惯、优缺点等。

在一次主题为《我多想去看看》的语文课上，主人公十分想去北京天安门看看，F老师让班里的学生对此进行发言。吴同学说他最想去动漫城看看，因为他十分喜欢动漫；汤同学说自己最想去爸爸工作的地方去看看，因为爸爸长年在外，家里如果没什么事的话就半年回家一次；一位女生发言时说她最想去清华大学去看看，因为周围的人经常提起清华大学，她想去看看这所大学到底是什么样子的。

课后F老师在和笔者讨论时说，学生们都有自己的想法，从他们的话语中可以看出他们都想出去看看外面更大的世界。

老师和学生间接的互动主要是通过学生的作业、日记、作文等媒介实现。学生的日记或者作文通常会给老师传递很多信息，包括每个学生最近的学习状态、喜好、内心的想法等。并且学生基本是土生土长的，即使对村里的习俗知道得不多，家里的一些风俗习惯、生活方式等也会在他们的日记或者作文中有所提及，这帮助了非当地人的F老师进一步了解当地的乡风民俗。在与F老师交流学生写的日记或者作文时，F老师说：

我一般不规定学生日记的题目，他们可以写身边发生的事情、读书笔记等。他们认识的字还不多，写得都比较简单，很多字都用拼音表示，但从他们的日记里我可以获得很多信息。例如XX学生帮助爷爷奶奶做家务、XX学生饲养小金鱼、XX学生在生日的时候得到一个玩具、XX学生家里摆喜酒等。还有就是学生的作文，每次写作的题目和文体不一样，例如有关于我最喜欢的小动物、我的偶像、我的理想、我的家等。虽然每个学生写作水平不一，但是都可以帮助我更加了解每一个学生的性格、兴趣爱好、家庭情况等。

从与学生的互动交流中，F老师了解更多的是每个学生的基本情况、学习意愿、学习能力，除此之外还了解到了当地人的教育观、价值观、人生观等。

(五)与学生家长的互动交流

B小学每学期举行一次家长会,基本是在学生期中考试后。每位学生至少要有一位家长参加,基本上每次95%以上的学生家长会按时参加家长会。有些是学生的父母来参加家长会,有些因为父母亲长年在外工作而由爷爷奶奶代为参加,而还有些家长因为孩子学习成绩差不愿来。在问及家长会的情况时,F老师谈道:

每次家长会,班主任和任课老师会向家长报告班级学生的各科学习状况,再听取家长们的意见并且回答他们提出的问题。在家长会结束后,有些学生家长就马上离开了;有些家长会针对自家孩子的学习找到相关任课教师进行详细询问,并讨论接下来怎么应对;有些家长认为自己孩子学习成绩差,觉得没什么好交流的。

除了在家长会上F老师与学生家长有面对面的交流外,还有家访。

学校有要求班主任同任课老师一起至少一个学期对每位学生进行一次家访。我们也尽力争取更多的家访机会。现在家长们都有手机了,我们会将一些重要信息及时传达给他们,但是很多学生的父母在外工作,爷爷奶奶大多没有手机,这对我们及时沟通造成了一些不便。

不管是父母,还是爷爷奶奶,他们最关心自家孩子的学习,我们主要交流的也是关于学生的学习情况。

很多孩子是由爷爷奶奶照顾的。爷爷奶奶中有些没上过学,无法辅导孩子学习。他们也表示很无奈,能做的就是看着自己的孙子或者孙女是否在学习,却无法检查孩子完成作业的情况,对孩子学习上遇到的问题也无能为力。所以每次家访的时候孩子的爷爷奶奶会再三请我们老师多费心,看得出来他们十分希望自己的孩子能够以后有出息,将来考上大学,再找一份体面的工作。

F老师与学生家长交流最多的是孩子的学习,从中F老师体会到当地人对子女的期望、对子女良好品质培养的重视程度以及在教育子女中遇到的困难。

三、F老师寓地方性知识于教学的情况

(一)F老师态度的转变

刚开始走上讲台上课的时候,F老师不大会提到当地的文化,觉得自己对这儿不了解,担心自己用上当地地方性知识会出错。F老师说:

我当时希望的是把我每节课顺顺利利地上下来,把我知道的东西教给我的学生。

经过两年多时间的探索和积累，F老师对当地有了全新的了解，积累了一些当地的地方性知识，但她并没有刻意去把地方性知识运用到自己的课堂教学中去，她说：

在这儿时间长了，自然而然地熟悉了这里的很多知识。有时候在备课的时候脑子里就会浮现出当地的一些知识，觉得用上可以，我就会在课上提到。有时候我自己没有想到，学生在发言或者讨论中提到，我就会顺带和同学们讨论一下。

（二）F老师运用地方性知识的实例

通过对F老师课堂教学的观察以及对F老师教案的文本分析，笔者发现F老师主要将地方性知识用于以下几个教学环节：在新授课导入时作为背景知识来引出新知识；运用当地地方性知识巩固所学新知识；在写作教学时把呈现周边景观或者讲述身边的事作为素材。

1. 户外教学

在向日葵盛开的时候，F老师和班里的数学老师经学校批准，决定带着自己班里的学生一起去附近的向日葵基地写生。班里的学生听到这个消息时很兴奋，都纷纷准备好自己的画笔和纸。在去基地的路上，两位老师向学生介绍了向日葵名字的由来、有关向日葵的传说故事，学生们听得津津有味。来到基地后，学生都被眼前的美景所吸引，在阳光照射下一大片金灿灿的向日葵花显得更加耀眼夺目。老师带领学生一起仔细观察向日葵的叶子、花盘、果实，学生纷纷拿出手里的纸和笔将这眼前的美景记录下来。基地的人员还专门为老师和同学讲解了向日葵的生长习性、花期等知识，给他们上了一堂生动的科学课。F老师说：

学生们很喜欢这样的教学活动，这种活动气氛很轻松，而且能让学生了解到很多东西，有相关的科学知识，也有当地的知识。

2. 课堂导入

F老师在上人教版一年级下册的《荷叶圆圆》这一课时，将B学校附近的一处十分漂亮的荷花池作为教学素材导入：

（F老师拿出自己先前在当地荷花池边拍的照片）

F老师：同学们，你们对老师手里这张照片熟悉吗？

学生：这是附近的荷花池。

F老师：有去过这地方的同学请举手。

（大多数学生举起手）

F 老师：既然大家都去过这片漂亮的荷花池，谁来描述一下这片荷花池？

F 老师请了三位学生分别进行发言。

F 老师：大家观察得很仔细，描绘得很形象。那今天我们就来一起学习《荷叶圆圆》这一课，大家一起来欣赏美丽的荷叶。

从上述户外教学的实例中可以发现，学生天性喜欢大自然，学生在近距离接触周边环境的过程中可以学到更多的知识，并且可以通过丰富的感性认识深刻地掌握新知识。在课堂导入的实例中可知，学生在谈论到自己熟悉的事物时更有话说，再从学生已有的知识经验过渡到新知识的学习显得十分顺畅。F 老师将地方性知识运用到教学环节中去是存在偶然性的，一是要看教学内容的适切性，二是教师事先要对当地某些地方性知识有一定的了解，三是要看课堂教学中学生的实际反应情况。

四、存在的问题

（一）对自身地方性知识发展不自信

F 老师在 B 乡任教两年多，从对 F 老师生活和工作的观察中发现 F 老师对当地的自然和人文环境、乡民风俗等地方性知识有了一定的了解。但是在与 F 老师交流时发现，F 老师表现得不够自信，觉得自己不是当地人，对这里的一切还只是浅层的了解，甚至还没有学生了解得多，还需要向当地村民和同事多讨教。

来这里不过才两年多，其他老师在这儿已经工作多年，有些还是本地人，比起他们，我对这里的了解不是很多，而且我对这儿所了解的都是很琐碎的事情。

我们岗前培训是市里统一安排的，培训的内容基本上是教育学、心理学以及学科专业知识。市下属有很多地区的学校，不可能组织我们对每个地区的地方性知识进行专门的学习。我对这里的了解基本是从到这里工作之后才开始的。

学校对我们新进老师大致介绍了一下当地的情况，有时偶尔也组织开展一些户外活动。

在 F 老师看来，无论是论资历还是论教龄，自己都是新手，再加上自己并非土生土长，在谈到地方性知识方面的话题时显得有些谦虚和不自信。

（二）传播和发展地方性知识的积极性不高

在很多农村教师的心里，当前最主要的任务是把学生的学习成绩抓好，而对当地地方性知识的传播和发展缺少积极性和主动性，因为他们并没有把这里当作最后落脚的地方，最终还是想离开乡村往更好的地方发展。很多老师觉得传播和发展地方性知识最主要还是要靠当地乡政府和村委会，自己的力量实在太小。

从与F老师以及B小学其他老师平日的交谈中发现,B小学领导也想开设校本课程,但是没有老师愿意领头。学校老师总共只有不到20位,每位老师都要担任好几门学科的教学任务,空余的时间很少。例如,F老师除了担任语文学科的老师外,还要兼任思品课老师。

我们这里每位老师基本都教两门以上学科,很多时间都花在备课、上课中。尤其像我一样上岗不久的老师,平时除了上课外,还要求参加各种培训,更何况还要上一门自己不大熟悉的课,基本是边学边上,确实没有多少空余时间。

在B小学的老师中,75%的老师学历是专科,而很多老师刚上岗没几年,对校本课程的开发和编制无从下手。

我们平时用的教科书是现成的,没有尝试过自己去编校本教材,而且也不知道怎么下手,以前我们在上学的时候也没有接受过这方面的专门培训。我们这种乡下的小地方不比城里,一是没有这方面有经验的老师,二是大家没有多大动力去着手这项工作。

(三)对自身的身份认同感低

在乡村地区,尤其是在偏远的乡村地区,教师在当地人的眼中是有文化的人,并且是传授孩子知识、日后带领孩子考上大学的人,因而教师还是受到大多数村民的尊重。但是老师们对自己的身份认同感较低,在B小学的这一段日子里,F老师和其他年轻老师在一起也经常会谈起自己以后的打算,大多数老师并不想一辈子待在乡下教书。每年会有年轻的老师离开这里,有的通过自己的努力考上了城里的学校,有的则通过工作调动去别的地方教书了。F老师说起她来这里工作的经历:

以前在大学里梦想着自己能在城里的小学教书,可是当我在毕业前开始找工作的时候才发现这个愿望很难实现,优秀的人才太多,学校不怕找不到好的新教师。我在毕业那年也和其他师范生一样,每天关注浙江省各地的教师招聘考试,有符合条件的就去报名,基本上城里的小学要求很高,报名人数很多,我考了几个地方都没有考上。后来考上了这里,想想能考上已经很不容易了,毕竟是有编制的,就想着先来这里教几年书积累教学经验再想办法出去。

在与老师们谈及对这份工作的看法时,很多老师会提到当前遇到的一些问题:晋升空间小、评职称的机会少、工资低、成就感低。这些问题使他们对自己当前的工作缺少期待和憧憬。

（四）对地方性知识的价值认识不足

在问及老师对地方性知识作用的看法时，F老师表示关于地方性知识对学生学习成绩是否真的有帮助她还是持疑问态度，并没有看到地方性知识与开展教学和班级工作、帮助学生更加顺利地理解掌握新知识的密切联系。不过F老师向笔者道出了缘由：

我们平常用的试卷不是学校自己出的，而是全区统一印制的，不大会涉及某地区的地方性知识，所以并非一定要运用当地地方性知识。

另外，学生的家长希望自己的孩子能够去城里上学、工作，他们觉得老师都是受过城市教育的，希望老师尽可能多地传授孩子城市的东西，并不觉得自己家乡的地方性知识对孩子的学习乃至工作有什么帮助。

除此之外，乡村社会的地方性知识辅助于乡村教学所产生的效果也很难衡量。这些因素使得教师不能充分认识到当地地方性知识对教学的价值，甚至认为学生具有的地方性知识有时会干扰乡村学生对所学知识的掌握。

（五）对地方性知识的有效运用缺少实践和研究

在B小学，F教师和其他教师对当地地方性知识有不同程度的了解，在教学处理中也会时不时地运用到，但是对地方性知识的运用止步于教师个人的教学过程中，并且很多时候是教师在不经意中用到，并没有受到教师个人和群体的重视，F老师也曾向笔者提起她的体会：

我自己在上课中有时候是自己突然提到当地的知识，有时候是学生提起，偶尔就稍带讲几句，事后没有对这一块儿知识进行深究和反思，估计很多老师跟我一样有类似的感受吧。

B小学教师为了评职称、评奖评优等，平时也会在课余时间做一些课题申报，但是却没有老师把关于当地乡村教育资源如何有效运用到自己的学科教学中作为研究课题。

第四节　农村青年教师地方性知识发展的影响因素

一、教师自身的因素

（一）性别

目前一些有关教师文化的研究不少提到性别这一影响因素，大多数研究认为男性和女性在文化适应上没有显著的差异。但是在大部分乡村小学有这样一个普遍的现象：男女教师比例失衡严重，女教师的数量大大超过男教师的数量。

并且，由于工资和发展空间等影响因素，大学毕业后到乡村任教的以女教师居多。这样一来，对于像F老师一样的青年女教师来说，她们在向学校的前辈老师请教以及和同辈交流的时候能找到更多的话题，交流起来会更加顺畅。F老师是这样说的：

我们学校只有四五位男老师，以前有一两位男老师在学校工作没多久就走了，有调走的也有改行的。他们觉得待在这里没有很大的发展空间，而且对自己每个月拿的工资并不满意，毕竟他们都是家里的顶梁柱，可以理解。对于女老师来说就不同了，有份这样稳定的工作也不错了。在这里待的时间越长，也就自然而然更加了解当地的情况了。

（二）教龄

对于客居在乡村社会的青年教师来说，教龄涉及他们工作和生活在当地的时间。往往一开始来到新的环境时大家会觉得陌生和新奇，而后他们在逐渐了解新的文化和克服种种困难的过程中慢慢地适应了新的文化环境。时间长了，一些教师会对这个地方产生熟悉感，越来越喜欢这里的工作和生活，越来越愿意去了解周围的一切。相反，也有一些教师会产生厌倦感，越来越想离开这里。F老师是这样描述自身感受的：

当我知道来这里工作的时候还是有点失落的，无论在工作中还是在生活中，真的是有很多不习惯的地方。不过，时间长了，也好在有同事们的帮忙，我逐渐适应了这里的工作和生活。现在我认识这里很多村民，大部分是学生的家长。也了解了一些当地人的风俗习惯，虽然还不会讲当地方言，起码可以听懂了。有时候我家人或者朋友来这里，我也差不多可以充当他们的导游，带他们到附近的景点游玩。在这儿已经工作两年了，和学生、同事相处得不错，村里的人也很热情，帮了我很多忙。

（三）婚姻状况

这是影响教师地方性知识发展的一个极其重要的因素。在B小学，大多数的女教师已经结婚，有些已经有了孩子。教师们很多是家住城市，不过在学校里也都有宿舍，虽然很多时候会赶回城里的家去住；而没有结婚的教师也都想去城里生活。对于像F老师一样的青年女教师们，大都是大专及以上学历，一般都希望自己以后的伴侣学历相当、工作稳定和家庭条件较好。而在乡村地区很多青年人通过上学或者其他原因外出就业了，条件符合的少之又少。男教师很少，仅有的几位男教师也已成家了。再加之F老师所在的小学地处偏僻、闭塞的乡村，交通不便，平时教师们工作忙，她们的交际圈窄，特别是刚来这里工作不久又非本地人的教师，他们在这里没有家人和朋友，交际范围就更小了，不利于他们获取当地地方性知识。

我们这儿是山里的学校，离市区远，平时下班后没有什么活动，也没有太多闲暇时间。我们这里很多老师家住城里，她们想调到一个离家近的学校工作；一些已经结婚的老师想的是如何方便照顾家里和孩子；像我一样还没有结婚的老师虽然已经渐渐适应了这里的工作和生活，但也想在城里安家。不管是不是本地人，我们很多人把这里作为自己的一个暂居地，总想着以后能够去城里工作。

（四）教师的文化智力

文化智力是指人们在新的文化环境下，对信息进行收集和整理、分析，采取有效的措施以此来适应新文化的能力，可分为动机文化智力、认知文化智力、行为文化智力等三个维度。

1. 动机文化智力

教师个人是否主动去某地任教、是否想在某地长期任教并定居会直接影响到教师了解当地地方性知识的积极性。一位想在某地安定下来的教师会更加努力地去融入当地文化社会环境，会更加主动、积极地去与当地人进行交流和互动，对遇到的文化冲突问题也会想办法克服。就浙江省而言，目前大多数地区的教育局在招聘教师时对本科应届毕业生报考教师岗位有生源地要求（大多数地区对研究生和省级优秀毕业生则不做要求）。而且，浙江省教师招聘考试有两种类别：一种是报考者先选好自己想去任教的学校，然后再进行考试，这种招聘方式更加尊重报考人员的自主性和主观意愿；另一种则更加常见，即报考者先参加教师招聘考试，然后由教育局按照一定的标准进行分配，这样的话，报考者需服从教育局的安排。很多刚刚毕业的大学生，在参加了教师招聘统一考试后被分配到一些偏僻的地方任教，与他们原先所想的在城市里当教师的初衷有差距，大多数年轻的教师计划先在农村待上一段时间，然后再努力取得调到城市的学校工作的机会。

F老师毕业之后参加了教师招聘考试后被分配到B小学担任语文教师，但是这并不是她最理想的工作地方。

大学毕业的时候，我希望自己在城市的小学教书。现在来到这里，我想的是先在这里教几年书，如果有机会的话我还是想回衢州市区教书。我的一些同事和我有同样的想法，希望有一天可以去城里教书，在城里安家。

这种想法，一方面可以激励教师们积极工作，在自己的教学中取得一些成绩，能够尽早地获得调去城里工作的机会；另一方面会影响到教师融入乡村社会以及传承和发展当地地方性知识的主动性和积极性。

2. 认知文化智力

一个地区的地方性知识包括自然和人文景观、语言、风俗习惯、行为规范等，其中有关客观存在的事物是可以通过相关资料搜索到的，但是其他知识是需要进入当地社会去感知的，死记硬背当地的文化知识是行不通的，而且会在某些场合闹出笑话。当地人往往没有系统分析和总结自己所在地的地方性知识，他们的语言、风俗习惯等是一代代传递下来的。因此，当非本地人的青年教师来到乡村工作，他们需要在平时的工作和生活中，通过自己的所见所闻渐渐了解、分析、归纳有关当地自然风景、人文景观、经济状况以及人们的生活习惯、行为规范、价值观等方面的信息，以及有关自己工作方面的各项事务等，这样才能够使自己更顺利地适应当地的文化环境。

F老师在了解当地的地方性知识时，主要是靠自己与外界的接触以及学校教师的帮助而获得。在F老师来B小学之前，她也试图从网上多了解一些关于这里的信息，但是信息比较杂乱，没有找到很多有价值的信息，而且很多当地人的语言、风土人情以及内隐在当地人中的思想、价值观等是搜索不到的，需要接触才会慢慢地了解和感知。F老师说：

> 我从网上搜索到的有关这里的信息比较少，一些景点的信息可以查到，这些也是我来到这里不久之后最先了解到的。但是当地人的饮食起居、习俗等这些方面的信息主要是靠平日里自己在工作和生活中慢慢地感知和体会，还有就是通过从在这里工作多年的老师那儿了解一些。

3. 行为文化智力

除了从认知上去了解当地的语言、风俗等知识之外，一个人的行为举止可以更加直接地向当地人传达自己对当地文化的尊重。如果你能入乡随俗，例如能用方言与当地人交谈，他们就会觉得你尊重他们以及他们的文化，会更加信任你、更加乐意与你交流，在融入当地社会和了解当地文化时会减少很多阻力。

F老师在与家长以及其他村民交流时，不会讲当地的方言只能说普通话，不过村民们说方言的时候她可以听懂大概意思，她会耐心地倾听，并且时不时地通过点头和微笑来回应。因此，当地人也很乐意和F老师交谈，每次在村子里碰到大多会主动向F老师问好。

（五）教师的人格特征

通过与F老师一段时间的相处，发现F老师是一位很和善、很好相处的人，在同事中人缘也不错。在和村里人、家长交流的时候F老师很谦和，因此受到村子里人的喜爱和尊敬。F老师是比较乐观的人，平时在工作和生活中遇到困难虽然有时也会觉得很烦心，但是会调整好自己的情绪从容应对。她也时常在班里向学生传递正能量，经常向他们讲述一些励志的故事。F老师有点儿内向，她提到起初刚站上讲台的时候觉得不自然、心里没底，在和学校领导、家长交流的时候会有点儿紧张。但经过两年多的锻炼，可以看得出F老师变得越来越稳重，在为人处事方面也显得更加有自信。F老师很有耐心，有时候同事们或者村里人在用方言交谈的时候，她并不是直接走开，而是站在一旁耐心听他们讲。她说自己平时听村民们讲话自然而然慢慢地就听懂了。在学生学习和生活中，F老师也总是很耐心地教导他们。

（六）客居经历

有过客居异地的经历会有助于青年教师更顺利地适应客居乡村的生活和适应新的文化环境，因为他们更清楚如何应对客居异地遇到的各种困难和问题以及如何调整自己，也更加懂得如何与当地人打交道。大多数的青年教师接受过高等教育，很多是离开自己的家乡在异地读的大学。F老师当时也是在异地上的大学，她回忆说：

我身边的大学同学以浙江省的居多，还有的来自甘肃、安徽、福建、广西等地。同学里面还有一些是少数民族的，例如有畲族、藏族、壮族、蒙古族的同学。我们大家虽然都有各自家乡的方言，但在学校时用普通话交流，所以交流起来没有问题。大家在平时的学习和生活中，通过彼此的交流了解了各地、各个民族的一些习俗、饮食习惯、少数民族的服饰等知识，觉得挺有意思的。我有些同学来自北方，在大学第一年的冬至，他们会去吃饺子，我当时还很惊讶为什么要吃饺子，因为我们南方的吃汤圆的比较多，我到现在还记得他们跟我讲吃饺子的故事。还有就是每次开学的时候，同学们会带一些家乡的特产来分着吃，例如有温州的鱼饼、萧山的萝卜干、临安的核桃、山东的煎饼等。

我的三位室友来自浙江省不同的县市，同为浙江人，生活习惯没有特别大的差别。我们平常在一起的时间比较多，经常一起吃饭、聊天，大家相处得很好，彼此也会谈到一些各自家乡的文化。

在问及F老师在大学时与当地人的交流情况时，F老师说：

我们经常会去大学附近的社区做志愿者，也时常去附近的地方逛街。我们同学之间也会结伴去旅游，四年里差不多把学校附近一些有名的景点游玩了一遍，从中也接触到各式各样的人和当地人的习俗。当地人基本上是用方言互相交流，我们基本上听不懂。不过当地人在和我们交流时会用普通话，他们对我们大学生做志愿者也很支持。我还做过家教，就是去学生家里辅导作业，从中也积累了一些与人打交道的经验。

F老师的这些经历增强了她的独立性、丰富了她与人交往的经验，使她可以更加顺利地获取当地地方性知识并融入新的文化环境中去。

（七）教师的文化背景

客居者原有的文化与客居地的文化差别越小，在适应新的社会文化环境和接受当地地方性知识时往往会更加顺利，遇到的文化冲突往往也会少一点。

F老师的家乡离她工作所在地有一定的距离，但同属于一个市，因此很多文化是相通的。对F老师来说，这能使她更顺利地融入工作所在地的社会文化环境中，减少在新环境中生存和适应的文化阻力。而有些青年教师因为某些原因到一个离自己原本所生活地相隔很远的乡村地区从教，那儿的语言、生活习惯、人际交往等与自己的家乡有着很大差别。那么，这些教师在了解当地地方性知识的过程中通常会遇到更多阻碍，需要更长的一段时间去了解当地的自然环境、民俗、行为习惯等。

二、社会支持系统

对于客居在乡村工作的青年教师来说，由于父母和朋友平时不在自己的身边，能给予他们的更多的仅仅是精神上和情感上的支持；身边的同事是教师在平常的工作和生活中不可缺少的伙伴。同事除了给予情感支持之外，会提供一些有用的信息、知识和意见，教师在实践中遇到困难时会给予实际性的帮助。当然，学生家长对教师工作的支持以及村民们的友好态度会使教师们更加有动力、有信心，也会增强他们对乡村社会的归属感。

（一）同事

同事是教师们在学校互动频繁的重要对象。老教师在长期的教学中积累了丰富的实践性知识，青年教师可以从他们身上学到很多教学、班级管理的实践经验。并且，老教师已经比较熟悉当地的文化，包括周围的自然环境、语言、风俗习惯等，通过平常与老教师相处过程中的交流可以间接获得一些当地的地方性知识，有利于青年教师更顺利地与外界交流以尽快融入乡村社会中，对教师了解学生的生活也有很大的帮助。青年教师之间在工作和生活中往往会遇到一些相似的问题和困扰，他们之间有更多可以互相探讨的东西，交流起来也更加轻松，并且会产生更多的共鸣，彼此的相互鼓励对每一个青年教师个体在适应社会文化环境的过程中都是一种莫大的力量。

F老师告诉笔者，学校的老师们相互关心，相处得很融洽。很多偏僻的乡村学校，例如B小学，一个年级只有一个班。因为班与班之间的学习成绩是没有多大的可比性的，所以教师之间没有太多的竞争之处，彼此之间也互相帮助、互相促进。

（二）村民

学生家长对教师工作的支持也会对教师产生很大的影响力。在乡村地区，家长们都希望自己的孩子能够好好学习，将来可以通过读书走出乡村，到发达的城市去工作和生活。虽然很多学生的父母不在家，但他们也很关心自己孩子的学习，爷爷奶奶们也把希望倾注在他们的孙子或者孙女身上。F老师说：

我们老师在这里是很受村民们尊敬的，他们也很重视孩子的学习，让我们老师尽管放手去教育就好。每次期末考试后去学生家里家访，家长会询问很多孩子在学校的情况。

（三）家人朋友

在青年教师客居乡村的生活和工作过程中，少不了家人和朋友的支持。对于一些未婚的教师来讲，父母是他们最大的依靠；对于已经结婚的教师来说，除了父母和朋友，自己的配偶的支持也是十分重要的。F老师平时和家人朋友经常联系。

我经常打电话回家，和父母聊聊天，他们常常会鼓励我。他们经常也会问我在这儿过得怎么样。我爸妈年纪大了，现在工作生活中遇到一些难处我尽量不跟他们讲，怕他们担心。平时遇到不开心的事情时，会和几个好朋友说说，我们在网上建立了讨论群，平常会在群里聊天。

（四）校园文化环境

教师的大部分时间是在学校中，尤其像F老师这样客居乡村的教师，除了白天在学校教学，晚上在学校督促学生晚自习之外，平时住在学校宿舍里，学校就成了他们的家。因此，校园文化对教师的工作、生活、思想观念等会产生深远的影响。

首先是校园的物质文化，例如建筑物的设计和布置、校园景观等。B小学校门口的围墙上记载了学校从建校以来的百年发展历程，校园内的围墙上画着当地以及周围地区最富有代表性的自然景观和人文景观，让人赏心悦目。校园的教学楼虽只有两幢，但也是新建不久的。F老师说学校的教学楼在这个村子里算是比较现代化的建筑物了，在走廊墙壁上、楼梯上贴着宣传标语、名人名言以及关于当地景观的图片和画，美观而且富有教育意义。校园的宣传橱窗里张贴着学校的校歌以及学生的活动成果。在操场上的一块大石头上刻着“孝”字、在校园围墙上以及教室墙面上都可以看到很多关于“孝”的名人名言和故事，学校所重视的孝亲文化可以通过这些感受得到。校园整体给人以简单美、和谐美的感觉。

其次，除了物质形态的校园文化内容外，学校的校风、传统、规范等内隐的文化也非常重要。F 老师十分认可学校一贯以来所提倡的孝亲文化，她觉得这让学生和老师们懂得孝顺父母、尊师爱生、关爱他人。学生和老师之间、老师之间也相处得十分融洽。让笔者印象深刻的就是每次老师们围坐在食堂的圆桌吃饭的情景。虽然地方不大，老师们就像家人一样边吃饭边聊天，这些相处得美好让 F 老师越来越对这里产生了浓厚的感情。

我们大家在这个学校当中彼此越来越熟悉，觉得在这里也挺好的，不会像刚来的时候那样有排斥感，大家就像一家人一样，如果哪一天要离开这里，还怪舍不得的。

（五）校外文化环境

校外文化环境主要指的是校外周边的环境以及长期形成发展的文化。B 小学所在地环境优美，周边的自然景观和人文景观使 F 老师喜欢出去与它们近距离的接触。在乡村，虽然没有城市里高大的现代化建筑物，也没有宽敞的道路，却多了一份宁静。人们的生活节奏相对会慢一点，拿 F 老师的话来说，"不用每天挤公交，大家见面也不是来去匆匆"。村里人彼此认识，虽然有时也会产生一些小矛盾，总的来说大家互帮互助。这些对于从小在城里长大的 F 老师来说有一种新奇感也多了一份对村里人的尊敬，使她更加愿意与村民交流并了解当地的情况。F 老师说：

这里很漂亮，有山有水，空气也好，我喜欢没事的时候出去走走。而且，学生和村里人也很尊敬我们这些老师。我挺愿意与他们交流的，从他们身上可以了解到当地一些情况以及他们的想法。

第五节　农村青年教师地方性知识发展建议

一、建立乡村互动网络平台，不断充实教师的地方性知识

当地乡镇政府可以利用互联网技术建立一个覆盖全乡村的互动网络平台，为村民、教师等乡村各群体的交流和互动提供便利。当前乡村各主体之间的交流较为分散，信息传播也不及时，影响了彼此的沟通和相互了解。通过建立这样一个平台，可以及时供大家分享相关信息。无论是乡村文化建设的问题，还是乡村学生的教育问题，乡村各主体可以利用这一平台互相交流和讨论。一方面，教师可以从中了解村民对教育、教学的看法，反思完善教学；还可以洞悉当地发展动态，充实自身的地方性知识；尤其是客居此地的农村青年教师，可以通过这一平台更加快捷地了解当地人的乡风民俗和思想观念。另一方面，教师可以充分

发挥自身的乡村文化人身份，向村民传递现代科学文化知识和理念，提升村民的文化素质。

二、组织乡村文化活动，不断更新教师的地方性知识

当前村民们除了干农活外，没有太多的文化活动，当地的地方性知识也行将消失。因此，当地政府部门需要加大对乡村地方性知识的保护力度，同时不断地吸收借鉴外部先进的文化成果，促进乡村地方性知识绵延不断地发展。

现如今，很多村子里没有文化娱乐设施，家里有电视机的村民多半会看看电视，一些相对富裕的村民家里装有电脑，不过这种村民数量很少。因此，很多村民找不到其他娱乐方式，便聚在一起赌博。有些村民因为赌博起争执，伤了邻里之间的和气。当地政府部门应结合当地实际和文化传统、利用当地现有的和潜在的资源完善当地基础设施、定期开展多种形式的文化活动，鼓励乡村村民、教师等乡村各主体积极参加。通过参与乡村文化活动，例如科普类活动、文艺类活动，教师可以与村民互动，不断了解当地人的生活状态和精神面貌以及当地的风俗和艺术，以此更新自身的地方性知识，也可以通过与村民的交流向他们传播现代科学文化知识和思想观念。

三、积极参与开发乡土教材，传承和发展地方性知识

乡土教材是传承和发展地方性知识的重要媒介，也是乡村学校建设所需要的。乡村学校在编制乡土教材的过程中，要加强和有关高校或者科研机构的合作，做好乡土教材目标定位、所在地区地方性知识的收集与整理、乡土教材编制、乡土教材实施与完善等一系列工作。作为乡村学校的主力军，教师要积极参与乡土教材的开发与编制，收集当地地方性知识。要充分发挥教学一线工作者的角色，对乡土教材的整个编制过程、教学实施以及乡土教材的完善提出意见。在整个教材开发与编制的过程中，教师从中能进一步生成和完善自身的地方性知识。

四、创造性地寓地方性知识于教学，开发乡村特色教学模式

对于客居乡村的青年教师，学校应多给予关怀和支持，帮助他们克服在工作和生活中遇到的困难以及文化困境，使他们尽早地融入进来。同时，学校还应定期组织开展教学交流活动，鼓励教师之间进行地方性知识及其运用方面的交流沟通。教师要发挥群体之力，充分利用乡村社会特有的资源，尝试将地方性知识融入教学中去，并对此不断进行后续的反思、探讨和完善，创造性地开发出具有当地特色、符合学生学情的乡村课堂教学模式。

五、胸怀平民情愫，早日扎下"文化之根"

现在乡村小学的青年教师都是大专以上学历，他们来到偏僻的乡村从教会有落差感，以至于在教师群体中出现一些眼高手低的教师，与乡村社会文化环境格格不入。大多数青年教师，尤其是刚大学毕业又非本地人的教师，他们掌握的大多是学科专业知识，他们的实践性知识和地方性知识相对欠缺。老教师们往往通过长年在乡村教学和生活积累了丰富的教学经验和生活经验，熟悉了当地社会的文化。因此，青年教师应以谦虚的态度向前辈们学习和取经。另外，村民们往往对村里的情况和周边环境更加了解，教师要以平和的心态多与村民交流，进而进一步了解乡村学生的文化背景和乡村的文化。

客居乡村的青年教师人与当地人因不同的文化基础在风俗习惯、语言以及价值观念等方面存在差异是不足为奇的。作为乡村社会的教育者和文化人，教师们要认清自身在乡土社会中的身份和文化职责，理解和尊重所在地区的文化；将这种文化尊重付诸行动中，以平等的方式与当地人进行交往，力所能及地帮助当地人；将当地文化适时地运用于自己的课堂教学中，让乡村的新一代对自己的文化充满自信。

第五章

面向农村教师的乡土知识网站建设

虽然强调乡土教育的声音不绝于耳，但实践效果并不尽如人意。大部分农村教师本身乡土知识的背景并不坚实，为此本章提出了建设乡土知识网站的构想。农村教师若能良好地利用乡土知识网站，在教学过程中根据学科特点融入乡土知识，将会增强学生对于乡土文化的理解，激发学生个体的乡土认同感，对于乡土文化的传承和发展亦具有重要意义。本章力图构建出乡土知识网站的系统模型，以提升的农村教师乡土教学质量，并依据此系统模型，通过案例研究，设计出具体的、系统的乡土知识网站，用以提高农村教师的乡土知识涵养，进而实现农村教师乡土教学的优化。

第一节 引 论

一、问题的提出

随着网络科技的快速发展，全球化资讯共享的趋势也在加快。在全球化背景下，中国城市与农村间的交流更加频繁，一时间崇拜城市文化成了年轻人追随的潮流。同时，随着我国城市化进程的加快，乡土文化存在的空间在逐渐缩小。受此影响，大部分的农村学校教育大都具有城市化倾向，而与之相伴的是对农村乡土文化认知的缺失。年轻一代对农村乡土文化认同感不足，对农村乡土文化怀有自卑感。长此以往，越来越多的年轻人对养育自己的土地、土地上的文化和人民，有一种认知上的陌生感、情感与心理上的疏离感，这就隐含着个人"失根"的危机。①

刘铁芳指出，乡村文化的边缘化、乡村自身文化生态的破坏直接导致乡村少年对自身周遭文化的冷漠，他们生存其中的土壤不足以带给他们生存的自信，从而无法给他们的生命以良好的情感呵护，使得他们不再把目光系于乡间。他们与生养他们的乡村自然同样失去了过去时代的那份亲近与美好。乡村少年与本土亲近性的缺失，使得乡村少年不再是文化意义上的乡村少年，他们中的许多人看不起乡土，看不起劳动，但他们又无所适从。他们同样也不是城市文化意义上的青少年，因此成了一种在文化精神上无根的存在，成为文化荒漠中人。②

为了改善这一倾向，强调乡土教育的声音不绝于耳，教育者将希望寄托于农村教师身上，希望农村教师能够将乡土文化知识与课本知识完美地融合在一起。然而，实践效果并不尽如人意。大部分农村教师本身的农村乡土文化知识背景并不坚实，也没有足够的精力与动力进行乡土资源的搜索。农村教师在实施乡土教学时，往往流于表面化、形式化。因此，如果能为当地农村收集尽可能详细的乡土文化知识，建立起属于当地农村的乡土知识网站，将会是一件非常有意义的事。

二、研究的意义与目的

（一）研究意义

1. 增加对乡土知识研究的新视角

乡土知识虽是一个古老的话题，但信息技术高速发展背景下的乡土知识却

---

① 钱理群，戴明贤，封孝伦. 贵州读本[M]. 贵阳：贵州教育出版社，2003：3-5.

② 刘铁芳. 乡土的逃离与回归：乡村教育的人文重建[M]. 福州：福建教育出版社，2008：35-39.

是一个崭新的课题。目前研究者大多是从社会学、人类学、教育学的角度进行乡土知识研究,例如乡土知识的内涵、乡土教材应用等,极少有学者从信息技术的角度进行探究。乡土知识网站是地方化和地方乡土知识信息化的时代背景下的诉求,建构分析乡土知识网站的建设框架,对我国乡土知识的理论研究有其积极的意义。

2. 为乡土知识网站的发展建设提供实践指导

乡土知识网站的建设,能为农村教师的乡土教学提供背景支持,赋予农村教师一定的自主权,为教师发挥乡土教学提供一个创造性的空间。本书关于乡土知识网站建设的价值与基本理念的探讨可以为乡土知识网站设计、如何融入农村教师乡土教学提供参考意见,为乡土知识网站的整体制定提供可行性建议。同时,本书梳理了乡土知识网站的基本框架,以金乡镇为例,通过建设浙江省温州市金乡镇乡土知识网站为乡土知识网站的发展建设提供实践指导,促进农村教师专业发展。

(二)研究目的

研究目的主要有以下四点:

(1)分析文献形成农村乡土文化知识的理论基础,进一步探讨农村乡土教育的理论,充实农村乡土教育的理论基础;在查阅国内外文献的基础上梳理乡土知识的内涵、价值及其构成,建构理论框架。

(2)应用信息科技探讨如何以网站的形态建设一个乡土知识网站。该中心可提供多元的乡土资源收集与分享管道、教师乡土教学经验交流的管道等多种功能。透过文献探讨与国内相关网站的研究,制定出该乡土知识网站的主要规划要点。

(3)选定特定的一个农村场域,收集属于当地农村的乡土知识数据,建立为当地农村教师服务的乡土知识网站,为农村教师的乡土教学提供一个坚实的背景支持。本书选择金乡镇来进行研究。

(4)在收集金乡镇乡土知识的基础上,思考如何建立乡土知识网站,挖掘乡土知识网站对教师教学活动的促进作用,建设金乡镇乡土知识网站,并对乡土知识网站的后续发展提出建议,为之后其他乡土知识网站的建设提供实际参考。

三、研究内容与方法

(一)研究内容

本书的研究内容主要是:① 乡土知识与乡土知识网站的价值体现。② 在收集详细数据基础上,概括分析互联网上现存在投入使用的乡土知识网站。③ 在阅读乡土文献的基础上,架构乡土知识网站的系统建设模型。④ 以金乡镇为个案，建设金乡镇乡土知识网站，为乡土知识网站的建设提供实际参考，并提出需要改善的空间与建议。

目前而言，该如何建立为农村教师服务的乡土知识网站？乡化知识资源中心的实践效果如何？如何改善乡土知识网站？这些都是本书相关的研究内容。

（二）研究方法

1. 田野研究

选取金乡镇作为一个特定的研究场域，深入观察金乡镇的乡土文化，善用与乡土环境接触的机会，随身携带摄影机、照相机，拍摄所见的影像，将乡土中所见的景观、事物系统地拍录下来，归类整理，收集属于金乡镇的乡土知识数据，建立为当地农村教师服务的乡土知识网站。

2. 案例分析法

笔者通过对不同类型的乡土知识网站进行分析。从建设网站的用途、教学资源与组织、版面设计、互动设计、使用者的情况、网站维护的情况与效果等方面进行分析，总结其特点和优势，提出现阶段乡土知识网站建设过程中存在的问题，为其他相关网站建设提供借鉴。

四、核心概念说明

（一）乡土知识

乡土知识的形成过程有两个层次：静态的地理层面和动态的形成历程。① 从静态的地理层面而言，乡土知识是在本乡或特定的一群人所赖以生长、生活的特定地方区域内所产生的自然知识与社会知识。② 从动态的形成历程而言，乡土知识在人类学的参与观察下加以逐层剥视，它在一定区域的文化体系中表现，并与其文化体系黏合在一起，具有相对的稳定性，其涉及生活于该地方的人们对于脚下这片土地的各种认知、意识以及情感，同时不能脱离其特有的文化系统而独立存在。[①]

（二）乡土知识网站

在本书中，农村教师作为乡土教学的辅导者，乡土知识网站只是农村教师乡土教学的工具。如何运用乡土知识网站的内容融入课程，由教师教学需要而决定。在此，农村教师与乡土知识网站属于伙伴关系，农村教师在教学前依据课程的需要，将所需的乡土资源攫取整合到自己的教学方案中，引导学生获得乡土知识。

---

① 殷金舟. 乡土知识在现代教育中的传承研究——以安徽省岳西县店前镇为例[D]. 武汉：中南民族大学，2011.

本书中所举例的乡土知识网站由从卫城里走出、市井乡土文化、卫城人之贡献以及珍贵的记录等四部分构成。其中，第一部分主要以文化随笔的方式呈现金乡卫城的历史沿革；第二部分以日常知识、生活时空、文化实践等三小部分来呈现，从而建构属于金乡镇的乡土知识网站。网站板块的设计目的在使农村教师了解所处环境中的人、事、物及其特色和渊源，为农村教师的乡土教学提供一个坚实的背景支持，从而更好地引导学生接近乡土、认识乡土和关怀乡土，也更进一步加深农村教师自身对乡土的热爱，乐于奉献己力于乡土。

第二节　乡土知识与乡土知识网站的价值

一、乡土知识的价值

（一）社会价值

1. 重建中国农村社会的乡土文化认同

从传统到现代的都市化过程中，社会的变迁开始让人们对生活意义及社会规范产生不确定的感觉。换言之，当工业化与都市化正在逐渐改变人民与土地的关系、精致高雅的城市文化正挟其优势取代原有的生活感知与思维观念之时，乡土往往成为抵抗精致高雅的都市文化的有效凭借。因此，处在这种境况下的知识分子们开始将注意力转向乡土知识，因为乡土知识蕴含着正在消逝的文化的本真性，蕴含着追求传统民族文化的依据与想象。同时，乡土意识的兴起为中国注入了乡土生活新的生命力，也为面临人口外流、乡土特色逐渐丧失的地域带来新的地方发展契机。通过借由乡土传统文化、过去的生活、艺术、戏曲、古迹等的找寻，重现乡村的生活环境，以缓和或拉回外流人口。

2. 作为全球知识系统中促进可持续发展的重要组成部分

一方面，乡土意识及其潮流的崛起并非零星出现的个别现象，相反它与全球化脚步同时出现，乡土知识与整体性文化危机的觉醒关系十分密切。21世纪是多元文化的时代，每个民族的文化各有其特色与价值。然而自经济全球化之后，中国的传统文化便面临全球流行文化冲击与流逝的危机。文化普同性逐渐冲击乡土独特性、特殊性的文化特色，并且破坏了乡土传统的社会结构与价值认同，这样的危机感促成乡土意识的觉醒，因而使乡土文化的发展渐受重视。我们应当深思的是身处多元文化社会的每个个体，当放眼全球见识欣赏过无数的异国文化过后，对于自己最亲近的土地上的文化又有多少认识呢？

另一方面，乡土知识本身具有多元内涵和价值，可以融合在民族中，通过乡土知识人们可以找到“根”。中国是个多元的、不断变动的社会，其在乡土里记载了你我生命成长过程中的点点滴滴。不同的乡土，自有不同的味道；不同的历史文化，也会塑造出不同的风土人情与习俗。这些点点滴滴的不同，建构了乡土的意义，形成了地方感，这些经验的累积为我们产生了熟悉的情境，使我们获得安全感与归属感。

换言之，在某种意义上，乡土与世界的关系不但不相冲突，反而乡土是使得世界更加丰富的要素，而乡土趣味对于世界知识体系绝对是可以产生贡献的。因为任何现代化的发展都要经过表现为神话、仪式、意识形态、艺术及其分类系统的乡土知识的过滤，个人生活和群体生活通过乡土知识的文化符号和符号系统的作用而形成意义结构，并且对这个意义结构进行沟通、设定、共享、修正和再生。① 因而，乡土知识也是全球知识系统中促进可持续发展的重要组成部分。

（二）个体价值

1. 有利于个体发展形成健全的自我概念，激发个体乡土认同感

在人格发展上，自我概念的发展是人格发展的核心，而自我概念的发展主要包含着个体对群体文化的认可。一个对乡土一无所知的人，不容易真正肯定乡土对自己存在的价值；一个无法整合复杂乡土现象的人，也难以真正欣赏自己乡土的风味。学生个体接触乡土，首先是一个对自己的家乡进行价值澄清的过程，这个过程能让学生个体从了解自己、认识乡土中，形成健全的自我概念，积极的乡土认同感，扎根乡土、爱自己生长的地方。因为学生个体认识到自己与群体文化的共同特征，会在情感上有一种归属感，这样对学生个体的人格健康十分有利。在态度上，也能愉快地接受家乡的特质，关心家乡的建设与发展，欣赏家乡的自然环境与传统文化。

然而个人的人生观、价值观必须在生活中、在适当情境中慢慢酝酿，充分得到自我发展，才能奠定健全人格的形成，成为爱家、爱乡、爱社会、爱国家的人。乡土认同感是乡土的魂，是乡土赖以存在和发展的支柱。任何的乡土文化都反映了其乡土精神，而这种精神又蕴含于乡土人民生活的点点滴滴之中。乡土文化恰恰就是以其特殊的地方色彩去感染人，以浓郁的乡土风情去感动人。乡土文化具有真实的、具体的、鲜明的形象，其特别强调思考与行动部分，即着重对自身的环境进行反省，诸如生态保育、社会发展、环境维护、人与生态等议题的探讨与分析。这有利于学生运用所有的感官进行高动机的学习，以乡土的形象和情感培养学生的审美，培养他们的乡土意识。同时这也可以作为学生了解乡土与产生乡土认同感的基础，让学生个体了解自我所处的环境并懂得思考、行动、进

---

① 何志魁，戴大明. 乡土知识与农村中小学校本课程的精神成长[J]. 西华师范大学学报（哲学社会科学版），2011(1)：109-112.

而以守护乡土环境为己任。这是一个参与自我发现的历程，了解了这片生他养他的土地，了解了这片土地的传统，了解了家乡人民的贡献，才能激发学生个体的乡土认同感，肯定前人披荆斩棘的成果，从而使学生珍爱家乡、保护家乡，而这恰恰也正是学生奠定健全人格的发展基础。

2. 增强学生对文化转变的适应性，培养对各文化的包容心态

随着城市化进程的快速发展，农村青少年深受城市文化的影响，对生养他们的乡村失去了过去时代的那份亲近与美好。传统的乡土生活给了青少年安全感与归属感，这种心理上的依恋正是激发乡土认同感的基层部分，体现青少年的自我精神和信念，反映着乡土青少年的心理特质和愿望。乡土知识的习得会让青少年产生归属相应群体的心理依托和认同心理，激发乡土认同感。学生借由乡土知识，了解生养他们的乡土环境、乡土文化，培养对各族群文化的包容心态，使学生具有开放的胸怀、宏观的视野，帮助学生增强从适应乡土文化到逐渐接受城市文化的适应性，体会出乡土与外在世界的关联性，培养内在世界与外来生活的关联性，继而养成适应社会生存的能力。

学生借由乡土知识，了解本地区的特色与问题，认识家乡的地形、天文、风俗习惯等地理要素、景观现象，包括关于乡土的各种传说、社会的法制、生活的习俗等等，并透过批判思考、价值澄清、做决定与解决问题等过程，培养青少年服务乡土、贡献社会的热诚和技能。换言之，乡土知识不仅仅只是培养学生狭隘的地区观念与乡土爱，即单纯的使学习者了解本乡本土的环境与社会、历史、文化等人文背景，而是更以乡土爱为出发点，进而培养学生爱国家、爱民族的精神，爱人类、爱和平的信念。

二、乡土知识网站的价值

目前而言，由于网络的日渐普遍与其便利性，网络资源已渐渐成为老师们找寻乡土教学数据的一个重要渠道。利用搜索引擎找寻特定乡土主题的相关数据，则是老师们进行网络资源搜索的最主要方法。农村教师本身对于乡土知识的想法与能力会影响学生对乡土知识的接受度与认同感，农村教师在进行乡土教学时，应该让学生知道他所处环境的人、事、物，唤醒学生对所处环境的人、事、物的关怀心，让学生提出自己所发现的问题，以共同讨论的方式去训练学生的思考和判断力。相关专业人员可以尝试计划在因特网上建置各种具有乡土文化特色的资源中心，以创造更好的教学环境、支持民众树立终身学习的理想，同时还可以帮助农村教师了解在乡土教学时需要什么信息，以及如何寻找与利用这些信息，这将是一件很有意义的事情。因此，乡土知识网站的建设有其深刻的意义与价值。

（一）落实农村教师的乡土教学

乡土知识是近年来我国教育的热点议题。在乡土教育过程中，因为农村教师是重要一环，所以要求农村教师具有挑选或设计乡土知识并融入一般课程之中的能力。这对每一位教师而言，都是一项莫大的挑战。在缺乏合适的乡土教学资源的情况下，要求农村教师进行乡土知识的教学融入，将会使乡土知识的教学成效与教学质量打折扣。

时至今日，网络早已成为许多教师解决课堂上无法处理的疑惑的百科全书。农村教师可以将网络上的信息作为自我充实的数据，吸收网络数据上所传达的乡土知识或信息，转化成自己的知识。在此基础上，农村教师可以实现乡土素材的选择与教材的重组，乡土资源可以让农村教师产生有创意的乡土教学。

乡土知识网站是一个很好的网络教学资源。由于乡土知识的范围极为广泛，可以搜索的渠道也相当多，在未确定哪些数据可以从何处得知的情况下，教师可能需要花费更多的时间与精力来找寻乡土资源信息。乡土数据散布网络在网络的各角落，对于一般农村教师而言，其实是非常不方便的。建立专门的有分类、有体系、便于农村教师使用的乡土知识网站，则可以解决一般网络浩如烟海、搜索烦琐的不足。

（二）作为实现当地乡土知识整合的平台

随着农村城镇化的进行，乡土文化知识的存在空间逐渐缩小。在这样的时代背景下，积极开发乡土资源并将之融入网络科技中，是传播地区乡土文化的一个有利渠道。

乡土知识极具地域性、特殊性，统编不易，市场零碎，出版商兴趣不高。因此，乡土资源的开发将落在学校身上，落在教育工作者身上。当前，专业的乡土知识研究投入者少，以至于乡土教学资源严重不足。

以乡土知识网站作为资源可以让农村教师进行更加深入的探索和研究，借由乡土资源的收集、整理、保存与使用，来教导青少年学习乡土文化，丰富与完善农村教师的乡土教学。乡土知识网站针对特定的使用对象呈现具体、系统的乡土内容，围绕某一地区或某乡镇进行详细而深入的乡土资源建设，把相关乡土知识的文本、图形图像、视频动画等资料进行知识结构化重组。农村教师可利用乡土知识网站进行全面深入的探讨学习，在创设情景下分析乡土知识内容，培养学生的乡土认同感。同时，乡土知识网站也可视为补充乡土资源，以增加现有乡土知识的丰富性，尤其可以最新的信息、图片来呈现乡土文化。

本书在研究过程中发现，有许多好用而可贵的乡土资源，其中不乏经过精心设计的乡土辅助教材，但因为不够流通，没有人加以归整，而无缘被老师们使用，十分可惜。如果能将全国各地的乡土资源加以收集、整合，相信可以大大满足各地农村教师乡土教学上的需求,同时也可以丰富我们的乡土资源。因而,乡土知识网站不仅可以统整某一地区的乡土知识,还可吸引更多的专业人员致力于乡土文化的保存与发展。

(三)有利于农村教师的自我乡土实践

一方面,在乡土知识网站的应用过程中,农村教师必须熟悉相关的知识和软硬件的使用方式,并能巧妙地将之融合在教学活动中,只有这样才能提高学生的乡土学习兴趣,增进乡土教学的成效。另一方面,乡土知识网站还能够促进农村教师主动学习、了解乡土知识,提升农村教师将乡土知识融入课堂教学的技巧,并有效改善农村教师对乡土知识的态度。在具体运用过程中,还能够增进农村教师彼此间的互动关系,促使农村教师彼此间进一步专业合作。总之,乡土知识网站能够提升农村教师的乡土认同感,增加乡土知识,积累乡土教学经验,促进教师之间的交流,提升乡土教学的参与程度和质量成效。

第三节　乡土知识网站建设的基本过程

一、乡土资料的收集与处理

(一)资料收集

笔者大致将所收集到的乡土资源分为:立体数据、图书、图像、影片、网络资源等。以下针对各个资源特性予以分析其信息化的必要。立体数据方面,包括实物、模型、标本等,若要取得相关资源,必须到当地特定场所参观才可获得。图书方面,主要来自政府单位例如市政府、县政府、文化中心等。虽然目前电子书尚未普及,但其数量与种类众多,将来若电子书普及,就可以以超级链接等方式浏览图书内容。将乡土教材分类,提供图书简介等,有利于教师在配合单元教学时选用。图像、影片方面,包括摄影图片、拍摄的视频、通过网络收集的图像文件等,利用与乡土环境接触的机会,累积乡土资源,这些资源进入乡土知识网站后,会对农村教师提供支持和帮助。

(二)资料处理

数据的收集固然必要,但资料的整理和保存同样不可忽略。一些尚未转化为数字资源的素材,也要进行仔细的处理。报纸数据以剪贴处理,但应该分类编目保存,以便于查考;在观察乡土的人文自然景观时,有些没有办法拍摄或受到客观因素的限制时,对所形成的文字叙述也要认真处理;有些出版物或视听媒体,并不适宜直接引用乡土知识网站中,也需要进一步在客观的基础上进行处理。为避免迷失在大量的乡土资料中,对于乡土资料的收集与处理应该是同时进行的。在每天收集一定数量的乡土资料后就需要立即进行整理和归类，并且从整理中去厘清自己的思绪，做定性的分析。

具体说来，笔者对所收集的资料做了以下处理：

1. 初步的资料分析

研究工作先从乡土知识相关文字资料着手，包括收集到的论文、书籍、评论等研究文献，以作为本书研究的基础，并对相关乡土知识网站进行了粗略分类。乡土知识资料分析对象分为两类，第一类是以近期刊行的当地乡土历史文献、书籍、教科书为分析对象，在资料收集完毕后，笔者根据研究的问题反复阅读观察札记、转译稿、乡土资料，从中找出一再出现的主题和概念以形成类目。第二类是将平时的摄影图片、收集的影像文件整理为个人储备的教学资源，并将其信息化。

2. 资料的再审核

反复的阅读及检视研究资料，对资料的分类、归纳、分析、引用若有疑虑，则与相关人士讨论，以求完整客观地呈现研究资料。针对遗漏之处或是发现的新问题，再继续收集、补齐资料，并进行分析。

二、设置乡土知识网站的目标

目前常规的教科书很少提供教师进行乡土教学时使用的当地乡土内容，也缺乏对学生入门学习乡土知识的引导。如何让农村教师在依据有限的教科书内容之外，还能将现有乡土知识网站的乡土资源融入学科教学当中，以传递重要、丰富的乡土知识、欣赏观点，是目标设置的关键点。

基于目前缺乏地区性乡土素材网站的情况，本书希望通过建构乡土知识网站以及网站开发的经验，为以后开发同性质乡土知识网站提供参考，探讨如何运用系统化的方法来建设适合农村教师使用的乡土知识网站，并发现这一过程中可能遭遇的困难和应对的办法。此外，乡土知识的内容庞杂且多变化，本书希望通过乡土知识网站，能协助农村教师利用与管理乡土资源，为乡土文化资源进入课程提供借鉴。

设置乡土知识网站的具体目标如下：① 通过乡土知识网站有效整合当地乡土资源，实现资源共用共享，协助农村教师进行乡土教学。② 激励农村教师担当起传播乡土文化的责任。③ 通过建设乡土知识网站，尝试信息技术与乡土教学的有效整合。④ 实现乡土资源的保护和再利用。⑤ 增进学生、社会大众对于乡土历史和文化的认识，激发乡土情怀。

三、确定乡土知识网站的基本内容

在内容确定方面，乡土知识网站致力于让教师和更多当地人认识自己的乡土事物，并且结合地方需求而展开种种的乡土实践，这意味着要尊重乡土传统与乡土特殊性。最为理想的结果，是各地的乡土文化研究者分别收集当地资料，透过网络将来自不同地方、各具特色的乡土资源整合在一起，成为可供回馈、参考的乡土中国资料库。

依主题式的乡土知识分析所设计的互动性的乡土知识网站，其内容主要由“从乡土里走出”“市井乡土文化”“乡土人之贡献”“珍贵的记录”等四部分构成。其中，第一部分从历史沿革、空间变迁、地名由来与文化随笔来呈现；第二部分以日常的知识、生活的时空、文化的实践等三个小部分来呈现；第三部分主要是呈现乡土民众的为乡土所做的贡献；第四部分包括乡土出版品、乡土户外活动与农村教师虚拟社群等三个部分，试图在教育场域来回应乡土知识，落实乡土教育。这个内容体系的目的在于使农村教师了解所处环境中的人、事、物及其特色和渊源，为农村教师的乡土教学提供一个坚实的背景支持，从而能更好地引导学生接近乡土、认识乡土和关怀乡土，更进一步加深农村教师自身的乡土情，并愿意为之奉献。

四、网站的评鉴

在金乡镇乡土知识网站建设完成后，其评鉴工作共分两个阶段进行。第一个阶段，以校内实践方式讲解系统并由农村教师实际操作乡土知识网站功能。应用完毕，由参加研习的教师组成的团体进行内部测试与使用性评鉴，并依据评鉴结果修正网站。第二个阶段，为了取得更客观的评鉴结果与网站的使用性回馈，将半开放式在线电子问卷“农村教师乡土知识网站评鉴调查”在本网站相关子栏目上发布，或者使用电子信箱邀请当地在职教师和其他有意愿人士进行评鉴。在职教师的任教学校主要包含中小学两个阶段，并隶属于不同的学校，学校区域涵盖当地乡镇小学。这是为了收集更广泛的使用者意见，了解农村教师对网站的接受度，并征求农村教师对乡土知识网站雏形的缺点与修改意见。当然，对于网站的评鉴工作会一直伴随着网站而存在。

第四节　金乡镇乡土知识网站建设个案

一、金乡镇概况

（一）金乡镇简介

浙江省温州市苍南县金乡镇位于浙南东部，濒临东海湾，西北接连山区陆地，扼浙闽边陲，东经 120 度 36 分，北纬 27 度 26 分。金乡镇的面积 43.55 平方公里，总人口约为 10 万人，距苍南县城灵溪 23.3 公里，距温州市区 80 公里。该镇气候宜人，温暖湿润，属亚热带海洋性季风气候区。暑不觉热，寒难见冰。昼夜温差极小，春秋日数相近，冬短夏长。由于气候得天独厚，故“草木经冬不甚黄落，时有开花发芽者”。金乡人文鼎盛，人才辈出，民敦儒雅。清代的《金乡镇图记》中有“此则假禅院以读书，语言颇正；彼则会仓桥而开市，童叟无欺”的记载。

金乡人民历来有保护文物古迹、热心公益事业的传统美德。卫城建成600多年以来，金乡人民代代相传，以抗倭史实引以为荣，努力弘扬地方历史文化，视金乡卫城保护工作为己任。尤其是苍南县人民政府于1983年公布金乡卫城为县首批文物保护单位后，当地群众自发维修保护了一大批历史文化遗产，例如北门城墙、魁星阁、戚继光纪念馆、郑成功纪念馆等。县人民政府把金乡古镇的保护管理工作摆到重要的议事日程上，各职能部门发挥了积极的作用，进一步协调做好保护工作。当地政府早在20世纪80年代，就论证编制了金乡古镇建设与保护规划，加大了对古镇的保护管理力度。1992年，苍南县“滨海—玉苍山”省级风景名胜区公布后，金乡古镇的知名度日益提高，参观旅游者络绎不绝。金乡当地的干部群众克服种种困难，服从古镇保护大局，共同参与做好金乡古镇的保护管理工作。2002年上半年，金乡镇人民政府专门组建班子，设立机构，落实经费，着手组织开展申报县级、省级历史文化保护区活动。2002年9月，苍南县政府公布金乡镇为县历史文化保护区。

（二）金乡镇乡土知识网站的开发背景

金乡镇是个历史悠久的文明古镇，因曾是浙南抗倭的指挥中心而名扬青史。建于明代的抗倭卫城如今已遗存不多，我国南方尤为鲜见。金乡卫城以其重要的军事、历史、文化价值而具有无可置疑的保护意义，例如隶属于金乡卫管辖的蒲壮所城，已列为全国重点文物保护单位，还有众多的文物建筑也已列为文物保护单位和文物保护点。金乡卫城至今保存着完整的城防格局，例如完整的护城河、部分城墙、城门、传统街巷，还有自然地形，都延续了丰富的历史文化信息。这些都是十分可贵的乡土资源。

金乡镇依山面海，自然环境格局相当优越。海岸线漫长，大小岛屿43个，港湾众多。金乡卫城街坊格局的合理、科学亦属罕见。城墙壁垒森严，城内大街小巷经纬有序。金乡古城地形格局，保存良好，历史的场景约略能见。任何历史文化信息都要与一个可解读的自然环境加以诠释，所以古城总体空间格局至今保护良好，具有重要的背景意义。此外，金乡的古建筑包括传统民居、宗庙、礼堂、戏台、街亭、园林、近代西洋建筑等，这些建筑中的空间格局与细部装饰，都蕴含丰富的历史内涵，是古城历史文化特色的重要体现。金乡镇的风貌特色主要体现在一种功能性、亲缘性、地方性较强的人性空间上，这既是金乡传统文化在物质环境层面上的缩影，也是研究建筑和城镇空间的重要参考，具有重要的保护意义。

金乡镇是一个充满了各种象征符号的乡土意义“世界”，拥有丰富的建筑遗产、历史古迹，较为完整地反映了某一历史时期的乡土风情，保存有以前时代建造的传统建筑群，其基本风貌保存完好，有较高的文化、艺术和科学价值。在相当程度上以微缩的形态保存了中国社会中具有整体性的乡土空间意象。因此，笔者选择金乡镇作为研究个案，以金乡镇为例建设乡土知识网站。

二、金乡镇乡土知识网站的主要界面

依据本书所架构完成的乡土知识网站的系统建设模型，笔者收集了大量有关金乡镇乡土知识的论文和书籍，包括金乡镇地方志、金乡镇历史文献等，在对其进行归类、分析的基础上展开金乡镇乡土知识网站的建设，力求乡土内容的正确及完整性，并具备一定的深度与广度，更重要的是必须兼具实用及创新性。金乡镇乡土知识网站的总体结构大致由首页、会员中心、农村教师虚拟社群等三部分组成。

（一）金乡镇乡土知识网站首页界面

金乡镇乡土知识网站首页包括“中心简介”“位置与交通”“参观预约”“友情链接”“从乡土中走出”“市井乡土文化”“乡土人之贡献”“珍贵的记录”“站内搜索”“行政公告”“活动纪实”“登录 & 注册”“最新公告”“市县风情”等板块。

网站首页提供的服务内容如下：“中心简介”主要介绍乡土知识网站成立的缘起、目标与愿景；“位置与交通”主要介绍当地乡镇的交通资讯；“站内搜索”提供字段检索功能，使用者可根据搜索框内的行政公告、活动纪实、从乡土中走出、市井乡土文化、乡土人之贡献与珍贵的记录等资源类型分类进行搜索，快速获取网站所提供的资源；“友情链接”提供一些优良乡土知识网站的简介和链接，目前链接数量还不多；“参观预约”主要介绍参观当地乡土景观的流程说明。

网站首页的视觉效果是网站给予使用者的首要印象，因此是非常重要的一个环节。一个良好的乡土知识网站，除了能够提供质量优良的且具有良好内容效度的乡土资源外，如何协助使用者迅速找到所需的资源，是衡量一个乡土知识网站是否成功的指标之一。金乡镇乡土知识网站首页界面，具体如图 5.1 所示。

首页的设计版面采用左中右的版面设计方式，其背景采取清爽的白色，中间的动画空间以不断变化的相关金乡镇乡土图片穿插，试图呈现乡土这一主题清新自然的气息。一开始，映入眼帘的是金乡镇乡土知识网站页面左上角的网站标识，其作为金乡镇乡土知识网站对外链接的象征图示，让使用者很快就可以知道网站的宗旨及内容。同时，采用“金乡镇乡土知识资源中心”为文字图标，并搭

图 5.1　金乡镇乡土知识网站首页界面

配金乡古楼图片的横轴以使浏览者能对网站有一目了然的感觉。

农村教师可以到首页的“乡土出版品”板块中在线观看当地乡土出版物电子书，为任课教师开展乡土教学和科研提供必备的参考资料。乡土知识网站首页“市县风情”板块中提供的乡土图片资料，可下载作为上课素材，以便缩短制作教学材料的时间。乡土知识网站是教师创造多元化学习情境的利器，可使用首页中的乡土主题分类数据库，例如“从乡土中走出”“市井乡土文化”“活动纪实”等板块设计乡土教学活动，使乡土教学内容兼具广度及深度，更能创新乡土教学内容。另外，本乡土知识网站打算训练推广分项计划，每年举办一次“科技资讯融入中小学乡土教学活动设计比赛”活动，得奖作品在“活动纪实”这一板块展示，鼓励中小学教师积极使用乡土知识网站的丰富资源，促使中小学教师认识珍贵的乡土文化资产并将之融入教学活动。

(二)金乡镇乡土知识网站会员中心界面

会员中心界面由“我喜欢”“我的日记”“我的相册”“我关注的小组”与“留言板”等五个板块组成，见图 5.2。

图 5.2 会员中心界面

教师可利用“我的日记”这一板块记录乡土教学、乡土研究的数据以及瞬间的灵感和想法等，还有历年累积的乡土教学教案或文件等，建立个人乡土教与学的历程档案。教师可将平日乡土教学的主题、流程、活动等内容相关资料整理、分类放入“会员中心”界面的相关板块中，完整得记录教师个人的乡土教学历程。这个过程可以有效地整理自己的乡土教育思想，不仅促进个人专业发展，更有助于教师的自我发展。

“我的相册”容易搜索，方便查阅及保管照片档案，故大部分教师会在线上相册中分享照片。乡土知识网站的“会员中心”界面提供线上相册功能，使用者可以自己上传照片，以便自己的浏览与分享。而农村教师虚拟社群中的“热点内容”与“最精华的帖子”板块，聚集了当下网页点击率最高的乡土主题内容，对乡土素材感兴趣的使用者可点击查阅，点击“喜欢”进行收藏，其结果会在“会员中心”界面中的“我喜欢”栏目下显示。对于自己感兴趣的小组，只要点击进入该小组页面，再点击“成为小组成员”按钮，则该小组图标即会在“会员中心”的小组板块中显示，同时使用者也可以自己申请创建小组。

（三）农村教师虚拟社群界面

农村教师虚拟社群界面由“热点内容”“最精华的帖子”“线上乡土活动”“读书”“小组”与“留言板”等六部分组成。所提供的服务内容如下：“热点内容”列出使用者乡土类别图片评比分数最高的电子相册；“最精华的帖子”列出使用者点阅率与回复数最多的前 30 名帖子；“线上乡土活动”由使用者发起一个活动主题，参加者在线参与讨论；“读书”主要为农村教师提供历年由权威单位评选的优秀乡土书籍出版品，以及关于书籍介绍的信息链接，由阅读、作者、书评与分类浏览等四部分组成，旨在为使用者提供一个分享读书经验的空间，阅读最新的乡土书籍、撰写书评之后的观感，都可以在社群上与其他读者进行交流；“小组”主要提供农村教师在线讨论与发布文章的功能，借由农村教师虚拟社群的力量，推广乡土教育，并分享乡土教育教学资源的使用心得。只要鼠标放置于不同的小组图片上，即可加入相应小组的讨论页面。农村教师虚拟社群界面如图 5.3 所示。

农村教师虚拟社群由于具有简单易学、互动性强、实时性强、应用性广等功能，非常适合教育场域广泛的运用。它不仅仅只是一个分享乡土知识的场域，更是一个学习乡土知识的场域，一个跟乡土知识互动的场域。

教师可在“读书”板块阅读乡土图书、乡土报纸杂志相关文章进行自我学习。在“留言板”板块定期与乡土文化研究者、政府教育工作者针对特定乡土主题进行经验分享与交流，使教师了解和掌握乡土教学科研的相关理论与实践动态，充实教师的知识储备，为教师提高科研能力提供路径。农村教师虚拟社群中的“小

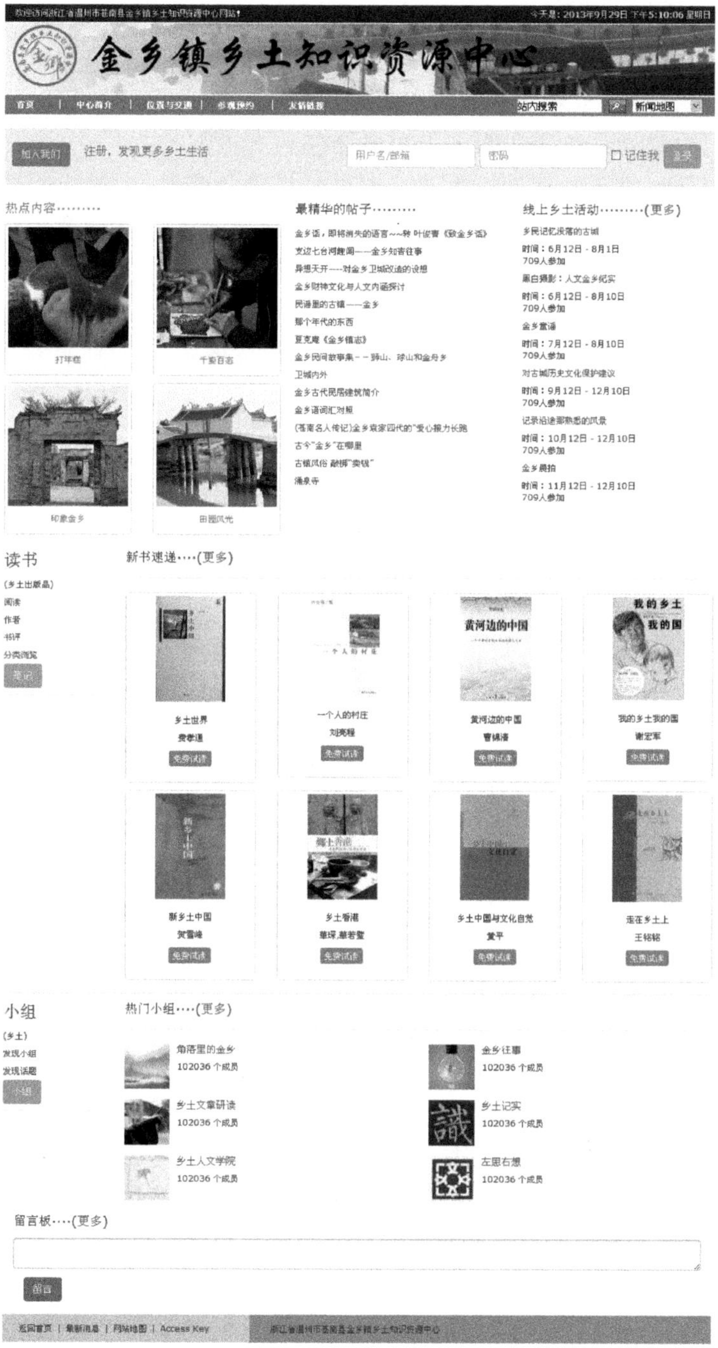

图 5.3　农村教师虚拟社群界面

组”板块，是依据乡土知识的分类而建设的，为使用者之间的交流与互动搭建了一个有效平台，充分体现了网络媒介的交互性功能，对该社群本身的内容建设可以起到积极的作用，使乡土知识易于累积、分析、整理、归纳与建构。因此，教师可以以农村教师虚拟社群作为乡土知识管理的工具。

教师可依据自己的兴趣成为不同小组的成员。例如参与“乡土课程研发小组”，进行行动研究，制作乡土教学档案；或者参与“乡土研习活动小组”“乡土成长团体小组”，提升专业知识与技巧；也可以通过“乡土读书会小组”的讨论，增进乡土专业知识的相交流；通过“教师乡土专业学习小组”，分享乡土教学新方法或把乡土教学困难提出来，除了可以增进乡土教学技巧外，小组成员彼此间的互动及想法交流，还可以促进教学反思，激发创造能力。

三、金乡镇乡土知识网站的特点分析

（一）植根乡土，延伸乡土，体现渗透性

由于本书将乡土知识的学习者主要限定为中小学生，因此文字叙述方面应避免过于艰涩，应是中小学生可以直接理解的，不需要农村教师需要再组织语言就可以教导学生的。此外，农村教师的乡土教学旨在带领学生进入乡土领域，启发他们对于乡土的热爱与兴趣，因此应提供相对丰富的乡土内容介绍，并尽可能提供乡土资讯来源渠道，即乡土知识网站必须具备完整的涵盖乡土主题，提供相关的延伸信息让使用者能进行更深入的学习。例如一个乡土历史事件，其焦点不仅仅只集中在事件上，还应包含人、事、地、物各个方面。各主题的内容以格状的字段呈现，若使用者想了解相应乡土主题内容，点选主题，即会呈现相关乡土主题内容的子页面，针对各主题分类项目的内容以文字进行阐述，具体如图 5.4 所示。

值得注意的是，“友情链接”这一部分主要为农村教师提供重要的乡土资讯渠道，包括相关的书籍书讯、类似的乡土知识网站、相关乡土文化研究工作者的联系方式等，以方便教师进行延展性的学习与交流。

（二）激发农村教师乡土教学创造力，体现互动性

在正规的学科教育中，例如数学、语文等科目占了课程的大部分，相对而言，与我们生活切身相关的乡土知识所占课程的比例则较少。如果能将这些与我们生活环境息息相关的乡土知识，由来自当地的老师或乡土专家担任起引导学生学习的工作，相信学生对于乡土知识的认识将会更丰富，并且在乡土知识的吸收方面会有更多的收获。社群是教学资源重要的一环，同质社群经过讨论、互动所形成的经验交流更为宝贵，而且社群功能也是让使用者经常回到网站的主要动力，所以预留了网站的社群功能，方便社群组织进行讨论与

图 5.4　金乡镇乡土知识网站子页面

交流。在金乡镇乡土知识网站中，希望能利用全球信息网络的特性，并融入相关的乡土理念以及适合农村教师的网络工具在此网络环境中，邀请与乡土议题相关的专家(包含当地的老师、大学生、乡土研究专家、政府官员等)，借由他们之间的互动，建立起一个共同学习的网络学习社群。"农村教师虚拟社群"提供了两个小的板块：讨论小组和主题留言板。

1. 讨论小组

讨论小组提供教师在线讨论与发布文章的功能，借由社群的力量，推广乡土知识，并分享乡土资源的使用心得。乡土文化小组界面，如图 5.5 所示。

网页上方的内容包括成立该讨论小组组长、小组成立时间、小组简介与友情链接等内容，网页下方区域则是该讨论小组发表的话题讨论。

通过点击"我要加入"，即可成为该小组的成员，在该小组发起话题。在话题发布的功能上，具有话题主题名称、视频、图片、文章内容等字段可供填写。讨论小组话题发布界面，如图 5.6 所示。

图 5.5　乡土文化小组界面

图 5.6　讨论小组话题发布界面

在文章发布的功能上，具有文章主题名称、发文者姓名、电子邮件信箱、表情符号、文章内容等字段可供填写，并且提供讨论区专用的全文检索搜索引擎。一般访客可以浏览讨论小组的讨论，可是不能在讨论小组发表或响应讨论，而经过注册的使用者，即可发表话题并参与讨论。使用者可自行发起讨论主题，亦可针对群组设计私人讨论小组，具有简易的个人博客的功能。例如，对单一乡土教学场地，已使用过的教师可在讨论区提供乡土教学经验；对将来需要使用该乡土场地资源的教师，等于为其提供了更完善的信息。

2. 主题留言板

乡土教学经验为内隐的知识，是乡土资源中最宝贵也是最难聚焦与呈现的部分。对各项单一乡土资源的经验交流，可为教师提供最精确的交流。使用者可针对特定乡土议题进行讨论，并设置帖子版主，定期邀请相关人员进行乡土相关议题的探讨并整理讨论结果。所有讨论内容皆可在留言板内完整呈现，对于所建立的讨论留言可进行浏览与修改，修改的内容以主题与讨论内容相关为主。

（三）利用网络技术，打破时空界限，体现实用性

由于乡土教学的范围广泛、内容繁多，有时相关题材的人、事、物因时间及空间的更替，不能回到旧时的现场情景；有时会因为交通、天气、时间等因素的限制而不能让活动得以进行。所以，网站资源及其运用，能带领学生突破时空的限制，扩充生活经验，加深对乡土知识的认识，增广学习的视野。另一方面，在进行乡土教学时，能以实地考察或实物作为乡土教学资源是最好不过了，但实际的乡土教学环境很难达到这样的理想。在农村教师必需口述或利用文字说明的条件下，照片或图像资源的辅助是十分重要的。农村教师若能随时将手边的影像资源整理为电子数据库，必然可以提升教学的质量及效能。乡土资源模块使农村教师可以拥有并管理个人的电子相本。每一个相本，可单独设定相本使用者（即可浏览相本内容的人）及使用者的权限。相本使用者的设定分为四类，分别为只限本人使用、开放部分会员使用、开放所有会员使用、开放所有人使用。权限设定则是针对访客是否可上传照片、张贴评论及评分予以设定。

站内资讯检索模块主要提供两个功能：① 发布信息。许多政府机关或社会团体所举办的社会教育、文艺活动或研讨活动都与乡土知识有密切的关系，这些活动也是乡土教育最鲜活的资料。所以在最新消息中，设定两个主要类别，分别为乡土活动讯息与乡土主题新闻，用以发布最新消息、提供实时性的信息，具体包括各项重要乡土活动、行事日期的公告以及乡土主题的有关活动信息。② 检索功能。网站采用两种主要方法来协助教师找寻所需的乡土资源。第一种方法是在乡土知识网站前端进行阶层分类的方式来进行，使用者可以依据乡土知识网站的从乡土里走出、市井乡土文化、乡土人之贡献以及珍贵的记录等四大主题

轴、十项细分类的方式，找到该主题轴、细分类下的所有乡土资源，以此增进农村教师使用的方便。第二种方法则是应用搜索引擎的方式，每一份乡土资源的后设数据都以简单、标签式、包含乡土教学必须信息的方式来描述，根据此份后设数据的描述作为搜索引擎的搜索条件限制。网站后台管理功能区的后设数据描述方式可提供教师利用搜索引擎输入关键词或查寻条件以便找到所需要的乡土资源。后台数据描述，如图 5.7 所示。

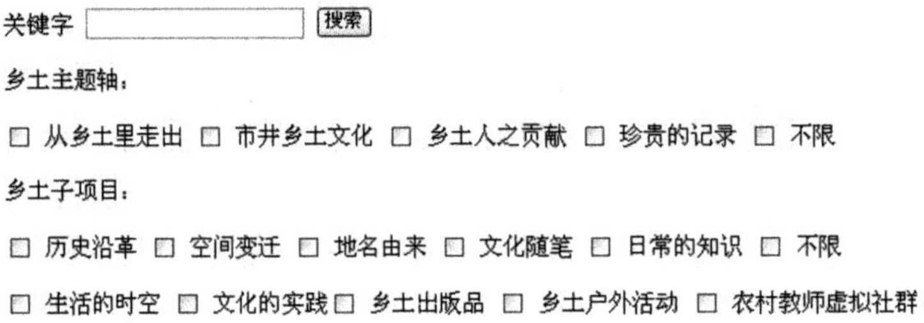

图 5.7　后台数据描述

四、促进金乡镇乡土知识网站发展的建议

（一）建立乡土资源审核机制

除了需要针对乡土知识网站的系统管理，例如上传、下传、搜索、讨论、与其他乡土知识网站链接等做进一步的完善之外，还需要建立相应的审核与监管机制。以农村教师虚拟社群为例，在农村教师虚拟社群中，会员可以自由发言，可以成立讨论小组，因此难免会出现污染网络环境的信息。如何解决农村教师虚拟社群运行后的维护和管理问题便存在很大困惑。因此，虚拟社群的管理人员需要定期审查虚拟社群上的主题和留言，维护网络环境的清洁。农村教师虚拟社群资源的审查人员要负责对农村教师上传资源的价值进行审核，要督促定期对虚拟社群资源进行更新，及时发布乡土信息，通过规范上传文件的名称，减少垃圾资源、重复资源的产生。同时鼓励农村教师对乡土资源的科学性、参考价值作出评价和反馈，通过置顶优秀乡土资源，奖励对虚拟社群贡献大的网友等方法，发挥大家的力量共同来维护农村教师虚拟社群。

（二）开发更多的乡土知识资源库

开发更多的乡土知识资源库主要是为农村教师提供实时、优质的乡土教学资源，让会员在单一网站使用单一账号，即可使用跨平台的乡土知识资源库搜索乡土资源。金乡镇乡土知识网站的建设只是为今后各地建设乡土知识网站作参考，呼吁乡土文化研究工作者共同努力，建立更多的乡土知识网站，并实现共享。

教育主管部门与相关乡土文化研究工作者应进一步开阔视野，致力于乡土知识网站资源库的推进，建立跨平台的乡土知识资源库。同时，通过各资源库的推广、使用、培训、评选，使之不断丰富。

（三）提升农村教师网络信息素养

农村教师网络信息素养是影响农村教师使用乡土知识网站的关键因素。一个网站即使有设计精美的页面、多样化的功能，如果教师没有使用网络资源的意识及能力，就无法产生使用乡土知识网站的意愿及行为。作为一个能胜任的农村教师，需要加强网络信息素养，以吸取新的信息，充实自我专业知识。当然，教师还应该具备开发设计乡土课程的能力，进而通过个体或群体的研发，丰富乡土知识网站的内容，促使更多教师愿意接触并使用乡土知识网站。

第六章

基于地方性知识的校本教材开发个案

将地方性知识的理论运用到校本教材开发中是农村教师了解和运用地方性知识的一个重要途径。在梳理地方性知识相关理论的基础上，这里重点选取金华市武义县大田乡古竹村古竹中心小学（以下简称：古竹小学）利用地方性知识开发竹乡文化校本教材的个案，呈现地方性知识在校本教材开发中的应用。本章通过田野调查和文本分析的方法收集材料，对古竹小学运用地方性知识进行校本教材开发的情况做了实地调研，主要从古竹小学校本教材开发的背景、教材框架、教材的文本解构、教材的编写理念、选材问题和教材特点等方面分析了地方性知识在校本教材中的有机融入问题。

第一节 引　论

一、问题的提出

自我国1999年提出要逐步建立国家、地方和学校三级课程体系以来，校本教材的开发问题就迅速进入人们的视野，并在教育领域引起极大的关注。但是这种校本教材的开发并非单纯的资源整合和拼凑，它还需要相关理论作为背景和支撑。因此，发源于阐释人类学的地方性知识概念便被引入教育领域，并得到了重点关注。

地方性知识的内涵与校本教材开发的内容有许多共通之处，在地方性知识理论框架下研究校本教材开发是切实可行的。校本教材的内容，往往就是基于某一地区人民在长期生活发展中积累和总结下来的地方性知识或者乡土知识，主要包括当地的生产生活类的知识、历史文化类的知识、传统习俗类的知识、精神价值观念类的知识等。

校本教材开发作为我国基础教育课程改革中不可或缺的组成部分，越来越受到教育领域的重视。教材的编写也由专家主导一切发展成为课程专家、教研员和一线教师共同参与的格局。这种校本教材编写权力的下放为一线教师亲自参与课程和教材建设提供了极好的途径，更提高了一线教师参与教研的能力，促进了教师专业的发展。①

在实践领域，现虽已有许多校本教材被开发出来，但是教材的质量却参差不齐。一线教师在参与校本教材开发的过程中出现了许多问题，除了教师参与的意愿和积极性不够、一线教师的教研水平和能力相对欠缺的因素以外，还有个根本的问题就是在校本教材开发中，教师和开发者对地方性知识的问题把握不够②，致使原本就缺乏系统性的、进行校本教材开发培训的一线教师，在进行教材开发时带有较大的盲目性，由此开发出来的教材也就不具备很强的使用价值。现实中，大多数校本教材仅作为对外展示的工具，并为达到校本教材开发和使用的原有目的。

在教育理论研究领域，对校本教材的研究更多的还停留在理论上，缺乏典型的个案研究。这使得学校和一线教师只能一味开发自己的校本教材，缺乏系统科学的参照，不懂得如何使用地方性知识理论去指导教材开发。因此，这大大增

---

① 臧爱珍．中小学教材的编写出版[M]．北京：人民教育出版社，2003：57-82.

② 陈向明．在行动中学做质的研究[M]．北京：中共中央党校出版社，2006：45-78.

加了教材开发的盲目性，开发出来的校本教材也显得过于“草根”，或者流于表面，并不适用于学生的发展。由此导致校本教材开发失去了其应有的意义，也发挥不了应有的作用。

基于以上背景，笔者认为，有必要为学校的校本教材开发提供一个典型的案例研究，以便引导学校和一线教师在地方性知识理论的基础上开发属于自己的、有实际意义和价值的校本教材，为合理使用地方性知识进行校本教材开发提供可参考的实例。同时，反映和解决现阶段在运用地方性知识进行校本教材开发时所遇到的问题，为切实落实国家的三级课程体系和目标。

二、研究目的与意义

（一）研究目的

（1）希望通过对古竹小学竹乡文化系列校本教材开发进行个案研究，探讨地方性知识与校本教材开发之间的关系问题，明确地方性知识理论作为校本教材开发的理论基础。

（2）在校本教材开发过程中，探索如何获得地方性知识，以及如何对已获取的地方性知识进行筛选，并提出筛选的依据和标准。

（3）由于地方性知识通常是一种原生态、未经处理过的知识，因此并不能将其直接应用到校本教材中，还需要对地方性知识进行二次处理。在这套教材开发过程中，如何将地方性知识转化为可供学生学习和使用的教材，即探讨如何在校本教材开发中有机运用地方性知识，将是研究的重要目的之一。

（4）通过参与古竹小学竹乡文化教材的编写，总结出现阶段在利用地方性知识进行校本教材开发时还存在哪些问题，并反思这些问题出现的原因。

（5）针对现存的问题，提出相应的措施和建议，并尝试构建地方性知识在校本教材开发中的应用范式，以期为后来的校本教材开发提供借鉴和参考。

（二）研究意义

1. 理论意义

地方性知识视域下校本教材开发问题的提出是我国建立三级课程体系的具体体现。虽然目前已有不少文献在探讨地方性知识与校本教材或者校本课程开发相融合的问题，但大部分文献仍停留在理论分析层面，切实与教材的实际开发相结合的案例研究相对较少。该问题是一个实践性和操作性较强的问题，问题的解决最终仍要回归基础教育实践。在一定的理论基础上，还需通过结合实践案例去研究和呈现一个切实的参考。对于问题的研究和探讨也须基于真实案例来进行，而非仅停留在抽象的概念和理论阐述上。本书通过选取古竹小学进行竹乡文化校本教材开发的实例，深入具体地呈现一个在教育领域中运用地方性知识进行校本教材开发可参考的案例，期望以此为后续研究提供一定的参考。

2. 现实意义

古竹小学是一个地处偏僻的农村小学，受地理环境的制约，发展一直处于落后水平。因此，如何在当前教育改革如火如荼进行的大背景下谋求新的发展，提升学校教育教学质量，打造学校特色品牌，便成了古竹小学进行教育改革需要思考和突破的重要问题。古竹小学所处的大田乡拥有丰富的毛竹资源，是当地有名的竹乡，这为竹乡文化校本教材的开发提供了现实的条件。因此，将当地的竹乡文化融入古竹小学的校本教材建设中来，既切合了学校谋求发展、走特色化办学道路的迫切需求，又发掘了竹乡特色地方文化，促进了当地文化的保护和传承。同时，本书也可以为农村小学校本教材开发提供一定的参考。

三、研究内容与方法

（一）研究内容

（1）校本教材开发需要关注地方性知识的原因，即阐述校本教材的开发与地方性知识的内在联系以及价值所在等问题。

（2）通过古竹小学竹乡文化系列教材的编写，探讨当前地方性知识在运用到校本教材开发中所面临的现实状况以及问题。

（3）通过对现实状况和问题的反思，探索如何将地方性知识有机地运用到校本教材开发中来，并提出针对性的建议。

（4）以古竹小学在教材开发中的做法为例，尝试建构出地方性知识在校本教材开发中的应用范式或者模型，以期为后续的教材开发提供可借鉴的参考案例。

（二）研究方法

1. 研究思路

第一，收集查阅与地方性知识相关的文献资料，了解地方性知识的背景、内涵、特征、价值以及在教育领域内的应用情况，从而为运用地方性知识理论进行校本教材开发的相关分析奠定基础。

第二，针对研究问题，选择合适的研究对象，明确该问题的研究类型和相应的研究方法，从而制定出合适的研究计划。

第三，进入研究对象古竹小学后，通过参与式观察，了解学校自身的情况以及所处的地方环境，并对学校和周边的现状进行记录和分析。经过一段时间的观察，在学校中选取合适的访谈对象，深入了解教师对地方性知识的掌握情况，把握教师对运用地方性知识进行校本教材开发的态度、做法、存在问题和期望；结合学校已有的文本材料，了解学校在这方面已有的研究成果和做法。

第四，对田野调查所获取的材料进行整理和分析，通过研究古竹小学教材开发的个案，分析现阶段地方性知识在融入校本教材开发应用中存在的问题。

第五，针对现阶段出现的问题进行反思并提出相应的建议，尝试构建地方性知识在校本教材开发中的应用范式，以期为以后的研究提供参考和借鉴。

2. 研究方法

(1) 访谈法

研究中主要的访谈对象是古竹小学的校长、新老一线教师代表和学生代表。通过对研究对象的访谈，深入了解当地的现实情况和历史；重点关注新老一线教师对地方性知识的了解程度以及运用对地方性知识进行教材开发的态度和看法，同时了解他们可能会遇到的困难和问题；收集学生的意见，了解学生所期待的校本教材的呈现方式。

(2) 观察法

通过参与该校的教育教学活动和当地村民的生活，观察和记录学校的教育教学状况以及当地人们的生活状况，积累第一手资料，并对当地情况形成直观真实的了解。

(3) 文本分析法

这里的文本主要包括该校概况介绍、近年来学校所举办的与竹乡文化相关的活动策划资料、关于"农村小学竹乡文化特色校建设"的省级课题申报资料，以及教师在教材编写过程中所收集的文本素材等。通过对这些文本的分析，了解该校已有的研究成果，分析仍存在的问题并提出建议，在此基础上制定下一步教材编写的实施计划。

四、研究对象与资料

(一) 研究对象的确定

首先，考虑到如果以地方性知识视角去研究校本教材的编写和开发，那么所选定的研究对象所在地需要具备较为丰富的地方性知识，而当前在全球化冲击下的时代，地方性知识保存较好的地区除了少数民族地区外，当属经济发展和开放程度相对滞后的农村地区。从地理位置的便利和研究实施的可操作性角度考虑，笔者将农村地区作为选择的重点。

其次，在经过大量的查访和商讨之后，确定将古竹小学作为研究对象。该校于2012年申报了"农村小学竹文化特色校建设"的省级重点课题。该课题在浙江师范大学相关教授的指导下进行，古竹小学校长和一线教师共同参与了该课题的研究。"竹乡文化系列校本教材"的开发和编写是该课题研究的重要组成部分，与笔者选定的研究问题不谋而合，因此笔者将其选定为个案，以一个参与者和观察者的身份进入该研究。

（二）研究资料的收集

本书采用田野工作法，笔者深入研究对象内部，积极参与研究对象的生活，与研究对象共同度过了4个多月的时间。其间，研究者做了大量的观察、访谈、录音、拍摄以及文字素材的收集、整理和记录工作。从各个方面对研究对象进行了解、总结和归纳。

收集到的资料主要分为文字资料和音像资料两大类：① 文字资料包括对该校学生、一线教师、校长以及村民的访谈记录；对该校师生教学活动的日常观察，对该校所处自然地理环境和人文环境的观察，对校园特色校建设进程的观察；学校概况相关的文件资料，学校申报过的课题方案和报告，教师开展相关活动的课件资料，学校活动的组织方案和实施意见，学生的课堂笔记等。② 音像资料包括校园环境的图片记录，学校过往存档的图片记录，学校所在地环境的图片记录，学校活动的图片记录，当地生活状况的图片记录等；在争得当事人同意后，对学校师生的访谈录音，专家学者对该校的现场指导录音，对当地村民的访谈录音等。

第二节　地方性知识与校本教材开发的内在联系

自2001年教育部明确提出建设三级课程体系以来，我国的课程体系发生了巨大变化。教育研究的视线逐步由“国家”转移到“地方”。校本课程作为新一级课程体系进入教育工作者视野中，由此引发的各地对校本课程开发的需求随之增多，校本教材也为与校本课程相适应的教材开发提供了更大的发挥空间。现阶段，各地学校纷纷加入到校本教研中，积极响应校本课程和教材的开发工作，并为此做了诸多尝试。

然而，在实际的校本教材编写中仍存在许多困难。特别在农村地区，由于受经济、文化、资源、一线教师教研能力等因素制约，校本教材开发过程中面临的问题仍然很多。李宝庆认为，当前农村地区校本教材编写仍然比较混乱，对校本教材的理解和把握仍不到位，尤其在校本教材知识的选择上严重脱离农村实际，从而制约了农村地区践行新课改的发展。[①]

新增的“校本”体系不同于“国家”体系，它通常立足于地方，产生于地方，又运用于地方。因此，校本课程和校本教材的开发需要向更下位的方向去追寻其源泉和价值。地方性知识作为一种新型的知识观念，更强调知识的“地域性”，在

① 李宝庆，李静.农村校本教材知识选择的问题与对策[J].现代教育基础研究，2013(1)：113-116.

一定程度上与“校本”的诉求产生了一种内在联系，这便使得将地方性知识运用到校本教材开发中成了一种可能。

一、地方性知识与校本教材相互依赖

（一）地方性知识可作为校本教材内容选择的重要来源

什么样的知识应该或者适合选入校本教材中已成为教材研究的一个重要问题，这不仅关系到校本教材开发的质量和水平，更关系到校本教材带给学生怎样的知识价值和情感引导。地方性知识可作为校本教材内容选择的重要来源，原因主要有以下几个方面：

（1）地方性知识的地域性与校本教材的定位相匹配。校本教材通常被定位在对国家教材的补充和拓展这一意义层面上的，因此不同于具有普适性的国家教材，校本教材的开发更需要强调对“校本”所在地区的关注，突出本土特色。换言之，开发校本教材的主要目的就是充分发掘校本课程资源，开发不同于国家和地方课程的、更加具有地方特色和符合地方环境和教育要求的特色课程。① 因此，校本教材开发在内容的选择上与强调“地域性”特征的地方性知识之间有一种现实意义上的关联，这使得校本教材在内容选择上需要利用和借助地方性知识来加以规整和编写，从而更能凸现校本教材编写的意义和价值所在。

（2）地方性知识的丰富性可满足校本教材开发对知识的需求。地方性知识可以划分为生产生活的地方性知识、历史文化的地方性知识、传统民俗的地方性知识、民间艺术的地方性知识、地理景观的地方性知识、思想观念的地方性知识等六大方面。这六大方面几乎涵盖了地方性知识的方方面面，足见地方性知识内涵的丰富性。因此，将地方性知识的内容引用到农村学校的校本教材开发中，在一定程度上可以满足校本教材开发中对知识的需求，同时地方性知识的内容也可与校本教材的内容相匹配。

（3）地方性知识的实践性和情境性切合校本教材开发的目的。校本教材开发的目的是“编以致用”②，充分发掘课程资源，将校本教材与地方特性相挂钩，成为国家课程与地方课程的补充，从而丰富学生的知识结构，扩展学生的知识面，培养学生的乡土情感。在校本教材“编以致用”目的的驱动下，校本教材在编制过程更应注重实践性和可操作性，而地方性知识更贴近现实生活。相比普适性知识而言，地方性知识更易获得学生对知识的亲身体验和感知，增强学生对知

① 袁春平，范蔚．关于校本教材建设的思考[J]．教学与管理，2007(4)：21-22．
② 同①．

识的认同、理解和把握。

当然，校本教材的开发不是一蹴而就和随意的，既需要大量的人力、财力、物力，又需要外界的智力支持；既涉及教材内容的科学性，又涉及教材情感价值导向的正确性。因此，在校本教材内容选择时，其知识的科学性和适当性直接关系到教材质量的优劣，并非所有的地方性知识都可以被用于校本教材开发。在选择时应取其精华去其糟粕，保留优秀的地方性知识，剔除迷信的、毫无依据的地方性知识，从而保证校本教材开发的质量。因此，若将地方性知识有选择、有倾向、有原则地纳入各地校本教材编制中，既能契合国家对校本教材的价值定位，又能使中小学在校本教材编制上的难度相对降低，从而使学校独立开发校本教材成为可能。

（二）校本教材是地方性知识传承的重要载体和实现路径

与通常意义上的普适性知识不同，地方性知识作为一种特殊的知识，它在使用范围和知识传承上受到很大制约。特别是在全球大一统背景下，知识的城市化、西方化的倾向越来越严重，越来越多的特色文化和地方文化受到冲击，或者正在同化，或者正在消逝，文化的多样性受到严重破坏。在这种情况下，如何保持文化的独特性和差异性，挽救人类数千年来创造的传统特色文化，已是迫在眉睫的问题。①

这个问题延伸到教育领域，长期以来国家大一统的教育模式忽视了差异性和个性，致使国家的统一课程长期与各地不同文化背景和社会发展相脱节，不仅造成教育质量的下降，而且也产生了大量不融于当地社会和文化的边缘人。②由此可见，这种在文化差异性缺失情况下培养出来的学生，普遍存在特色和个性缺失的状况。学生容易被批量生产，成为教育大机器里的统一产品和考试机器。学生缺乏创造力、个性被压制、当地文化的独特性不能在学生身上体现，久而久之，使得区域特色文化得不到传承和发展，从而导致文化多样性缺失。③ 国家在一定程度上也意识到该问题的严重性，因此在教育政策上提出了建设校本课程，充分发掘地方资源，大力提倡和发展地方特色教育。

学校作为地方的教育与文化中心，自始至终肩负着发掘、传承和传播地方文化的使命。而校本教材作为学校校本课程的载体，也就成了重要的传播媒介，在一定程度上承担了地方性知识传承的使命。通过开发校本教材，使得当地独特而宝贵的文化被学校这样的专业文化单位不断发掘、筛选和整合，从而促进了地

① 王丽敏.基于乡土文化的农村校本课程开发[D].开封：河南大学，2011.

② 刘卓雯，张天军.重视乡土知识传承民族文化[J].民族教育研究，2010(1)：40-42.

③ 彭文君.全球化时代我国乡土教育发展研究[D].上海：华东师范大学，2008.

方性知识的传承和发扬，也在一定程度上保留了当地文化的独特性。同时，学生在习得普适性知识之外，通过校本教材的学习，可以拥有具有当地特色的地方文化，增强学生对地方性知识的认知、理解和认同，在学习中培养热爱家乡、热爱本土的乡土情感，形成具有当地鲜明特色的“地方人”。①

二、地方性知识在校本教材开发中的价值

（一）发掘地方资源，传承地方文化

地方文化是特定区域内的人们在长期生活和发展中形成的，带有一定地方特色的文化，是某一地域文化内涵的体现，也是一个地方区别于另一个地方的重要标志之一。特别在当前文化入侵和文化同化现象严重的时代，大量宝贵的地方特色文化逐渐消失，地方文化资源不能被很好地利用，造成大量的地方资源浪费。② 学校不仅承担教书育人的使命，还承担着挽救、保护和传承地方文化的使命，因此应将地方性知识融入校本教材开发。在这一过程中带动学校和社会对地方课程资源进行深入发掘和整合，使地方特色文化以校本教材的形式呈现给学生和社会，可以起到校本教材保护和传承地方特色文化的作用。

（二）打造特色学校，提升校园文化

校园文化是反映一所学校办学理念、精神面貌、心理状态、思维方式、行为规范和价值取向的总和，它不仅代表一个学校的特点，也反映所在地域的文化特色。③ 以古竹小学为例，当地因具有丰富的毛竹资源而被称作“毛竹之乡”，当地人对竹乡文化精神和武义精神的探讨便被映射到学校里，“竹乡文化”也成为该校的校园文化的主要内核。可见，一个学校的校园文化与地域文化是分不开的。地域文化是校园文化的根，总带着地域文化的印记。因此，将地域文化融入校本教材，从而影响地方学校的校园文化建设，能够使地方文化与校园文化相协调，进而打造出具有地方特色的学校。

（三）培养学生个性，增强情感认同

与普适性知识不同，地方性知识是一种个性化、区域化和特色化的知识，不同地区也因不同的地域文化而形成差异。学生生于地方、长于地方，属于地方的一分子。若一味灌输普适性知识，其后果便是使学生丧失个性，不能很好地融入当地社会环境，缺乏对家乡的情感认同。因此，将地方性知识融入校本教材建设，有利于学生通过对校本教材的学习，直接或间接地参与到地方知识的拯救和

① 王海燕．地域文化与课程——关于人与文化的思考[D]．上海：华东师范大学，2003．
② 李发耀．多维视野下的传统知识保护机制实证研究[M]．北京：知识产权出版社，2008：56-64．
③ 何银．地域文化视野中的校本课程开发[J]．全球教育展望，2007(11)：49-51．

当地优秀传统文化的传承中去，通过参与相关活动来切实体验家乡、认同家乡、热爱家乡。

第三节　竹乡文化校本教材开发概述

一、古竹小学简介

古竹小学位于金华市武义县大田乡古竹村。大田乡有1万多人口，古竹小学是这里唯一的小学。该校的建校历史可追溯到1915年，是一所历经百年的老校。2001年，学校与原宏阁小学合并，迁入原大田初中校舍。2006年，原徐村小学、岭下汤小学相继并入，学校正式更名为大田乡古竹小学，并正式挂牌成为浙江师范大学实验小学。据古竹小学校长介绍，在刚迁校时，全校仅有一幢教学楼、两幢师生宿舍，一个简易食堂，破旧的校舍和泥土路是学校的主要标志，办学条件十分简陋。

学校真正的发展是从2003年浙江师范大学与武义县大田乡结对帮扶开始，古竹小学作为全乡唯一一所小学便成了帮扶重点。在帮扶政策的支持下，村子无偿提供土地，以支持古竹小学扩建。到目前为止，该校新建了2 400平方米的教学楼、510平方米的食堂、1 060平方米的学生宿舍，200米跑道的田径场及防洪堤、桥梁等，实现了“旧校换新颜”。在此后的发展中，该校也实现了快速发展，在省市县的各种比赛和评比中获得不少荣誉。

古竹小学现有30多名教师，10个教学班，300余名学生。该校的学生大多来自古竹村和附近的几个村子，学生大多数走读，只有少数住校。学生们的日常活动丰富多彩，有大大小小十余个学生社团供学生们选择，通常每个学生会在放学后参与一到两个社团。该校的师资力量较为缺乏，大多数老师来自附近的村子，学历从大专到本科不等，现以青年教师居多。由于师资力量有限，每个教师除负责自己的学科之外，通常还兼任一至两门课程，例如数学老师会兼任政治老师等。

二、“竹乡文化”特色校建设

（一）开展特色社团活动

为培养学生个性特长，彰显学校办学特色，古竹小学利用现有资源，围绕“竹”这一主题元素组织了一系列特色社团活动，并使之成为学校特色办学的主要阵地之一。活动时间定于每周五下午放学后，学生根据自己的兴趣和爱好选择一到两个喜欢的社团，参与的学生从三年级到六年级，参与人数达到学生总人数的80%以上。

目前学校现有社团12个，分别是竹编社团、笛子社团、葫芦丝社团、竹筒画社团、英语社团、小主持人社团(1)、小主持人社团(2)、田野足球社团、笋芽儿足球社团、节节高数学俱乐部、翠竹文学社和竹风文学社。这些社团主要围绕“竹”这一主题元素展开，依托语文、数学、英语、美术、音乐、劳技、体育等学科，拓展具有地方特色的文化活动和课程延伸学习。定期开展社团成果展示，并积极参与县里、校里的各种评比。在学校的大型活动中，学校一贯从社团成员中挑选学生担任相应的角色，给每个社团成员以学以致用的机会，如学校大型活动的主持人通常从小主持人社团中选拔，学校的文艺会演节目从笛子社团、葫芦丝社团等相关文艺社团中进行选拔。长期的社团建设和活动既彰显了该校“竹”的办学特色，又培养和发挥了学生的个性特长，同时使大田乡丰富的毛竹资源得到充分利用。

（二）营造竹韵校园文化

除了每周五组织的特色社团活动外，古竹小学在日常的教育培养工作中还注重对“竹韵校园文化”的渗透。围绕该主题，该校开展了各项与“竹”相关的活动。例如竹子小制作比赛、竹编比赛、竹筒画比赛、竹叶贴画比赛、“颂竹”朗读比赛、竹制品收集及展示、“竹韵大舞台”文艺会演、“竹乡文化艺术节”等。这些丰富多彩的竹韵文化活动使整个校园充满浓浓的“竹之韵”。竹韵校园文化活动，如图6.1、图6.2、图6.3所示。

图6.1　学生的竹贴画

图 6.2　学生的竹筒画

图 6.3　学生的手抄报

（三）打造竹文化校园博物馆

在学校新建教师公寓的顶楼，留有一个面积近 200 平方米的明亮房间，这就是古竹小学独具特色的“竹文化校园博物馆”。该博物馆收藏了大量珍贵的古老竹制品，这些竹制品大多来是该校学生和教师祖辈留传下来或者是从学校周边收集到的，还有部分来自社会捐献。馆藏品包括百姓家用的竹篓、饭捞、火笼、竹篮、竹篾、竹箩等日常用品以及部分竹编工艺品。其中历史最长的藏品可追溯到

200 年前，每一件竹制品背后无不承载着厚重的乡土历史和文化。同时，在博物馆一角，学校开辟出一块特定区域供非遗传承人何文良先生教授学生竹编制作工艺，这使博物馆同时具有展览参观和技能培训的双重用途。学生们可以在竹文化校园博物馆中学习竹编手工艺制作。这也让学生可以在浓厚的传统家乡竹文化熏陶下，感受家乡竹文化的无穷魅力。竹文化校园博物馆馆藏品，如图 6.4 所示。

图 6.4　竹文化校园博物馆馆藏品展示

（四）编写竹乡文化系列校本教材

学校积极构建三级课程体系，将开发竹乡文化校本系列教材作为学校的重要工作，以促使学校竹乡文化建设切实落到实处，并融入真实课堂。该校竹乡文化系列校本教材在浙江师范大学专家学者的指导下，由该校青年教师共同参与编写。各学科教师在教材编写框架的指导下，充分发挥各自专长，分别负责教材的相应部分。以一种“地方人”的视角，利用课余时间深入发掘、收集和整理大量地方性知识和资源，并在武义县政府各职能部门和高校专家的协助下，初步完成了该校本教材的编写工作。

该教材以“竹乡文化”为中心，全套书分为三册，供该校低中高三个年级段的学生使用。教材在编写上以武义县和大田乡为地方坐标，采用“螺旋上升”的方式划分为三个难度梯度，以适应不同年级学生的身心发展状况。教材内容涉及竹乡的方方面面，从竹乡的各个角度切入，呈现竹乡的历史文化、精神风貌、风俗习惯、自然地理、现代发展等多个方面，为学生展现了一个真实可触摸的魅力竹乡。

三、竹乡文化校本教材开发的地方性背景

（一）学校寻求新发展的愿景

古竹小学地处武义县乡村，地理位置较为偏远，四周群山环绕，虽然村里土地肥沃，物产丰富，但出入县城的交通十分不便，来往城乡的班车也要一小时一班，古竹村的经济发展水平相对落后。与外界的联系不够通畅、学校所处的环境十分闭塞、缺乏与外界的沟通与交流，这都使学校在谋求发展上一直难有起色。该校校长也曾坦言：“我校面临着一个黑色的幽默——地处土地肥沃、物产丰富的乡村，然而校内的办学特色却一直处于相对‘贫瘠’的状态。这无疑与一直以来，乡村学校只把眼光放在分数上的短视陋习有关。乡村学校的办学墨守成规、缺乏战略的办学眼光，这已是一个不争的事实。”

当前乡村小学由于受各种因素的限制，在办学条件、办学质量和水平上与城市小学还有一定差距。古竹小学虽拥有得天独厚的乡村资源，但是在办学上一直没有新的突破。基于对此种现状的思考，该校为谋求发展的新突破口、提升办学水平和办学质量，并以省级重点课题为依托，力求形成鲜明的办学特色，创建具有鲜明特色的品牌学校。“竹乡文化”系列校本教材的编写无疑是学校走特色化道路，提升教育教学质量和水平的有力体现。

（二）特色校建设的必然要求

学校特色建设是学校提高办学质量和办学特色的必由之路。特色校建设既有利于激发学校的办学活力、形成积极向上的校园氛围、优化学校内部的资源配置、提升办学质量和学校综合实力，又有利于培养学生个性、发展学生综合素养、扩展学生视野。因此特色校建设直接关系到学校和学生的发展，是新时代下每个学校将面临的重大课题。在特色校建设的大背景下，古竹小学以“竹”为主题，充分利用古竹村丰富的毛竹资源，积极创办竹乡文化品牌特色学校。而特色校建设不是一个单一的过程，它具有内容上的多面性和形式上的立体性——这既

包含校园硬件设施建设上的特色，又包含文化校园软实力建设上的特色。因此，与特色校相适应的特色校本课程、特色校本教材的开发便是校园软实力的提升和改造的重中之重。

（三）得天独厚的自然环境资源优势

古竹小学所处的大田乡古竹村，因"竹"著称。这里四周竹林环抱，有十分丰富的毛竹资源，毛竹也是当地农民的主要经济来源。该校学生家里基本有自己的竹园，进竹林、挖竹笋、做竹艺是他们童年生活里不可或缺的一部分。与此同时，古竹村的村民因长期生活在竹林环绕的自然环境中，所以竹子的精神也深深影响了当地居民的品性和价值观。他们把竹子的生物形态特征总结升华成了一种做人的精神风貌，把竹子的虚心、气节、坚韧和淳朴内化为村民的外在行动，使得全村呈现出一片豁达和谐的淳朴村风。得天独厚的毛竹自然资源和竹乡文化为古竹小学"竹乡文化"系列校本教材的建设奠定了坚实的基础。

四、基于地方性知识的教材开发理念

（一）以地方性知识为立足点，强调对学生知识结构的补充和完善

我国一直以来实行大一统的教育模式，特别在教材的选择和学习内容的选择上都有严格而统一的标准和模式，使学生在知识构成上过于单一和统一，没有形成自己的独特个性。中小学阶段是学生丰富知识、培养个性的最佳时期，若一味地灌输国家统一教材的知识，并以固定的教育模式进行教学，在很大程度上会对学生的个性发展和知识结构的丰富性产生不利影响。

鉴于此，古竹小学在竹乡文化校本教材的开发过程中，充分发掘当地特色文化和知识，将独具竹乡特色的知识纳入教材中。例如在"印象竹乡"中，教材对竹乡的地理位置、四季景观、竹园竹林、节日风俗、自然景区等竹乡最具特色和标志性的事物以丰富的图片和简要的文字形式充分展示出来，加入许多学生熟悉的竹乡发展的自然和人文元素。以地方性知识为立足点，将地方性知识的内容有机纳入校本教材中，既符合国家对培养有个性、有创造力的新一代接班人的要求，又与满足学生在中小学阶段对各类知识获得和知识结构丰富的需求相一致。

（二）以地方精神为支撑，强调对学生乡情的唤醒和认同

在当今全球一体化的趋势下，强势文化对地方文化的冲击越来越大，具有地方特色的文化逐渐减少，文化的多样性面临严峻挑战。而地方性文化的缺失最终将会导致地方性精神的缺失，越来越多的"地方人"也将变为"世界人"。"地方人"对家乡的情感和认同越来越淡薄，对根植家乡、热爱家乡从而建设家乡的意

愿逐渐减少。①

地方精神是每个人对家乡归属感的需求，也是每个人抵御外来不良思想侵袭的有力武器。学生在教师的引导下，通过在校本教材中对地方性知识的学习，能够产生对家乡的归属感和热爱之情。同时，以地方精神为支撑，是始终保持一个人地方特色和个性的内在驱动力。即使在走向外面世界之后，这种从小培养和产生的地方情感和地方精神的标签并不易抹去，这对在文化大一统、大融合的大环境下保持自身的独特性是至关重要的。

（三）以校本教材为依托，强调对地方文化的发掘、保护和传承

教材一直以来都是传承文化和知识的载体。校本教材来源于本土和学校，也就承载着更多来自地方的文化和知识。放眼世界，这些文化和知识具有鲜明的地域特色，是普适性知识所不能及的。当今文化的多样性和差异性正在不断受到全球大一统趋势的挑战，许多独特的地方文化正在消逝或被现代文化所取代。因此，从文化挽救和保护的角度讲，地方文化的发掘、保护和传承已经迫在眉睫。

作为承担着地方文化挽救和保护使命的校本教材，将地方性知识纳入其中，以具有本土特色的地方文化传递给学生，是校本教材开发的应有之义。以校本教材为依托，进行地方文化的深入发掘和整理，并通过校本教材的实体，将散落在各处的地方文化以直观的形式传播给下一代，从而达到对地方性知识和文化进行保护和传承的使命。

五、教材开发中地方性知识选择的原则

校本教材开发中对地方性知识的选择，一直以来是困扰开发者的研究者的重要问题。校本教材作为一种地方性教材，虽不及国家教材具有普适性、科学性和严谨性，但是在知识的选择上仍不能马虎。地方性知识的内涵广博而杂乱，类型也丰富多样，并不是所有的地方性知识都适于纳入校本教材中供学生学习和传播。鉴于校本教材使用的地域限制和使用对象的不同特点，地方性知识在选入校本教材的过程中也需要坚持一定的原则。

（一）通俗性原则

校本教材学习的对象通常是中小学生。受身心发展特点、生活阅历、生活经验等因素的制约，中小学生对知识的把握和理解并不像成人一样深刻，许多所谓高深而复杂的知识并不适于中小学生学习。即使是地方性知识，在选入教材时也应该考虑到学习对象的年龄层次和心理特点，将适合学习对象情况的地方性

① 钱理群，刘铁芳.乡土中国与乡村教育[M].福建：福建教育出版社，2008：94-118.

知识，以一种容易被理解和接受的方式编入校本教材。因此，在地方性知识选择的过程中，应该遵循通俗性原则，知识学习难度应适当低于普适性知识。这样学生在通过校本教材学习地方性知识时，更容易接受，进而产生对地方性知识的学习兴趣。

（二）丰富性原则

一直以来，地方性知识的内涵丰富多样，呈现形式也较为复杂。将这些地方性知识纳入校本教材过程中时，应该尽可能地保留地方性知识这一特性，在教材中真实呈现地方性知识的博大和丰富。丰富性原则，不仅是指地方性知识内容的丰富，同时也包含地方性知识形式的丰富。在校本教材开发过程中，既要将更多适合的地方性知识内容纳入教材，也要尽可能地保留地方性知识在现实中的呈现形式，并且力争模拟真实的地方性知识场景，让学生在学习和实际体验中亲身感受地方性知识的魅力。这样一来，学生既能充分感受到地方性知识的魅力和广博，增加和拓宽学生的知识面和知识结构，又能还原地方性知识的本真，让学生更加真实的感受和接触地方性知识。

（三）实践性原则

由于地方性知识丰富多样的特点，现实中许多地方性知识不仅是认知性的，更是实践性的。认知性的地方性知识可通过课堂教学的方式传递给学生，而实践性的地方性知识却并不适宜，例如某些地方的传统体育活动、手工艺制作等。这类知识恰恰具有更大的价值和实践意义，更能体现当地的特色和文化，并不能因为其呈现难度较大就将它忽略。在校本教材的开发中，应该通过合理的教学设计，引导学生在认知性知识学习的基础上增加实践性知识的学习。通过更多的实践活动，让学生亲身体验和感受地方性知识的本真，增强学生的学习兴趣和学习体验。

当然，实践性原则并不仅针对实践性知识的学习，对于许多认知性地方性知识的学习也可以遵循实践性原则。将单调的知识以实践活动的方式进一步拓展和延伸，增强学生对知识的理解和把握，从而达到更好的学习效果。

（四）科学性原则

一直以来，学术界关于地方性知识科学性的讨论十分热烈。地方性知识在选入校本教材时，科学性的问题应该如何辨别和处理，就成了考察校本教材质量的重要标准。

地方性知识不像普遍性知识那样容易被大众所接受，甚至许多地方性知识始终徘徊在科学与非科学的边缘，甚至是非科学性的，例如迷信、巫术等。而校本教材作为一套正式传授给学生的教材，对学生身心发展的影响具有很大作用，因此在科学性问题上不容忽视。能够选入校本教材的地方性知识必须是健康向上的、被人民群众所喜闻乐见的并且是被大众共同认可的具有科学性的知识。对于消极迷信、不被大众所乐见和接受的地方性知识是绝不能选入校本教材的。这既是对校本教材质量的把关，更是对学生未来身心健康发展的要求。

六、校本教材中地方性知识选材来源

尽可能多的收集和占有地方性知识，对于丰富校本教材的内容和发掘与呈现当地地方特色文化具有重要意义。因此，地方性知识选材来源直接影响了校本教材开发素材的丰富程度和价值含量。目前地方性知识的主要来源有四个途径。

（一）现有的社会资源

现有的社会资源既包括在社会中可以较为轻易获得的与当地文化相关的书刊资料、影像资料和音频资料等，也包括通过网络资源的查找来获取的电子资料、图片、文字、视频等资料。这类资料的获得较为容易且丰富，可作为地方性知识资源获得的一个主要途径，但要注意对资料准确性和科学性的辨别和筛选。

（二）政府和文化职能部门的馆藏资源

政府和文化职能部门的馆藏资源主要指地方图书馆或者政府职能部门内部的存档资料，包括地方志、县志、当地的政策文件存档、当地基本情况的资料以及当地历史典籍、珍藏本、绘本等。这类资料通常具有较高的借鉴和参考价值，资料的准确性较高，但是不易直接获得，需要得到政府和文化职能部门的支持和许可。

（三）对当地人的访谈

长期生于斯长于斯的居民，尤其是在当地长期生活的老人往往对当地的情况十分了解。他们就像一个地方性知识的宝库一样，储存着大量一手的地方性知识。因此在地方性知识资源的获得上，若能得到当地人的支持和帮助，对素材的收集具有十分重要的价值。

（四）实地考察取材

地方性知识的类型丰富多样，但是并非所有的地方性知识都能通过书刊、网络和访谈获得。对于很多实践性和景观性的地方性知识，更需要收集者亲自考察取材，例如实地拍摄有代表性的照片、影像资料、探寻鲜为人知的地方和访谈合适的当地人等。这些资源的获得都是第一手的，真实且具有较高的价值。但是因为人力、物力和财力的限制，这种途径的取材只适用于特殊情况，很难被大范围使用。

第四节　地方性知识在竹乡文化校本教材中的融入

一、基于地方性知识的教材框架

古竹小学竹乡文化系列校本教材是古竹小学在竹乡文化特色校建设背景下进行开发的具有地方乡土特色的校本教材。该教材作为古竹小学竹乡文化特色校建设的一部分，在高校专家指导下，由校长牵头，学校一线青年教师共同参与完成。该系列校本教材全套共三册，紧紧围绕“竹乡文化”这一主题展开，将竹乡文化分别通过“印象竹乡”“行走竹乡”和“人文竹乡”三大模块进行呈现。在教材内容上，立足于竹乡，在最大程度上发掘了竹乡物质文化的方方面面。在教材编排方式上，考虑到学习对象的年龄层次差异较大的特点，将教材分为低段、中段和高段三个层次进行编制，三个层次的知识点之间以螺旋上升的方式呈现。在教材环节设置上，力求丰富多彩，增加大量综合实践活动，注重教材的实用性和多样性，以满足小学生好动猎奇的心理特征。教材基本框架，如图 6.5 所示。

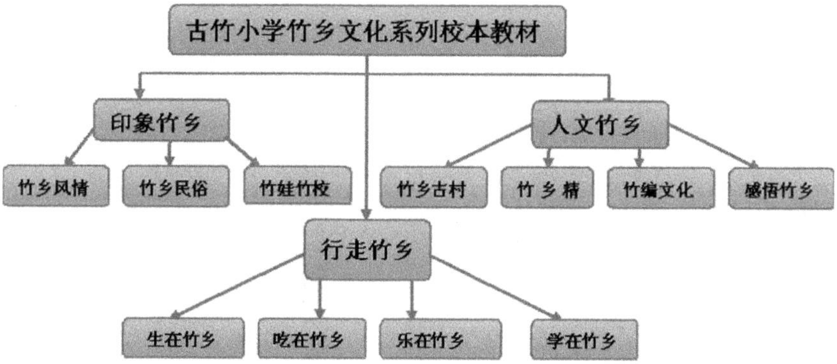

图 6.5　古竹小学竹乡文化校本教材框架

二、教材内容的地方性知识性质

（一）印象竹乡

“印象竹乡”是竹文化校本教材三册中的低段教材，主要面向一年级和二年级的学生。在教材开发时，考虑到该年级段的学生通常好动好奇，对丰富多彩的事物充满兴趣，但学生的知识文化水平较低，还不能顺利地识读理解复杂的字、词、句、段，对事物的认识也正处于直观感受阶段。因此，这一册将主题定位在

“印象”和“绚烂”两个词上，旨在以最直观的方式为学生呈现家乡的风貌，使学生通过该册内容的学习，对家乡的概况形成系统直观的印象和认识。故在编写上引用了大量直观的图片同时配以简单诙谐的文字，分别介绍了“竹乡风情”“竹乡民俗”“竹娃竹校”等三个部分。

“竹乡风情”主要介绍了家乡的“地理位置”“四季景观”“名胜古迹”“幽静竹林”等四个部分。在这一章中，大部分竹乡自然景观所选取的图片多为编写人员现场实拍，或者调用往年学校师生游玩时的照片存稿，最大限度地为学生呈现最为熟知的家乡场景，以引发学生对教材的共鸣。以本章第二课“家乡的四季”为例，该课选取了竹乡的四季景观中的春夏两季。在教材的编写上，大量引用绚烂多彩的照片，春天竹乡满眼金色的油菜花、层层叠叠的梯田、正在插秧耕种的村民以及夏天前来体验漂流乐趣的游人……这些场景全部恰当地反映了竹乡春夏两季的代表性景象。学生一打开教材，便立刻能感受到家乡春夏的生机盎然，如图 6.6 所示。

图 6.6 家乡四季

“竹乡民俗”主要介绍了竹乡传统的风俗习惯以及人们的生活，包括“家乡节日”“竹编艺术”“美味竹肴”“欢乐竹趣”“丝竹声动”等五个部分。如果说“竹乡风情”教材主要侧重对竹乡自然地理风情的展现，那么在这一章则侧重对竹乡民俗人文风情的体验。“竹乡民俗”同样以图片为主的形式呈现了大量竹乡文化活动的场景。在“家乡节日”中，介绍了大量竹乡的特色节日活动，例如七夕的“七夕接仙女”“放河灯”、农历五月十六的“庙会”、正月十五的“舞龙灯”、正月十三和农历六月二十六的“圆梦节”等。教材中将这些独具特色的节日活动以图片的形式呈现给学生，让学生有身临其境的感觉。再如“竹编艺术”介绍说，竹编是当地十分有名的一种手工创作形式，由于该地区毛竹资源十分丰富，因此当地人的生活无不与竹子密切相关。人们用竹子制作日常生活用具，例如竹篓，竹箩，竹篮等，而每一种竹编作品背后无不承载着当地日积月累的民俗文化，这些文化恰恰是教材最应该传递给学生的东西。竹编艺术，如图 6.7 所示。

图 6.7　竹编艺术

“竹娃竹校”旨在将竹乡文化的展现具体落实到古竹小学的校园文化中。一方面介绍该校的历史、现状和发展，另一方面反映该校师生的日常生活学习和活动状况等，由此从侧面展现竹乡学校的特色风格。例如重点介绍了该校的发展历程，通过新旧学校的对比体现该校在借助竹乡文化谋求发展的成果。同时，致力于打造竹乡文化特色学校，拥有了自己独特的校徽、校旗和吉祥物等(分别见图 6.8、

图 6.8　校徽

图 6.9 和图 6.10)，这些无不体现着校园的竹文化气息。

图 6.9　校旗

图 6.10　吉祥物

从总体上看，本册教材的特点是知识性较弱，注重欣赏性和体悟性，主要以让学生了解家乡的基本情况为主。通过呈现大量丰富的景区图片，并配以少量诙谐且符合童趣的文字说明和卡通形象设计，让学生能够更直观地感受到竹乡的魅力。

（二）行走竹乡

“行走竹乡”是本套教材的中段教材，面向三年级和四年级的学生。考虑到此年级段学生好动、热情高、爱探究的性格，因此本册主要以“实践活动”和“切身体验”为主，强调将现实生活和教材内容紧密结合，使学生在现实中体验和参与竹乡生活，因此本册分别从“生在竹乡”“吃在竹乡”“乐在竹乡”“学在竹乡”等四个视角出发，更深入地介绍了竹乡的风土人情、社会生活和民俗习惯，通过活动教学的方式，使学生在切身的参与和体验中感受竹乡的魅力。同时，本册教材作为过渡部分，更偏重于对实践性知识的把握。这既不同于低阶段知识的认知取向，也不同于高阶段知识的感悟取向，旨在引导学生以实际行动去切身体验竹乡、经历竹乡、重走竹乡。因此，这一部分在内容的编排上将文字介绍与图片信息相结合，并增加了大量的实践性活动，以期引导学生借助本册内容的学习能够更加真实和深入地了解自己的家乡。

“生在竹乡”主要分为“竹乡生活”“家乡民俗”两大部分。“竹乡生活”主要介绍了竹乡村民的生活环境，从认识竹子入手，分别介绍竹子的形态、用途、竹笋、竹花，真实呈现古竹村大片的竹林就是村民世世代代生活的自然环境。“家乡民俗”主要介绍竹乡的风俗，例如竹乡的独特的年俗——“祭灶神”“掸尘”“谢年”，再例如竹乡其他民俗节日——元宵节“跳竹马”、兴起于明代万历年间的“抬大蜡烛”、七夕节“接仙女”等。此外，“生在竹乡”还包含了竹乡人的生活习俗介绍，例如新房的“归新屋”；竹制的各种生活生产工具(见图 6.11)，婚嫁习俗等。

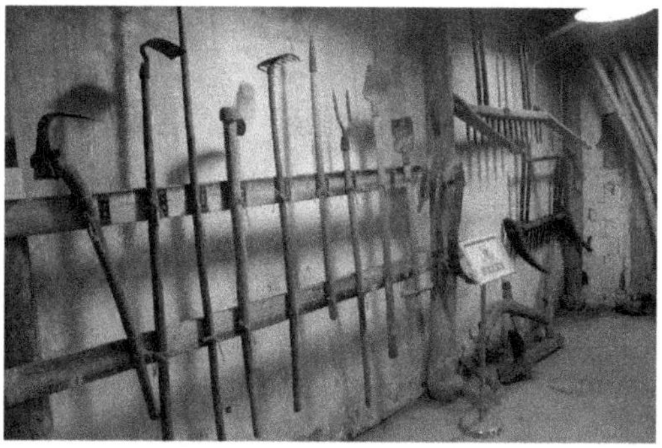

图 6.11　竹制农耕用具

"吃在竹乡"将竹乡的饮食分为"特色农产品""特色小吃""美味竹肴"等三个部分。特别在"美味竹肴"中竹子的食用价值得到了很好的体现，重点介绍了武义的"竹筒饭(见图 6.12)""竹笋的发制""油炸竹虫(见图 6.13)""竹叶茶(见图 6.14)"等独特的竹子食用方法，充分展现了竹乡的竹资源特色。

图 6.12　竹筒饭

图 6.13　油炸竹虫

图 6.14　竹叶茶

“乐在竹乡”重点介绍了竹乡的日常娱乐活动和赛事，例如“自行车骑行绿道”“专业的赛车场地”“竹制的娱乐道具”等。目的是通过这一系列竹乡娱乐活动使学生充分感受到家乡生活的丰富多彩。

“学在竹乡”承接了第一册“竹娃竹校”部分的内容。学生通过“竹娃竹校”部分内容的学习对古竹小学的概况有了大概了解，基于此，“学在竹乡”又把对学校的认识深入到老师和学生的日常学习和生活中，使学生更直观、更深入地了解校园生活和感受校园文化。

（三）人文竹乡

“人文竹乡”是本套教材中的高段教材，主要面向五年级和六年级的学生。由于高年级学生对事物已有自己的看法和感性认识，因此本册教材主要定位于“感悟竹乡”这一层面，旨在从文化熏陶的角度去引导学生正确看待和思考当前竹乡的历史文化现状，激发学生内心对家乡现状的反思，从而培养学生的独立思考能力和自主意识。“人文竹乡”主要分为四个部分，即“竹乡古村”“竹乡精神”“竹编文化”“感悟竹乡”等。

“竹乡古村”重点选取了大田乡的岭下汤村作为呈现的重点。该村的历史可追溯到南宋，这里也是武义县汤姓的发源地，有着深厚的历史文化背景。教材围绕古村的历史发展、古村建筑、古街文化、古村望族等四大方面展开，充分展现了村子所承载的厚重历史，这也是竹乡发展的一个缩影。竹乡的古街，如图 6.15 所示。

图 6.15　竹乡的古街

“竹乡精神”部分主要通过竹子精神来映射竹乡精神。竹子的谦虚、有节、正直、坚韧等品质同样是竹乡村民品格的体现。这一部分通过相关文章、诗句、格言、人物事迹等让学生切实感知竹子的高尚品格，同时将竹子的品格映射到竹乡，在文化熏陶中使学生得以耳濡目染。

“竹编文化”一章承接前两册关于竹编艺术的内容。第一册主要对竹编艺术做了直观呈现，让低年级学生借助图片来认识和了解竹编艺术；第二册将竹编艺术部分定位在“编创”，切合了以综合实践活动为主的编制思路；第三册则将重点放在感悟上，上升到对“竹编文化”的思考和熏陶上，细致讲述了经典竹编作品背后所承载的历史文化要素。这些历史文化元素或是一种传统习俗或是一段陈旧的历史。

“感悟竹乡”作为本套教材的最后一章，并未编制大量介绍类的文字，而是以综合实践活动为主，让学生通过前面知识的积累去实地深入竹乡生活，参与竹乡事物，以一种“主人翁”的身份去了解竹乡、体现竹乡、感悟竹乡。例如参观校内竹文化博物馆、访谈村干部和村里老人、举办校园竹文化知识竞赛等。“人文竹乡”节选，如图 6.16 所示。

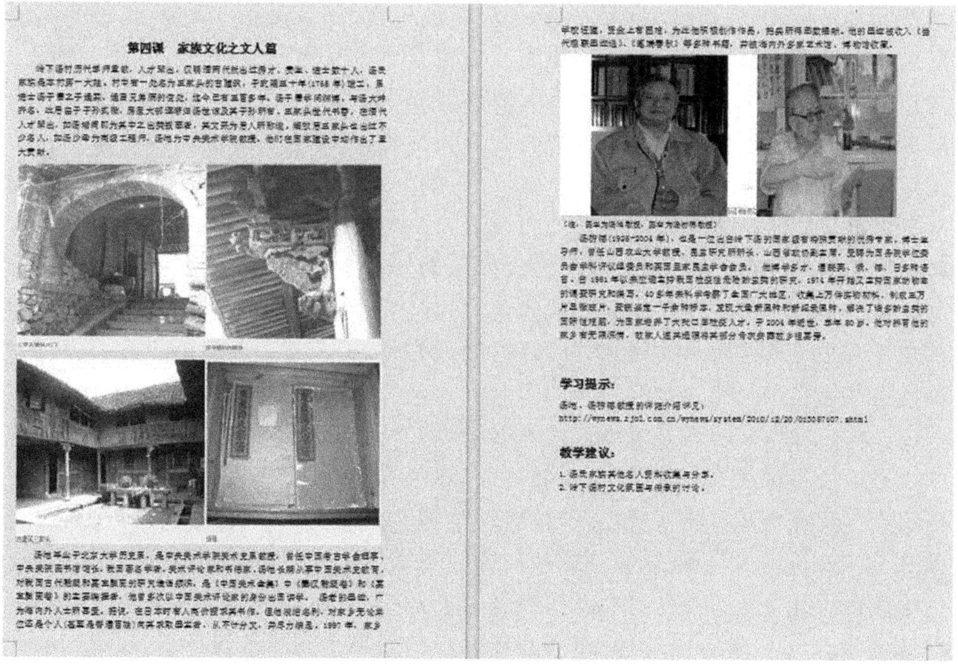

图 6.16　“人文竹乡”节选

总之，从上述三册教材的内容可以看出，地方性知识的理念贯穿始终。以当地特色的竹乡文化为依托所开发出来的校本教材，尽可能发掘了当地的地方性知识，并通过对其整合筛选，按照一定的编制规律编写成适合当地人使用的校本教材，尽量将地方性知识的概念有机地融入竹乡文化校本教材的内容，从而更好地发挥了校本教材的作用。

三、教材的地方性特点

（一）立足本土，就地取材

从教材的内容上看，竹乡文化系列校本教材的编写始终立足本土，围绕"竹乡文化"这一主题进行素材的收集和取材。教材的内容从各个方面发掘和介绍竹乡的风土人情、地理地貌、生产生活状况、历史文化、风俗习惯和精神价值观念等，旨在依托本土的实际情况，最真实地呈现竹乡的面貌。

在初期的教材编制过程中，由于对"竹文化"和"竹乡文化"的定位不清晰，曾一度出现过编写的偏差和混乱。教材虽涉及"竹"的概念，中国也有数千年的"竹文化"做强大的背景支撑，但"竹文化"在严格意义上来讲并不能算作地方性知识。"竹文化"早已在数千年前就根植于中国人的心灵土壤中，在知识上已具有一定的普适性。因此，若将教材地位在"竹文化"的概念上，便不能凸现地方性知识在校本教材中的价值和意义，同时也容易将校本教材的知识变为以"竹子"为主的知识。这样就不能很好地凸现武义县古竹村的当地特色和风貌。因此，在之后的教材编制中，重新从地方性知识的角度对该套教材进行了定位。

因此，本套教材在定位上充分凸现了"竹乡"的特色，而弱化"竹"的概念。从教材的取材上，也立足于本土，素材大多取自当地，呈现和反映当地最真实的地方环境。同时，"竹"的概念虽然被弱化，但并不代表被剔除，"竹乡文化"与"竹"的渊源和联系也在教材中被充分体现，让读者能够从多个角度感受到"竹乡"之称的名副其实。

（二）层次分明，难易有致

竹乡文化系列校本教材为一套三册，每一册各有自己的使用对象。第一册"印象竹乡"是针对一年级和二年级的学生编制的，第二册"行走竹乡"的使用对象是三年级和四年级的学生，第三册"人文竹乡"则是针对五年级和六年级的学生编制的。由此可见，在校本教材的编写上，充分考虑到小学不同年龄阶段学生的认知特点和心理特点，因此在地方性知识的选择上也有所侧重。

在教材编制初期的设计中有过对教材的层次和难易问题的疑惑。最初的设计更多地着眼于知识模块，而非知识层次和难易程度。这种编制的设想显然并不适用于小学阶段的学习，因此在之后的教材编制中做了大量的调整，改变以知识模块来进行组织编制的方式，更加强调知识的适用性。

对于地方性知识选择和编排，教材也做了相应的调整，比如将只需从表层了解的、简单的、趣味性强且丰富多彩的地方性知识编写进第一册，以契合一年级和二年级学生的心理特点与知识水平。将实践性和体验性较强的地方性知识编进第二册，这不仅需要学生从直观上了解地方性知识，更需要学生通过学习和行动参与地方性知识。这一阶段的地方性知识对学生的学习要求、所学知识难度、学习方式等做了一定的提升，以期契合三年级和四年级学生的性格特点。将感悟性、思考性和历史性较强的地方性知识编进第三册，要求学生除了直接了解、参与地方性知识外，还能在此基础上反思地方性知识，即从知识本身的难度和知识的学习要求上进一步进行加深，以引导学生在学习完本套校本教材之后，不仅在知识上得到提升，而且在心灵上产生影响和共鸣。

（三）注重教材的实用性和可操作性

当前，各地开发校本教材的热度越来越高，被开发出来的校本教材也越来越多，然而目前各学校对校本教材的使用状况并不理想，大多数校本教材被开发出来并不能被实际用到课堂中去，利用效率不高甚至丢弃不用的情况比比皆是。这就使得校本教材开发的初衷和意义变了味道，更多的学校将校本教材开发看作学校的形象工程和优秀单位的评比手段，学生真正从其中受益的程度十分有限。[①] 因此，为了避免这种情况的发生，本套教材在编制过程中十分注重知识的实用性和可操作性。

由于教材在编制过程中注重教材难度梯度的变化，所以本套教材在使用上更加符合学生的需求，三本教材有针对性地对应低、中、高三个学段的学生。由于竹乡文化系列校本教材的素材大多数取自当地，教材内容的活动环节设置也相应地有当地的现实资源做支撑，因此，教材的活动设计具有一定的可操作性。针对不同的地方性知识内容的学习，在教材中也设置了当地相对应的实践活动地点或者地方性资源的参考。例如第三册中对竹乡特色的竹编工艺的参观和制作活动，相对应的资源支撑就是古竹小学已建成的“竹文化校园博物馆”。在此博物馆中，收藏了大量有价值、有历史年代的竹编工艺和竹制器具。同时在博物馆内的一角，开设了竹编工艺制作区域，这使得学生可以将竹编课程直接移入竹文化博物馆开设，从而最大限度地保证了校本教材的实际运用。

① 吴永军.校本教学研究设计[M].南京:南京师范大学出版社,2007:65-82.

第五节　基于地方性知识的农村校本教材开发中存在的问题及展望

校本教材是一个学校办学特色和办学理念的体现，校本教材的开发对学校走特色化道路和促进学生全面发展具有重要作用。校本教材开发和编写的自主权大多属于学校，通常由学校来主导课程和教材的开发和编写，因此不同学校在开发校本教材时，对地方性知识的运用和把握出现了参差不齐的状况。例如，相当一部分学校在校本教材开发工作中对地方性知识概念的认识不清，对校本教材中融入地方性知识的意识淡薄，对地方性知识的认可度不够，对当地特色和传统知识的发掘不深，对地方性知识的选择不当，外界对于校本教材开发的助力不够等。

一、存在的问题

（一）地方性知识在校本教材开发中的运用意识和意愿淡薄

1. 学校对地方性知识的认识和把握不够

从学校层面上讲，作为校本教材开发的引导者，学校对地方性知识的认识和把握仍然不足。虽然各个学校都在致力于校本课程和教材的开发，但是大多仅仅是流于表面。多数学校习惯向外部借鉴课程开发思路和内容，尚未形成自己独特的课程体系和课程内涵。在当前的校本教材开发中，许多学校更倾向于将校本教材的开发定位在一些普适性概念上，例如致力于打造“博雅”“快乐”“阳光”等主题的特色学校。相对于培养具有本土特色的“地方人”，很多学校更热衷于培养面向现代化、面向世界和面向未来的学生，在人才培养上体现出强烈的城市化导向。而对地方性知识在校本教材开发中的运用和融入的意识或者意愿则较为淡薄，在一定程度上忽略了地方性知识在校本教材开发中的实际价值。究其原因，笔者认为在很大程度上在于学校领导者对地方性知识的认识和把握不够，未能充分意识到地方性知识在校本课程和校本教材开发中的价值和作用。

2. 教师对地方性知识发掘的意愿不强

从教师层面讲，一线教师往往是校本教材开发的主要参与者和实际操作者。然而，教材开发是件需要大量人力、物力、财力和智力支持的事，一线中小学教师由于受到其自身经验、学术素养和科研能力等因素的制约，在校本教材开发上较难能够独立完成。因此，为了应付上级交代的任务，很多学校更倾向于向外寻求和借鉴他人已有的经验和做法，将校本教材和校本课程的内容定位在资料较为丰富但特色性并不突出的领域和方向。

切合开发和编写校本教材初衷的教材，是那些能够凸现当地特色的教材，也就是反映地方性知识的教材。但这类地方性知识的获得仍然需要一线教师亲自去发掘和整理。这就使得原本就承受较大教学压力的一线教师接受更多的任务和挑战，从而在一定程度上增加了教师的任务，与教师的意愿相违背。

3．家长对孩子学习地方性知识的支持度不够

在社会迅速变革的今天，全球一体化的趋势已不可逆转，新一代学生将要面临的压力和挑战更多是全球化的。因此许多家长更倾向于让孩子学习普适性和专业性更强的知识，以便更好地应对未来的挑战，他们并不希望孩子学习过多当地的知识。尤其对于一些农村地区的家长，他们希望孩子通过努力读书，将来离开农村去城市发展和定居，家长让孩子“脱农”的意愿十分强烈。① 因此在校本教材的编写中，家长对孩子学习以地方文化为主的校本教材的意愿并不强烈，甚至是反对的。在家长观念的影响下，学生对这类校本教材的学习并不重视。

（二）校本教材对地方性知识的发掘和梳理不够全面深入

1．一线教师缺乏相应的素养与动力

通常说来，校本教材开发的主体主要是一线教师。教师既是校本教材的主要开发者和编写者，也是校本教材的直接实践者，这就对教师的科研素养和能力提出了更高的要求。② 校本教材的开发需要一线教师在地方性知识素材的发掘、选择和梳理甚至编排等方面具有一定的专业素养，以保证校本教材的质量。

但是一直以来，我国对中小学教师的培养更加偏重理论和学科专业知识方面，教师缺乏系统的教材开发方面的训练。从教材编写经验上讲，校本教材编写对大多数教师而言是非常新颖的工作，大多数教师并没有参与编写校本教材的经验。从学校的鼓励政策上讲，学校组织教师参与校本教材的编写大部分是义务性的。同时大部分教师在常年的应试教育环境下，已形成了自身固定的模式，面对教育新趋势的来袭，大部分教师不愿改变。这都导致教师在参与过程中积极性不高，甚至部分教师持反对意见。③

正是这种现状导致一线教师在进行校本教材编制的过程中，不愿主动发掘地方性知识，或者往往只停留在对现有地方性知识素材的网络收集上，而难以在现有素材基础上对适合纳入校本教材的地方性知识进行有效和科学的筛选、梳理。上述种种现象使一线教师开发出来的校本教材不能深入地发掘更多有价值

① 李宝庆，李静．农村校本教材知识选择的问题与对策[J]．现代教育基础研究，2013(1)：113-116．

② 李朝辉．影响农村校本课程开发的教师因素分析[J]．教学与管理，2002(8)：36-38．

③ 李宝庆，李静．农村校本教材知识选择的问题与对策[J]．现代教育基础研究，2013(1)：113-116．

的地方性知识，也不能很好地体现地方性知识的精髓，不能真正满足学生对地方性知识的需要。[①] 最终导致校本教材质量降低，不能很好地实现将地方性知识融入校本教材的初衷。

2. 地方性知识的发掘缺乏当地人的参与和指导

地方性知识是一种极具区域特色的知识，这类知识往往体现在当地人长期生活和发展中所形成的生产生活、风俗习惯、价值观念、文学艺术等方面。而这些地方性知识的真正持有者则是那些在当地自小成长、生活习惯已完全融入当地文化背景的人，以当地的老年人居多。一线教师在人员背景构成上较为复杂，既有生于斯长于斯的居民，也有外来客居者，既有对当地文化了如指掌者，也有对当地文化理解尚未深入者。由一线教师组成的校本教材开发团队成员通常多以年轻教师为主，他们大多有在外生活和学习的经历，且年轻化程度较高。这使得年轻一线教师受到外来文化和理念的影响较多，同时对当地传统的历史文化习俗和价值观念的理解不如长期多年生活在当地的年长者深刻和全面。年轻一线教师在对校本教材中地方性知识的认识、理解、收集和选择上的能力较为欠缺，在校本教材开发中，缺乏地方性知识真正持有者的参与和指导，使校本教材内容对地方性知识的发掘和阐释不够深入和全面，知识流于表面的情况较为普遍。

（三）利用地方性知识融入校本教材开发缺乏外界的助力

在校本教材编写中所需要的地方性知识，除了依靠学校和一线教师的收集和整理以外，还需要借助更多的外界支持。地方性知识的来源除了当地居民和网络资源以外，更多的还需要依靠教育行政部门和社会各界的支持。

行政部门特别是文化职能部门，例如当地政府、文化局、博物馆、图书馆、教育局等通常掌握了大量有参考价值和意义的地方资源。这些资料既包括当地流传下来的古代典籍、地方志、历史书刊、影像资料或者当地出土的历史文物等实体资料，也包括文化职能部门人员所掌握的非实体资源。但是这些珍贵的资料往往存量较少且获取途径不便，教师只能征得相关部门同意后通过影印等方式获得。教师大多利用课余时间完成教材的编写，因此在资料的收集和对地方性知识的发掘上往往没有多余的精力，这都使得这些原始珍贵资料的获取存在一定的障碍。

社会在学校进行地方性知识发掘整理过程中缺乏人力、财力、物力以及情感上的支持，更多的是站在旁观者的角度去审视学校的做法，并没有将这一工作给

---

① 刘世民．错位与抉择：论农村学校教育的主导功能和路向[M]．重庆：西南师范大学出版社，2003：47-56.

予太多的援助。这些因素使得学校在承担将地方性知识发掘融入校本教材开发使命时被孤立。仅靠学校和一线教师的力量去独立发掘地方性知识、开发校本教材，很难开发出质量较好的校本教材。

二、展望

目前，我国教育领域对地方性知识融入校本教材开发的研究虽然已取得一些成果，但从整体上看，仍处于起步状态。现有的许多校本教材在开发过程中并没有很好地将地方性知识的问题考虑在内，教材开发的关注点仍多集中在带有城市倾向的主题上。这一现象体现了一线教育工作者对地方性知识的把握和认识仍不够到位，尚未很好地将地方性知识的内容与校本教材开发相结合。因此，在未来的校本教材建设中应更多地将地方文化和地方性知识纳入到校本教材开发中。

从教材多元建设的角度看，自三级课程体系建立起后，应有更多样、更丰富的校本教材不断为国家教材做补充。教材的多样化也体现着文化的多样化。将更多独特的地方性知识融入地方教材和校本教材的建设中，充分发掘各地特色，不断开发具有多元文化要素的校本教材，展现不同地域的特色文化，使教材建设在形式和内容上变得更加多元、充满活力，才是未来教材发展的趋势所在。

从教师专业发展的角度看，一线教师切身参与校本教材构思和编写的过程也是进行教育、教学研究的过程。目前大多数教师缺乏教育研究的经历和经验，在理论和实践中都不能很好地发挥教研的作用，从而在一定程度上阻碍了教师的进步和发展。教师专业发展大力提倡培养研究型教师，鼓励教师在行动中研究，在教学中反思和发现。因此，学校应多提供给教师足够参与教研的机会，使教师在实践和项目中学习和成长。

从学生长远发展的角度看，校本教材编写的出发点是促进学生的发展。将地方性知识融入校本教材建设对于丰富学生的知识结构，促进学生对家乡的了解，从而唤起学生热爱家乡、回归家乡、服务家乡和建设家乡的意愿有重要意义。在学生发展过程中，一套带有乡土气息的校本教材能够伴随学生发展的始终。因此校本教材开发中应立足于学生知识结构的丰富和乡土情感的培养，使学生在体验和学习过程中培养地方情感、掌握地方知识。

从地方文化延续的角度看，将地方性知识融入校本教材建设的过程也是发掘地方文化的过程。学校肩负着文化传承的使命，因此学校在校本教材开发过程中应注重对地方文化的吸收和发掘，将地方文化融入校本教材，并不断加以完善和保留。长此以往，校本教材的价值和意义将更加深远。

总之，虽然将地方性知识融入校本教材建设的实际行动尚在探索阶段，但其意义和前景不容忽视。在教育的未来发展中，由注重普适性知识到地方性知识的趋势已然形成，在校本教材开发中融入地方性知识将会是教材建设的应有之义。

第七章

农村语文教师地方性知识手册的编制

地方性知识手册的编制在促进教师发展、学生成长、教学活动开展等方面有一定的价值。基于对既定农村场域语文教师地方性知识的现状调查、对农村场域地方素材的收集、对地方素材和语文教科书的分析等基础性工作,进而在讨论地方性知识手册编写原则的基础上,以点面结合的方式形成了地方性知识手册的具体内容和结构框架。其中,地方性知识手册的具体内容由“教材说明”“素材链接”“教学建议”等模块构成;结构框架除了各章节外,还包括“前言”“目录”“后记”等。地方性知识手册的完善与有效运用,还需要争取多部门的支持与合作来促成调试与应用工作。

第一节 引 论

一、问题的提出

随着我国经济的发展和城镇化进程的加速，中国的大多数农村早已不是一贫如洗的代名词，农村的面貌已然有了不同程度的改观。但就总体的经济发展水平而言，农村和城市之间仍然存在着巨大的差异。这种物质基础上的“差异”不仅使农村学生和城市学生的生活环境迥异，还使农村学生从日常生活中获得的教育资源要远远少于城市学生，并最终导致农村学生和城市学生在接受学校教育时的认知起点不同。① 然而，这些有着不同认知起点的学生面对的却是同样的具有一定城市化倾向的教科书以及中考、高考试题，这就使农村教育遭遇了尴尬——尽管付出了很大的教学努力，教科书中的一些内容依旧很难被学生理解，自主、合作、探究等学习方式也因主题的城市化等因素难以在农村落实。另外，农村学生在具有城市化倾向的教科书的熏陶下，对城市生活充满着向往，同时对自身所处的农村文化产生自卑感，这影响着农村学生乡土情感和文化认同的形成。于是，从农村学生生活环境的实际出发，寻找他们易于理解的内容来辅助、补充教科书，增强其文化认同，就成了农村教育的“一剂良药”。由此，研究者多将目光投向农村地方性课程、校本课程的开发和使用。诚然，农村地方性课程、校本课程相对于在城乡教育内容上“一刀切”的教科书而言，已考虑到农村学生的实际，一定程度上促进了农村学校、农村学生对学校课程的适应。但是农村校本课程在其开发和实施过程中出现的问题，例如教师开发利用校本课程的意识淡薄、能力薄弱、精力和动力不足等，使得教科书的农村适切性问题、农村学生的文化认同问题并没有在“校本课程”等途径上得到很好的化解。

当前，农村文化在城市文明的浸染下已日趋衰弱，有社会责任感的知识分子和农民一起来解决农村问题，可能最有希望。② 农村教师作为农村的常驻知识分子，理应为传承农村文化贡献自己的一分力量，而农村教师在开发和使用校本课程时表现出来的能力、精力、动力方面的不足表明其在教学之外无暇他顾。因此笔者认为，若能从便利农村教师的角度，积极收集农村自然、历史、文化等方面的地方资源，以教科书内容为脉络，编制成地方性知识手册，以作为现行教科书的辅助与补充，不仅能够为农村教师提供操作性较强的教学平台，使学生在耳熟

① 邓红，高晓明．一个西部支教志愿者眼中的农村教育[J]．教育科学研究，2009(5)：46-50．
② 钱理群，刘铁芳．乡村中国与乡村教育[M]．福州：福建教育出版社，2008：21．

能详的生活常识中增长知识、发展能力，还可以为农村教师文化使命的践履提供一条可操作的路径。

本书中所说的“地方性知识手册”，是指通过对农村地方性知识的梳理，依据学科教科书的内容脉络而形成的农村地方资源汇编。手册以促进农村教师地方性知识增长、促进农村学校教学发展、促进农村学生的文化理解为主要目的，以学科教学辅导用书的形式，增强农村师生对农村地方文化的接触和了解。与农村地方课程、校本课程不同的是，地方性知识手册以农村教师为使用对象、以学科教科书内容为编制线索，与学校学科教学有着较为紧密的联系。地方性知识手册依据苏教版小学语文教科书内容脉络编制而成，其地方性内容取材于盐城地区，故该手册适用于盐城地区的农村小学语文教师。

二、研究目的与意义

（一）研究目的

本书旨在结合语文学科背景，丰富农村教师地方性知识研究理论，即通过查阅分析农村语文教学中地方性知识研究的相关文献，形成语文教学中地方性知识研究综述，并从理论上建构地方性知识手册的内容和结构。此外，研究的目的还在于通过地方性知识手册的编制，对后续其他手册编制等相关研究提供借鉴和参考。

另外，针对语文教科书的城市化倾向及其在农村教学中的消极影响，选定特定的农村场域，参考该场域语文教师对地方性知识以及具体类别地方性知识的需求情况，编制地方性知识手册，并对该手册应用提出建议和指导。从而通过这种做法在一定程度上辅助该农村场域语文教师教学活动的开展，增强语文教科书在该场域的适切性。

（二）研究意义

1. 理论意义

已有的有关语文教学中地方性知识的研究在研究内容上仍需进一步具体化。本书中针对已有研究情况，结合农村教育、教学的实际，从便利农村教师、提高农村语文教学效率的角度，对语文教学中可能用到的地方性知识予以研究，并尝试以编制地方性知识手册的方式对地方性知识的内容以及各类地方性知识的应用方式进行探究。另外，这种做法还可以在一定意义上对地方性知识研究、语文教师知识研究进行理论上的补充。

2. 实践意义

编制地方性知识手册可以为地方资源引入学科教学提供一个范本。一方水土养育一方人，乡土总是为我们提供着源源不绝的精神养分。而当前，经济的发展、人口的大规模流动带来了地方文化、特别是农村地方文化的消逝。就广大农村中小学的实际而言，在语文、数学等主要学科中，“地方”“校本”等并未受到足够的重视。将地方资源引入学科教学不失为传承地方资源、促进学科教学发展的可操作途径。目前将地方资源与学科内容相对应的探索并不多见。因此，本书在一定意义上可以为这类实践的探索提供一个范本。

编制地方性知识手册可以为语文教科书的二次开发提供借鉴。教科书选文只是一个范例，教师应该“用课文教”，而不是“教课文”。教师是教科书重要的二次开发者，且就农村教育来说，面对具有一定城市化倾向的教科书，农村教师对教材进行二次开发显得尤为必要。本书期许在地方性知识手册的编制过程中，帮助农村教师实现对教科书的二次开发，实现教科书的“地方化”，同时力争为语文教科书的二次开发提供一个借鉴。

三、研究内容与方法

（一）研究内容

1. 地方性知识手册的内涵与价值

目前，结合语文学科背景的农村教师地方性知识研究尚不多见，而为农村语文教师编制地方性知识手册也未有研究涉及。因此，本书在分析反思语文教学中地方性知识研究的基础上，试图对地方性知识手册的内涵进行初步探讨，并厘清地方性知识手册对农村教学的价值，为研究的继续开展做好基础性工作。

2. 地方性知识手册的内容

在探讨分析地方性知识手册内涵的基础上，思考确定该手册的内容。认为该手册具体内容的确定可经由以下两步：首先，通过对语文教学中地方性知识研究的综述，明晰语文教学中涉及的地方性知识内容，初步构建语文教师地方性知识的内容框架；其次，结合语文教师地方性知识的内容框架，根据农村场域——盐城地区的实际情况，初步整理并形成盐城地区语文教师所使用的地方性知识手册的内容体系。

3. 地方性知识手册的结构与编排

地方性知识手册依据语文教科书的选文脉络编制而成，所以在结构上考虑将地方性知识手册用章节形式呈现，而每一章节的具体构成可着眼于教科书、地方性知识素材、教学建议等层面。手册的编排主要涉及对地方性素材的取舍以及对教学建议的拟定等内容。地方性知识手册的编排工作影响着该手册本身的操作性，因此此项工作应考虑寻求农村一线教师的参与。

4. 地方性知识手册的应用建议

梳理农村当地地方性资源、为农村语文教师编制地方性知识手册，是为了辅助农村语文教师教学活动的开展，以在一定程度上减少教科书城市化倾向带来的负面影响。考虑到地方性知识手册对教学的辅助作用，需要对其在教学中如何应用进行说明。具体说明可从应用原则和应用策略两个层面展开。其中，应用原则强调地方性知识手册的辅助性和实践性，应用策略结合具体教学进程进行论述。

（二）研究方法

1. 文献法

在梳理归纳相关文献的基础上，结合语文教学以及地方性知识的相关理论，初步形成语文教学中地方性知识的内容框架。参照盐城地方志、盐城地方乡土书籍、盐城各县市的乡土文化网站等地方资源载体，形成盐城地区地方性知识的初步框架。结合研究实际，参照盐城地方性知识的分类，尝试以“自然景观”“历史名人”“民间艺术”等主题对苏教版小学语文教科书以单元为单位进行分析概括，并实现对教科书的梳理和地方性知识手册内容的编排。

2. 问卷法

编制“盐城地区农村教师地方性知识调查”问卷，通过小样本的问卷调查，了解盐城地区农村语文教师对地方性知识以及具体种类地方性知识的了解现状和使用倾向，为盐城地区地方性知识的收集提供侧重点，并提高地方性知识手册在“教学建议”环节的针对性。

3. 访谈法

通过对农村当地文化部门以及村民的访谈，深入了解农村当地地方性资源的情况，在深度上和广度上对文献法得来的资料进行补充。对农村教师在其教学环境中运用地方性知识手册的应用情况进行访谈，有利于地方性知识手册编写的调整和完善工作。

第二节　农村语文教师地方性知识手册的价值与编制原则

一、地方性知识手册的价值

（一）促进农村学生对语文教科书的理解

在现行的学校教育中，多采用“城乡一本”的教科书。而城乡二元化格局、新课程设计理念、教科书编写队伍人员构成、教育资源分配不平衡等因素造成了教科书在一定程度上的城市化倾向。[①] 这些城市化倾向不仅体现在教科书深层次

① 赵华丽.教科书城市化倾向的原因分析[J].临沧师范高等专科学校学报，2011(1)：93-95.

的设计理念、价值导向上，还体现在教科书每一篇选文里，例如选文主题的城市化、文中插图的城市化等。农村学生因为经济等因素，不仅很少有机会去外地参观体验，而且也相对缺乏自主了解外界的渠道——网络、图书资源等。所以，“读万卷书”或者“行万里路”，对农村孩子来说在一定程度上却无法实现。农村学生生活、学习在这样相对闭塞的环境里，相对了解和熟知的只有生他、养他的一方乡土。

建构主义学习观认为，学习是一个主动建构的过程，即学习者利用已有的知识经验积极建构和理解新知识的过程。面对城市化倾向的教科书，农村学生城市生活背景的缺失会增加其理解新知识的难度。① 针对此种现象，地方性知识手册取材于农村当地的生产生活实践并试图将学生耳熟能详的生活常识引入农村课堂教学实践之中。例如，通过用当地的梯田来比喻说明立交桥，用农村当地红墙黄瓦的古建筑来比喻说明天安门等，这种直观教学的方式能够充分照顾农村学生已有的知识经验，不仅是将教材和生活紧密联系的过程，更是促进农村学生理解教科书、获得新知的过程。

（二）辅助农村语文教师教学活动的开展

与城市学校相比，“农村中小学办学经费十分紧张，学校内部资源例如图书馆、实验室、计算机房等十分有限，而且社区中拥有的图书馆、博物馆、纪念馆、展览馆等各种文化设施也特别缺乏。”②因此，语文教科书所安排的诸如“收集资料后讨论”等拓展延伸类的习题对农村学生来说难以操作。对于此类题目，城市学生有条件回去网络搜索，也有直接将相关材料进行打印复印然后带回学校讨论的。而农村语文教师着眼于农村教学现状，多以“教师查阅、朗读”的方式来应对，当然，如果教师备课时间比较赶，此类题目也可能直接被跳过。如此，教科书编者在此类习题中设置的知识、能力、情感等目标在农村语文教学中则难以充分实现。

地方性知识手册深入挖掘农村当地得天独厚的自然、历史、文化资源，并结合农村学生和教科书的实际，用农村地方性知识对教科书的部分内容进行补充或替换。这不仅巧妙地缓解了教科书城市化倾向给农村语文教学带来的不便，为农村语文教师的各类教学活动提供可操作的平台，较好地辅助农村语文教师教学活动的展开，也对农村学生知识、能力、情感等目标的达成有着重要意义。

（三）完善农村语文教师的知识结构

知识对教师来说必不可少，也是教师胜任其工作的基本前提。不少学者认

---

① 李长吉.论农村教师的地方性知识[J].教育研究，2012(6)：80-85，96.

② 王嘉毅，杨学良，赵明仁.农村中小学开设综合实践活动：价值、问题与对策[J].课程·教材·教法，2005(7)：15-19.

为，教师的知识可以分为本体性知识、条件性知识和实践性知识等三类。职前教师通过师范课程学习、听讲座等途径，已较好地掌握学科知识、教育类知识等具有公共性质的本体性和条件性知识。教师实践性知识是教师在教育教学实践中实际使用或表现出来的知识。① 在农村的特殊场域下，教师所掌握的公共性质的学科知识与教育类知识更需要一个基于农村地方性知识的本土化过程才能转化成为课堂实践。② 对于这种地方性知识，无论是师范教育或是短期职前培训都不会也不可能详尽涉及。而且，就语文教师而言，语文教师作为一个“杂家”，广博的知识背景显得尤为必要。对于地方性知识，相当一部分农村语文教师并没有获取、使用地方性知识的意识；更多地农村语文老师表示，虽然可从网络等途径获取地方性知识，但由于时间、精力等原因，其获得的地方性知识多较为零散。

在这个意义上看，地方性知识手册从语文学科教学的角度对农村地方性知识进行系统梳理呈现，不仅有助于强化农村语文教师获取、使用地方性知识的意识，从而进一步促进农村语文教学，而且对农村语文教师知识结构的系统化、实践性知识的形成有加速作用。

（四）增进农村学生的文化认同和乡土情感

乡村是乡村少年精神与人格发展的基本背景，一旦乡村少年在学校教育中的经验与其在乡村生活中的经验发生价值取向上的背离与阻隔，就很可能导致乡村少年成长中的精神危机。③ 而语文作为工具性和人文性并存的学科，相对于数学、英语等学科来说更容易进行价值渗透。例如，在我们现行版的某些语文教科书中，城市既有自然天成的景色，更有繁华多彩的人文景观，富于生活情调。对来自农村的孩子来说，文本只会更多地激发他们对现代都市的无限憧憬。④ 事实上，农村学校使用具有一定城市化倾向教科书的这一过程，也是对农村青少年的心理暗示过程，不仅暗示了城市生活的优越，也暗示了其所生所长的农村的落后。而这种暗示会给农村学生带去一种集体的无意识的自卑，当学生从学校毕业，走向社会、走向远方，这种自卑才会以城市崇拜、乡土否定等形式显现。

诚然，教科书中这种“城市优越”的光环将一路摧毁农村青少年的文化自信，使其丧失对农村文化的认同，使其成为乡土情感淡漠的、有根不依的精神流浪者，这影响到了农村学生生存自信和自我认同的形成。地方性知识手册将农村地方

① 陈向明.实践性知识：教师专业发展的知识基础[J].北京大学教育评论，2003(1)：104-112.

② 李长吉.论农村教师的地方性知识[J].教育研究，2012(6)：80-85，96.

③ 刘铁芳.乡土的逃离与回归：乡村教育的人文重建[M].福州：福建教育出版社，2008：51.

④ 王平强，徐文彬.多元文化背景下小学语文教材的适切性——以国标本苏教版语文教材为例[J].教育科学研究，2011(3)：48-52.

资源引进课堂教学，在一定程度上是对农村地方文化的肯定，是将农村学生生存环境合法化。这有利于培养农村学生的文化认同，滋养学生积极的乡土情感。

二、地方性知识手册的编制原则

（一）地方性原则

顾名思义，地方性知识手册是一本关于地方性知识的手册，地方性自然是其应有之义。这里强调的“地方”不同于一般意义上的行政区域，是指与特定的经济文化相关联的“地域”，即有着相同或相似经济文化背景的毗邻地区的合称。“地方性原则”作为地方性知识手册编制的首要原则，从源头上规定了手册内容的取舍。地方性原则要求地方性知识手册内容既要反映农村当地的历史文化，又要贴近农村当前的生产生活实践，为农村师生较为详尽地了解当地的古往今来提供可能。

（二）实效性原则

地方性知识手册的编制，指向农村语文教学效率的提高，指向农村学生的身心发展，指向农村当地文化的传承。然而，在编制地方性知识手册时，面对纷繁复杂的农村文化，如若囫囵吞枣般直接采用，不但无法充分发挥地方性知识手册的积极作用，还会给教育教学带来扰乱。所以，编制地方性知识手册需要秉持实效性原则，即以学生的身心得到最大发展为目标，对收集的地方性知识进行一个去粗取精、去伪存真的加工过程，以期实现地方性知识手册中地方性知识教育价值的最大化。

（三）组织性原则

编制地方性知识手册并不是要农村师生固守农村文明、排斥外来文化，更不是要越俎代庖，让其取代教科书。事实上，教科书由专业人士精心编排，其在系统性以及照顾学生认知能力等方面都有着合理性。只是在农村的教育场域下，教科书的一些内容难以契合农村儿童的生活经验，以至于对农村儿童来说很难理解、很难被接受。而且，地方性知识手册作为农村教师的教学参考用书，旨在减少教科书城市化倾向在农村的消极影响，增强教科书在农村的适应性。所以，在编制地方性知识手册时，应遵循组织性原则，加强地方性知识手册与教科书的互动及联系，以全面提高农村学生的学习效率。

（四）生成性原则

地方性知识手册与农村校本课程同质，都是结合农村当地历史、地理、文化等元素开发而成。地方性知识手册的开发，旨在减少农村学校因教科书不适用所带来的生硬教学。另外，考虑到开发过程中学生言语缺失等因素，地方性知识手册必须具备生成性，即给学生课内外的学习活动留下广阔的空间，而非指向一个明确的学习结果。地方性知识手册的使用过程也是充分调动学生的已有经验,不断丰富学生想象力,培养学生分析问题、解决问题能力的过程。此外,生成性原则也可以保证地方性知识手册本身的不断调试和完善。

第三节 农村语文教师地方性知识手册的编制过程

一、确定农村场域与合作教师

(一)确定农村场域

地方性知识手册是依据语文教科书内容脉络编制而成的农村地方资源汇编,而事实上每个农村地域都有自身的特点,例如自然资源的或贫或富、乡土文化氛围的浓淡不一等。所以,地域的差别不仅会直接影响着地方性知识手册的内容,对地方性知识手册编制的资源收集及其在该地区的实用价值也有一定的影响。因此,选定一个合适的农村场域作为地方性知识手册编制的载体十分必要。从地方性知识手册编制的实际出发,本书中农村场域的确定主要着眼于以下三条标准:

首先,选定的场域必须是农村。当然,这并不意味着地方性知识手册对该区域县城或者市区的语文教师毫无意义,将研究场域限定在农村一来是为了切合研究的出发点——有针对地编写地方性知识手册以增强教科书在该农村场域的适应性,促进农村师生知、情、意的共同发展;二来考虑到城市的开放性较强,教育基础设施相对优越,不仅在地方课程的实施、乡土文化的传承等方面做得较为系统完善,城市师生对各方面知识的获取也相对轻便。

其次,该农村场域需要具有一定的历史文化积淀。事实上,也只有具备一定的历史文化积淀,才能为地方资源的收集、地方性知识手册内容的丰富性提供保障。

最后,该农村场域在地方文化的传承上有一定的必要性。这种必要性不仅仅表现在农村当地文化氛围淡漠,村民乡土情感缺失,还可能表现在农村当地文化传承渠道的闭塞等方面。显然,这种必要性会更加凸显地方性知识手册编制的价值。

根据以上三条标准,本书选定江苏省盐城市的农村地区为研究载体。盐城地处苏北平原、黄海之滨,相对于江苏南部各县市来说,盐城的整体经济发展水平仍有待提高。在盐城中小学的课堂上使用的多是江苏地区通行的苏教版语文教科书。诚然,和“全国一本”的教科书版本相比,在教科书的选用上已然较有针对性了,但苏南、苏北经济水平的差异以及由此带来的教育基础设施的差别,使得苏教版教科书在苏北农村存在一定的不适应，盐城地区也不例外。此外，盐城的地理位置造就了其独特的海盐文化、滩涂文化、旖旎的水域风光、神秘的珍禽异兽、丰富的土特产，加上精湛的传统工艺，充满生机的民间艺术等，如此种种无不彰显着盐城的肥沃与富饶。然而，盐城地处黄海之滨，海浸海退等自然原因导致了盐城沧海桑田的巨大地理变迁，其地势在历史进程中由西而东不断成陆，文化中心也随之转移，加之从春秋战国时期，吴王夫差促吴民迁于江淮间到明初的“洪武赶散”，盐城历史上有记载的人口大迁移有六次之多。[①] 这些巨大的历史变迁使得盐城这块肥沃的土地至今尚未沉淀出浓厚的文化底蕴。在现代化和城市化的浪潮中，对盐城地方历史文化进行整理和传承，不仅有益于盐城地区青少年乡土情感的养成，更是其实现自我认同、自我归属的需要。

（二）选定合作教师

一线教师作为学校教育系统的最基层，他们对课堂有着最直接的感受，对教学有着最敏锐的看法。而地方性知识手册的编制初衷，不仅含有促进教学之意，也包含了便利农村教师的想法。在这个意义上，农村一线教师对地方性知识手册的实用性最有发言权。所以，农村当地的一线语文教师参与地方性知识手册的编制，对所编地方性知识手册的实用性将大有裨益。当然，在选定合作教师时，除了要考虑到一线教师“经验丰富”等因素，还应考虑教师的合作意愿与科研能力。只有与具备科研意愿、科研能力的教师合作，才能为地方性知识手册的编制营造一个相对积极的科研氛围。

为了能与合作教师进行及时而便利的交流，从研究者所在的地理空间考虑，本书将合作教师选定为盐城市射阳县新坍镇一所小学的徐老师。徐老师是盐城射阳人，今年 44 岁，小学高级教师，二十多年的教龄使她对农村教育教学有着深刻而独特的见解。虽然已过不惑之年，但是“健谈”“灵动”“热情”是她给笔者最初的印象。

在与徐老师的交流中，笔者发现，平易近人的徐老师对教育有着极大热情、对学生有着一颗赤诚之心，用她自己的话来说，“在这边（镇上）教书虽然在待遇上不比大城市，但这并不影响我教书育人，因为我喜欢当一个孩子王。当然，看到有的孩子年纪小小的就因家庭原因无奈地独自住校，总会觉得心疼。”在聊到本书的研究目的和意义时，徐老师感慨良多：

这（编制地方性知识手册）当然很有意义啦。我们这里都是农村的孩子，除了极少部分人，家里基本是没有网络的，再加上孩子的社会经验有限，他们的知

① 傅荣贤，周静．古代盐城文化的历史发展[J]．盐城师专学报（哲学社会科学版），1993(2)：109-112.

识面很窄。在课堂上引用他们熟悉的事物时，他们会特别的活跃。作为教师来讲，因为我们学校都是网络备课，找找这样的地方性的东西很方便，只是有时间就去找找，没时间就不找，而且找到的都比较零散。当然，地方性知识还可以熏陶学生的乡土情感，陶冶学生的情操了。

最后，徐老师表示，她很愿意参与地方性知识手册的编制。徐老师在教科书文本分析、地方素材编排等方面给予本书很大的支持。

二、场域语文教师地方性知识调查

（一）问卷设计

为了增强地方性知识手册的实用性，在编制地方性知识手册之前对农村当地语文教师的地方性知识进行调查十分必要。“农村语文教师地方性知识调查问卷”适用于既定农村场域的语文教师。从问卷结构上来说，问卷分为两部分，第一部分为调查对象的基本信息，第二部分主要包括“来源调查”“现状调查”“倾向调查”“建议表达”等四部分。

“基本信息”可使研究者大概了解研究对象的任教年级、教龄、家乡所在地等信息。“来源调查”选项的设置，意在了解农村语文教师地方性知识的来源渠道，以发现其中的问题并给出相应建议。“现状调查”一方面是对农村语文教师对地方性知识的认知现状的调查，即调查农村语文教师对地方性知识的了解情况如何，另一方面是针对使用现状的调查，既包括“使不使用”“使用多少”，也包括“使用类别”。这些“现状”可帮助研究者因地制宜、实事求是地考虑地方性知识手册的编制策略。“倾向调查”以教师自身的倾向调查为主，以对“学校倾向”“学生倾向”的了解为辅。“建议表达”作为开放性题目，是农村一线语文教师对“使用地方性知识”的诉求与建议，这对整个地方性知识手册的编制有指导意义。

需特别说明的是，在“倾向调查”部分，“学校倾向调查”可进一步明晰农村教师所在的环境期待对地方性知识使用情况的影响，从而调整地方性知识手册的应用策略；“学生倾向调查”既能在一定程度上将地方性知识手册编制的意义量化，也可说明“实用因素”对教师使用地方性知识的影响；而“教师倾向调查”则从“地方性知识的类别”“教学活动类型”“具体教学阶段”等三方面对农村语文教师的地方性知识倾向进行测查，以为具体、有针对性地编制地方性知识手册打下基础。

笔者在江苏盐城农村地区进行了小规模的“盐城地区农村语文教师地方性知识调查”问卷发放。考虑到研究过程的范例性质，以及研究者的时间、精力等因素，此次问卷调查的对象主要限定于小学，即是对盐城地区农村小学语文教师进行调查。相应地，最终编制而成的地方性知识手册适用于盐城农村地区的小学语文教师。

就样本的广度来说，问卷的填写对象来自射阳、阜宁、建湖、滨海、响水等5个县的9个乡镇级别的小学校。就问卷数量来说，总计发放问卷220份，回收问卷216份，剔除无效问卷6份，有效问卷为210份，问卷有效率约为95%。就问卷内容来说，问卷包括两部分，第一部分为“个人基本信息”，具体包括“性别”“年龄”“家乡所在地”等基本信息；第二部分为具体调查内容，总计13个问题，其中题2为农村语文教师地方性知识的“来源调查”，题1、题5、题6是对农村语文教师地方性知识的“现状调查”，题3、题4、题7、题8、题9、题10、题11为教师、学生、学校的对地方性知识的“倾向调查”，“建议”调查则主要体现在题12和题13。

在所收回的210份有效问卷里，参与调查的男教师为84人，女教师为126人。其中，来自盐城市的有199人，江苏省其他城市的有9人，来自江苏省外的有2人，盐城本地人约占95%。

（二）结果分析

1. 来源渠道

农村语文教师地方性知识来源渠道相对集中，与其他渠道相比，主要集中在书籍报刊、生活体验、同事交流等三个渠道，具体情况见表7.1。

表7.1　农村语文教师地方性知识的来源渠道

题2	职前培训	在职进修	互联网	书籍报刊	同事交流	生活体验
人数/人	7	14	75	162	146	159
百分比/%	3.3	6.7	35.7	77.1	69.5	75.7

可见，在盐城的农村地区，书籍报刊，生活体验，同事交流是语文教师地方性知识的三个主要来源。这样的结果与农村语文教师的工作环境相对单纯、盐城本地教师居多等因素相关联。而互联网作为现代人信息来源的重要渠道，在地方性知识的来源渠道中却排第四，只有35.7%的语文教师从互联网中获取地方性知识。究其原因，正如笔者在与建湖顾老师的交流中所得知的：

我们这所小学硬件设施还是不错的，备课可以用到网络，但是大家大多没有意识去查找利用地方性知识。当然，部分镇小学的网络设施并未齐全，可能上网查找（地方性知识）的更少了吧。

“职前培训”和“在职进修”是所有来源渠道中所占比重最小的。笔者了解到，对当地的语文教师而言，“职前培训”和“在职进修”的机会都是有的，只是培训和进修的内容多与“地方性知识”无关。总之，盐城地区农村语文教师地方性知识的来源仍以工作、生活中无意识的所见所闻为主，该地区农村教师积极利用地方性知识的意识和培训都有待加强。

2. 知识现状

题1中对于“您是否了解盐城的地方性知识”的回答，选择“非常了解”“比较了解”的语文教师总计占据了总人数的51.4%，这说明一半左右的语文教师对当地的地方性知识相对了解。而题5“您在语文教学活动中使用地方性知识吗”的使用频次统计显示，“经常使用”“有时使用”的语文教师总计占据了总人数的65.2%，这不仅说明了使用地方性知识的语文教师群体的规模，也侧面反映出就整体而言，语文教师的地方性知识在一定程度上存在“供需失衡”，即在整个语文教师群体里，和地方性知识的使用情况相比，语文教师对地方性知识的认知处于相对滞后的状态。对于题6“身边同事”使用现状的调查显示，认为身边同事“少数人使用”“基本不用”“全部不用”总计占到总人数的65.1%，这种消极认识与题5中65.2%的语文教师认为自己“经常”或者“有时”使用地方性知识的积极认识不一致。笔者认为这种结果受语文教师在教学中应用地方性知识的随意性和临时性影响。而事实上，地方性知识的相关合作交流机制还有待建立。农村语文教师地方性知识的现状，见表7.2。

表7.2　农村语文教师地方性知识的现状

认知现状	题1	非常了解	比较了解	一般了解	不太了解	完全不了解
	了解程度/%	2.4	49.0	43.8	3.3	1.4
使用现状	题5	经常使用	有时使用	偶尔使用	不太使用	完全不用
	使用频次/%	11.4	53.8	30.4	2.4	1.9
	题6	全部使用	大多数使用	少数人用	基本不用	全部不用
	同事情况/%	1.9	32.9	56.7	8.0	0.4

3. 倾向

农村语文教师地方性知识的倾向直接关系到地方性知识手册的具体内容，影响地方性知识手册编制前期的素材收集，影响编制中的素材呈现比重、呈现形式，同时，也将影响对地方性知识手册中教学建议的设置。农村语文教师地方性知识手册的倾向调查主要包括农村语文教师对使用地方性知识的类别、教学活动类型、教学阶段选取的倾向。

(1) 知识类别倾向

关于地方性知识的类别倾向，问卷设计了题4“您觉得哪类地方性知识对语文教学比较有意义”和题8“您在教学中使用过哪些地方性知识”两道题。事实上,在自然、历史、文化等资源类别及其具体类型方面,问卷结果呈现了一定的倾向。地方性知识类别以及具体的地方性知识类型占整个样本的比重,见表7.3。

表7.3 农村语文教师地方性知识类别倾向

题4	自然资源类		历史资源类			文化资源类		
意义偏向/%	77.6		82.4			77.6		
题8	自然景观	地方特产	历史发展	地方古迹	传统工艺	乡风民俗	民间文学	民间艺术
使用倾向/%	69.4	75.8	66.1	54.8	38.7	69.3	29.0	32.3

从题4的数据可知,农村语文教师对自然、历史、文化等类别的地方性知识的意义认知有着细微的偏向,其中认为历史资源类对语文教学较有意义的教师有173人,约占总人数的82.4%,而选择自然资源类和文化资源类的则分别有163人,各约占总人数的77.6%。这些数据说明,对于宏观上的地方性知识类别,农村语文教师并无“特别的偏好”;而在具体类型的地方性知识上,农村语文教师表现出了较为明显的倾向。如上表中题8显示,对各种类型地方性知识的偏好由重到轻依次为:地方特产、自然景观、乡风民俗、历史发展、地方古迹、传统工艺、民间艺术、民间文学。

(2)教学活动类型与阶段倾向

同样,使用地方性知识时在教学活动的类型和教学阶段的选取两方面,农村语文教师也存在一定的倾向。在教学活动类型方面,66.1%的语文教师认为地方性知识比较适合使用在“语文综合实践活动”中,而也有过半的教师认为地方性知识适合使用在“阅读教学”“作文教学”“口语交际”等活动类型中;在教学阶段方面,较多的语文教师倾向于在“激发学习动机”“理解教材”“巩固知识”等三个阶段使用地方性知识。各类型、各阶段占总样本的比重,见表7.4和表7.5。

表7.4 农村语文教师地方性知识教学活动类型倾向

题10	阅读教学	作文教学	口语交际	语文综合实践活动
活动类型倾向/%	53.2	54.8	54.8	66.1

表7.5 农村语文教师地方性知识教学阶段倾向

题11	激发学习动机	感知教材	理解教材	巩固知识	运用知识
教学阶段倾向/%	51.6	38.7	51.6	45.1	41.9

（3）学校倾向

除了教师对地方性知识的倾向，问卷还设计了了解关于地方性知识的"学校倾向"和"学生倾向"的题目，分别是题7和题9。问卷统计中，有3.2%的语文教师认为学校对地方性知识的态度是"必须使用"，59.7%的教师选择的学校态度是"鼓励使用"，而"无所谓"和"最好不用"的比重分别为30.6%和6.5%，没有教师选择"统一不用"。由此说明，大多数学校对地方性知识采取积极的态度，但也有相当一部分学校对地方性知识采取冷漠和疏离的态度。

（4）学生倾向

在使用地方性知识教学时，认为学生"非常积极""比较积极"的教师分别占总样本的19.4%和51.6%，认为学生的反应相对平时"没有变化"的占27.4%，认为学生"不太积极""非常不积极"的共占1.6%。这在一定程度上表明大部分的学生对地方性知识采取了积极和期待的态度。

4. 教师的建议

对于地方性知识在农村语文教学中使用的建议采集，主要有"障碍呈现"（题12）和"建议表达"（题13）两部分。在"障碍呈现"部分，有64.5%的语文教师认为在语文教学中使用地方性知识的障碍主要在于"地方性知识与语文课程内容的相关性不高"，59.7%的语文教师认为障碍主要在于"教师将地方性知识引入语文教学的时间、精力、能力不足"，而选择"地方性知识不在语文评价体系内"和"教师获得地方性知识的渠道有限"的语文教师分别占总样本的46.8%和43.5%。当然，也有部分教师在问卷中补充说明了"教师缺乏使用地方性知识的意识"等使用障碍。事实上，多种原因都或多或少地影响着地方性知识在语文教学中的使用。而问卷结果在一定程度上表明，地方性知识与语文课程内容的相关性、教师的时间精力、课程评价等是主要的影响因素。在题13"建议表达"部分，有32%（67位）的语文教师对在语文教学中使用地方性知识进行了"建议"。其中，有40位语文教师提到由教育局及相关部门"编制有关材料""编制有关教材""编制地方教材""汇编地方性知识手册"等；有16位教师提到学校应"开设地方课程让地方性知识融入教学生活""鼓励教师在各类教学活动中多使用地方性知识"等；其余11位教师提到"可在语文课本中多渗透地方性知识""在语文课本后多设置关于地方性知识的习题"等。可见，对在教学中使用地方性知识的主要障碍以及解决这些障碍的方法，农村语文教师都有自己的想法，而对地方性知识素材的诉求也因此得以显现。

三、农村场域地方性知识素材的收集

将地方资源汇编成册之后，地方性知识手册的主体内容是以地方素材的形式呈现出来的，所以地方素材的收集会直接影响着地方性知识手册的操作性和实用性。经过地方性知识手册编制的上一个阶段——农村语文教师地方性知识调查环节，我们了解了所选定的农村场域语文教师对地方性知识的使用现状和各类诉求倾向。因此，在农村地方素材的收集过程中，有必要参考农村场域语文教师对地方性知识类型的倾向来收集地方素材，以确保相关类型素材的准确性和丰富性，如此编制的地方性知识手册才会更具实用性。如前述结果所示，盐城农村语文教师对各类地方性素材都有一定程度上的肯定，但相对而言，比较倾向于地方特产、自然景观、乡风民俗、历史发展、地方古迹等，所以收集时对这些类型的地方素材应加以关注。

（一）素材收集

在众多的研究方法中，文献法相对于其他方法具有较高的效率。它不仅可以穿越时空的限制，使研究者在第一时间对古今中外的相关资料进行初步收集，更是具有间接性和无反应性，即对研究者和被研究者之间没有任何互动，不会因调查对象不配合而对收集资料产生影响。[①] 因此，笔者采用文献法对地方性知识素材进行初步收集。具体方法包括借阅农村场域的地方志、阅读农村场域的相关书籍、浏览与农村场域相关的学术论文、浏览农村场域的乡土网站、网络文化馆等。虽然文献法对短时间、大面积地收集资料大有裨益，但资料过于简略、资料不完整等情况会影响所得素材的全面性，进而影响农村语文教师对地方性知识手册的再加工，所以笔者将访谈法作为素材收集的辅助方法。值得一提的是，访谈法除了可使过于简略的素材更加细致、将残缺的素材补充完整，还适用于对文献中一些说法的确证。

事实上，笔者在查阅文献和进行访谈的过程中，深深感受到了盐城地区地方性知识的繁盛，却又切身体会着生活在其中的人们对之浑然而不自知，似乎这种地方性知识与他们无关，或者只属于文本，或者专属于地方文化馆人员口中滔滔不绝的说辞。从“无知”到“传承”距离甚远。就收集的过程而言，笔者查阅了《盐城志》，拜读了施建石先生主编的《盐城印记》、李锦先生的《盐阜家谱》、左侗和丁步洲先生的《盐阜民俗文化》等书籍，对盐城的历史沿革和其中人民的生活有了更形象的认识。《古代盐城文化的历史发展》《海盐文化与盐城》等多篇论文更是从学术层面对盐城进行了剖析。而盐城各县市的乡土网站、网络文化馆则对各自所辖区域内的地方古迹、风土人情等给予了相对完整的介绍，这给研究者的工作带来了便利。然而，即便是在上述途径的综合努力下，仍有少部分的地方性素材存在一笔带过、说法相冲突的情况，对此，笔者进行了相对应的访谈和了解。

---

① 杜晓利.富有生命力的文献研究法[J].上海教育科研，2013(10)：1.

（二）素材整理

笔者运用文献法和访谈法对盐城地区地方性知识进行了相对系统的收集。在地方性知识的存在形式上，所收集的素材主要由文本类、视频类、图片类三种构成。其中，文本类主要是笔者从各类书籍文献中摘录整理的盐城地方性知识的文字介绍。视频类、图片类素材大部分由笔者通过互联网影像资源查找而获得，而少部分珍贵视频资源则由盐城当地文化部门热情赞助提供，当然，也有少许由笔者自己拍制而成。在所收集到的素材中，文本类资源居多，当然，也有用“文本”辅以“图片”或者“文本”辅以“视频”的联合形式来反映同一内容的。对于“文本类”的素材，笔者采取“综合”的方式，对已有材料进行整理和表述，使其自成系统。对于图片、视频类素材，笔者也以“主题符合度”“清晰度”等标准进行了筛选。最终，笔者借鉴了已有的语文教学中地方性知识的研究内容，并结合农村语文教师地方性知识手册编制的实际——以教科书选文内容为素材匹配点，决定参照教科书选文类别，将盐城地区的地方性素材按自然资源类、历史资源类、文化资源类等类别进行初步的分类，以便于在后续的素材编排环节进行筛选。盐城地区地方性知识的分类，见表 7.6。

表 7.6　盐城地区地方性知识分类表

类别	盐城地区地方性知识具体内容		
自然资源类	气候地形		平原、风能资源
	自然景观	水域风光	海滨滩涂湿地、“百河”之乡（蟒蛇河、通榆河、串场河等）、大纵湖风景区、九龙口风景区
		珍禽异兽	大丰麋鹿自然保护区 、丹顶鹤自然保护区
		名花古树	紫薇、枯枝牡丹园、五谷树、银杏
	乡土特产	水产类	条虾、醉蟹、建湖青虾、四鳃鲈鱼、东台文蛤、鲻鱼、大纵湖大闸蟹、北龙港镇青虾、醉泥螺、鳗鱼
		农作物类	裕华大蒜、射阳大米、东台西瓜、龙冈茌梨、洋马菊花、滨海白首乌、大丰东沙紫菜、东台蚕茧、灶蚕豆、响水浅水藕、射阳蒜薹、葛武嫩姜片、射阳棉花
历史资源类	历史沿革	地理形成	海浸海退导致
		历史变迁	“洪武赶散”等
	历史名人	政治影响类	陆秀夫、乔冠华、胡乔木等
		文化影响类	卞元亨、宋曹、郑板桥、施耐庵、曹文轩等
		革命影响类	陈毅等

续表 7.6

<table>
<tr><th>类别</th><th colspan="3">盐城地区地方性知识具体内容</th></tr>
<tr><td rowspan="8">历史资源类</td><td rowspan="5">地方古迹</td><td>古代建筑</td><td>镇海禅寺、西阳寺、泰山寺、永宁寺、晾网寺、息心寺、西溪泰山护国禅寺、净土院、北极殿、紫云山遗迹、朦胧塔、海春轩塔、古云梯关、古庆丰桥、正北楼、东台西溪古镇 、草堰石闸、望夫台、荷叶亭、牡丹亭、大铜马等</td></tr>
<tr><td>历史遗址</td><td>开庄遗址、盐政衙门、盐商会所、革命遗址、华中工委旧址、抗大五分校旧址等</td></tr>
<tr><td>历史展馆</td><td>新四军纪念馆、中国海盐博物馆、东台发绣展览馆、大丰施耐庵纪念馆、淮剧博物馆、水街等</td></tr>
<tr><td>名人故居</td><td>施耐庵故里、乔冠华故居、胡乔木故居、郑板桥读书处、宋曹故居、戈公振故居、冯道立故居、顾正红烈士故居、卢秉枢烈士故居等</td></tr>
<tr><td>名祠古墓</td><td>陆公祠、董永祠墓、吴嘉纪祠堂、三仓烈士陵园、盐阜区抗日阵亡将士纪念塔、华中鲁艺抗日殉难烈士陵园、草堰口镇汉墓群等</td></tr>
<tr><td>传统工艺</td><td colspan="2">东台发绣、小海瓷刻、盐城老虎鞋、齐老太花样鞋、建湖花炮制作技艺、八桅立式大风车制作技艺、海盐煎制技艺、特庸蚕桑养殖技艺、东台陈皮酒酿造技艺、何首乌古法制作技艺、编织技艺(苇编、蒲编、草编、麻编等)、硕集姜氏卜页制作技艺、益林酱油制作技艺、盐城风鹅制作技艺、步凤麦酒制作技艺、龙冈柳编技艺、合成昌醉螺制作技艺、阜宁大糕制作技艺、传统农事等</td></tr>
<tr><td>传统医药</td><td colspan="2">盐城新兴场膏药(徐氏膏药、吴氏膏药)、千秋杨氏膏药等</td></tr>
<tr><td>传统美食</td><td colspan="2">大冈脆饼、伍佑糖麻花、烩素鱼皮阜宁大糕、硕集卜页、戚桥“歪子”茶干、宁富“六喜圆”、建湖藕粉、东台鱼汤面、汤沟大曲、射阳黄酒、滨海五醍浆酒、奇园蟹黄包等</td></tr>
<tr><td rowspan="8">文化资源类</td><td rowspan="8">民间风俗</td><td>民居习俗</td><td>避免“路箭”“水箭”(指避免大路、河道直冲房子)</td></tr>
<tr><td>服饰习俗</td><td>忌穿素服，不戴白花、蓝花、绿帽子，孩子衣服日落前收</td></tr>
<tr><td>婚丧习俗</td><td>婚嫁风俗、里下河渔民婚俗礼仪等</td></tr>
<tr><td>节日习俗</td><td>清明门前插柳枝，中秋做饼，“摸秋”习俗，过年蒸馒头、吃圆子，过年忌吃药、用剪刀、扫地等</td></tr>
<tr><td>饮食习俗</td><td>主食大米小麦、早晚喝粥、中午吃米饭，过节吃“驼子”、藕粉圆子，女孩不吃甲鱼兔肉，不能“糟茶饭”、敲空碗，不吃蛋盘</td></tr>
<tr><td>交往习俗</td><td>未满月的新娘子“红光”盛、避免剪刀送人、不送钟表等</td></tr>
<tr><td>语言习俗</td><td>对“死”“上厕所”等说法的避讳、对 13 的忌讳等</td></tr>
<tr><td>行为习俗</td><td>扫地、晚上剪指甲、打碎餐具、小儿夜啼等</td></tr>
</table>

续表 7.6

<table>
<tr><th>类别</th><th colspan="3">盐城地区地方性知识具体内容</th></tr>
<tr><td rowspan="8">文化资源类</td><td rowspan="6">民间艺术</td><td>民间歌谣</td><td>牛歌、五大宫曲等</td></tr>
<tr><td>民间舞蹈</td><td>义丰龙舞、东沟龙舞、恒济龙舞、跑汗马、花担舞、荡湖船、许河杂技、三人花鼓、打莲湘、九师图、淮海锣鼓、香火戏等</td></tr>
<tr><td>民间戏剧</td><td>淮剧、南派淮海戏等</td></tr>
<tr><td>民间美术</td><td>射阳农民画、北龙港剪纸等</td></tr>
<tr><td>民间雕塑</td><td>小海瓷刻、时堰木雕、草堰木刻、水泥雕塑、面塑、发秀、溱湖刻纸、大丰麦秆剪贴等</td></tr>
<tr><td>民间传统音乐</td><td>《栽秧号子》《数小鸭》《小放牛》《踏车号子》等</td></tr>
<tr><td>民间文学</td><td colspan="2">施耐庵与《水浒》传说、董永传说、枯枝牡丹的传说、张士诚传说、沈拱山的传说、息心寺的传说、朦胧塔传说、古云梯关传说、九龙口传说、凤凰墩一停翅港传说、张謇与棉花状元县的故事等</td></tr>
<tr><td>地方方言</td><td colspan="2">谚语、熟语、歇后语等</td></tr>
</table>

四、语文教材分析与地方素材编排

教材分析与素材编排是联系教科书和地方性素材、实现农村教师地方性知识手册对教科书辅助作用的重要环节，也是决定地方性知识手册实用性的关键环节。因此，这两个环节要求我们应以丰富的教学经验为基础，对学情和教材都应有较强的驾驭能力。因此，在这一环节，笔者寻求了前述经验丰富的徐老师的帮助。具体的教材分析和素材编排情况如下：

（一）语文教材分析

1. 分析的基本思路

就分析的对象来说，传统的教材观将教材默认为教科书，然而，从广义上来讲，教材不单指依据教学大纲加以组织编排的作为各门学科的主要材料的教科书，所有在课堂上用到的有助于增进学生知识的资料都可以称之为教材。[①] 因此，本书中的“语文教材分析”不仅仅是指对农村师生在语文课堂中使用的教科书文本的分析，也包括对教科书以外促进学生学习的资料的参考，特别是对课程标准、教师相关教辅用书等的参考。事实上，教材的分析有助于研究者在编写地方性知识手册的过程中对手册编制组织性原则的遵循，从而准确地把握文本内

① 尹芳.教科书与教材概念的误读及归因[J].聊城大学学报(社会科学版)，2011(2)：274-275.

容，更好地兼顾语文教科书的编写意图，并最终实现手册对教科书的辅助作用。

就分析的广度来说，因为地方性知识的学习、地方文化的渗透，地方情感的养成本身是一个潜移默化的过程，所以农村语文教师地方性知识手册不应单单着重对一册或者一个年级的教材进行分析配对，而应考虑教育的连贯性，做到涵盖小学教育的各个学段。从本书的研究实际出发，笔者选取了既定农村场域小学阶段的苏教版全套语文教材进行分析。

就分析的方法来说，本书采用的是内容分析法。顾名思义，内容分析法是一种对研究对象的内容进行深入分析，透过现象看本质的科学方法①，其实质是对文献内容所含信息量及其变化的分析。这种方法有助于研究者对教材内容的深刻把握，从而为后期地方素材的编排、教学建议的提出打下基础。

2. 分析的具体对象

经笔者统计，苏教版小学语文全套教科书 12 册，共选入 286 篇（“寓言两则”“古诗两首”等均作一篇统计）课文（本章所举例的教科书及课文均为 2014 年笔者调研时被调研小学所使用的教科书及课文）。从教科书结构上看，一年级和二年级的文本基本由“课文”和“练习”两部分构成；三年级至六年级，除了“课文”和“练习”，各册的文本中还加入了“习作”部分。其中，“课文”与“习作”的内容相对独立；“练习”的部分内容与“课文”内容相关，但部分内容也相对独立，例如“口语交际”等。从教科书具体内容来看，相对于三至六年级的课本内容，一年级和二年级的课本比较特别，不仅因为其每册各含有两个单元的“识字”，而且一年级上册包含了汉语拼音教学。考虑到“习作”“练习”与“课文”的关联性，以及编制地方性知识手册时的操作性，本书将地方素材的编排依据最终确定为苏教版小学语文教科书的选文，必要时会对“练习”内容进行参考，但不包括对“习作”内容的考虑，也不包括对“识字”“汉语拼音”内容的分析。

3. 主题的确定

(1) 以“内容类别”概括主题

农村语文教师地方性知识手册将依据教科书选文内容脉络进行编制。苏教版小学语文教科书共选入 286 篇课文，每篇课文指向的主题相对集中，例如风景名胜，名人故事等。而事实上，农村的地方资源又较为有限。这种情况下，如果按照每篇课文的内容为地方性知识手册编写单位，势必会造成地方性知识手册中农村地方资源较高的重复利用率，这不利于农村学生学习兴趣的保持，也不符合农村语文教育教学利用地方性知识的实际。于是，我们将教科书的单元作为地方性知识手册的编排单位。事实上，语文教科书内容的编排并不是杂乱无章

① 邱均平，邹菲. 关于内容分析法的研究[J]. 中国图书馆学报，2004(2)：12-17.

的，每一个单元基本都有着自己相对明确的主题。然而，这些单元主题有的较为明显，有的却不明显，需要进行取舍和提炼。

例如，二年级上册第一单元（“汉语拼音”“识字”另外论述，此外不包括，下同），其中《秋游》表现儿童沉浸自然的欢乐，《2008，北京！》充满对祖国申奥成功的自豪与欢乐，《英英学古诗》用祖孙对话的形式诠释了“静夜思”，《乡下孩子》描绘了农村孩子的生活。乍一看，这四篇课文在内容上联系并不紧密，该单元主题需要分析提炼而得出，所以笔者将其暂归为“主题不明显”单元。又如，三年级上册第五单元有《东方之珠》《小露珠》《石榴》三篇文章，一篇涉及人文景观，两篇关乎自然景观，其主题指向不一致，我们也将其视为“主题不明显”单元。据笔者统计，在苏教版小学语文教科书的80个单元里，主题较明显的单元有62个，主题较不明显的单元有18个，全册教科书的单元“主题明显率”达到约了77.5%，这在一定程度上给地方性知识手册“地方素材编排”工作带来了便利。为了地方性知识素材能与教科书的单元内容更好地“配对”，我们已经对地方性素材进行了分门别类。在此，我们也要归纳提炼出教科书各单元的单元主题。同时，为了地方性知识素材与教科书内容更加契合，教科书各单元的主题更适合以相对具体的“内容类别”形式呈现，例如“动物植物”“战争故事”“民间艺术”等。

（2）以“主线”概括主题

虽然分析统计后，各单元的主题基本得以呈现。然而，并不是所有单元都适合以相对具体的文本“内容类别”来概括主题，有的更适合以“主线”的形式概括。

例如，一年级上册第二单元共有四篇课文，分别是《家》《东方明珠》《秋姑娘的信》《看菊花》。表面看来，这四篇文章的歌颂对象有实有虚，各不相干，但细细分析，《家》是对家园、国家的歌颂，《东方明珠》承载着对国家建设繁华面貌的自豪，《秋姑娘的信》以童话的形式展现了秋姑娘关心他人的品质，而《看菊花》赞美了菊花不畏严寒的品质。可见，这四篇文章均以“美好品质”为主线，而本单元的主题也可定为“歌颂美好品质”。当然，此类以“品质”为主线的单元中，有的“品质”较为具体。例如，一年级下册第五单元和第六单元表现出“热爱劳动”“勤于动脑”等具体品质，二年级上册第二单元和六年级上册第二单元表现出的“关爱他人”“知错就改”“尽忠职守”等品质。除了以“美好品质”为主线，以“爱国主义”为主线的单元也占了一定的比重。例如，四年级上册第二单元包含《我给江主席献花》《天安门广场》《徐悲鸿励志学画》《虎门销烟》等四篇课文。这四篇课文的“内容”有人文景观，有名人故事，也有历史事件，在内容方面不好概括主题，但其贯穿着“爱国主义”这一主线，所以该单元的主题可概括为“爱国主义”。同样，部分单元，例如二年级上册第一单元，其中的四篇课文是以“孩童生活”为主线。当然，在所有被分析的单元中，除了以“歌颂品质”“爱国主义”“孩童生活”等主线为单元主题，更多的是以“风景名胜”“名人故事”“民间习俗”等较为具体的内容为单元主题。

4. 分类、统计的结果

学生的发展过程是一个不可割裂的整体，是螺旋式的上升，语文教科书内部也是系统和梯度并存、工具和人文同在。事实上，在一套语文教科书的系统里，各部分内容不仅相辅相成，而且相互交叉：用故事表现人物，用人物彰显品质；用壮丽山河来陶冶爱国情操，用人文景观来渗透文化底蕴。所以，很难将多有交叉的各单元在严格意义上分门别类。而且，虽然语文教科书每一单元基本只有四篇左右的课文组成，但部分单元内有某一篇或两篇课文与其他课文不一致，可能会造成单元主题不明显，影响着单元主题的提炼。但为研究之用，笔者尝试按以下原则对各单元主题进行分类和统计：① 服从多数原则。顾名思义，就是一个单元里只有一篇文章与另外两篇或者三篇内容不一致，则舍弃该篇内容，取另几篇进行主题概括，该原则针对单元内部而言。例如，五年级上册第五单元中的《黄山奇松》《黄果树瀑布》《莫高窟》等三篇课文，《黄山奇松》和《黄果树瀑布》都属于自然景观，而《莫高窟》属于人文景观，所以按照“服从多数”原则，本单元归为“自然类”。② 倾斜调整原则。倾斜调整原则主要指当一个单元内部两类主题的课文在数量上各占一半而影响主题提炼时，则根据总体上各类型主题的情况，向“弱势主题”倾斜。例如，四年级上册第七单元《雾凇》《江雪》是写景文章，《春联》《元日》则涉及民俗。考虑到“自然景观”类主题占总体的比重很大，“民间风俗”则相对较少，按照倾斜调整原则，本单元主题归为“民间风俗”类。事实上，倾斜调整原则不仅有利于在一定程度上调整、中和总体的主题类型，也有利于各类地方性知识在地方性知识手册中的呈现。

经初步分析和统计，各类主题涉及的单元数量及其在 80 个单元总量中的比重见表 7.7。

表 7.7　　苏教版小学语文教科书单元统计表

类别	主线类			自然类				历史类				文化类				科学类		其他
具体类型	爱国主义	优秀品质	孩童生活	美妙自然	自然名胜	动物植物	人与自然	名人故事	人文景观	古代诗文	战争故事	传统美德	节日习俗	民间艺术	神话传说	科学知识	读书方法	故事寓言
	3	14	2	14	7	3	3	11	1	2	2	2	3	1	1	3	1	7
个数	19			27				16				7				4		7
百分比/%	23.75			33.75				20				8.75				5		8.75

由表 7.7 可知，在苏教版小学语文教科书中，“主线类”的单元共有 19 个，且主要集中在表现“优秀品质”“爱国主义”“孩童生活”等方面，共占教科书单元总量的 23.75%。“自然类”主题所涉及的单元数是所有主题之最，计 27 个，占单元总量的 33.75%，主要包括“美妙自然”“自然名胜”“动物植物”“人与自然”等四个子类型。需要说明的是，“美妙自然”主要纳入了对大自然日月星辰、多彩四季等自在现象的赞美，而“自然名胜”则特别指那些声名远扬的区域特色风光。例如，二年级上册第六单元的《水乡歌》《云房子》《夕阳真美》等三篇课文，侧重赞美水乡风光、雨后天空美景和夕阳西下的美妙风光，这些“美”具有相对的“普适性”，所以将其归为“美妙自然”。而三年级下册第一单元中的《长城和运河》《美丽的南沙群岛》《庐山的云雾》等课文则主要展现了区域特色风光，笔者将其归入“自然名胜类”。“动物植物”“人与自然”两个主题虽有交叉，但侧重点不一。

“历史类”相关单元有 16 个，占整套教科书单元总量的 20%。其中的“名人故事”指教科书中涉及的具有教育意义的古今中外名人故事。“人文景观”与“自然名胜”是相对的，指教科书中与地方历史文化遗迹相关的人文景观。例如，五年级下册第四单元里的《秦兵马俑》《埃及的金字塔》《音乐之都维也纳》等三篇课文。“古代诗文”收集了具有文学价值的以“诗词小说”为主题的单元。“战争故事”作为历史的组成部分也归入历史类。

虽然“文化”作为较宽泛的概念，其内涵和外延都比较大。在这里为归类需要，“文化类”主要包括“传统美德”“节日习俗”“民间艺术”“神话传说”等子类型。

“科学类”是对教科书中与“科学”“科技”相关的单元的概括，其在总体中的比重为 5%。例如三年级上册第六单元中的《石头书》《小稻秧脱险记》《航天飞机》等课文均是体现科学精神、普及科普知识的文章，因而划入“科学类”。

“故事寓言”类文章涉及 7 个单元，例如三年级上册第三单元的《蒲公英》《三袋麦子》《哪吒闹海》，三年级下册的《寓言两则》《争论的故事》《剪枝的学问》等。这些课文都通过小学生喜闻乐见的寓言、童话、故事等形式教给了学生深刻的道理。故事寓言类主题占据了单元总数的 8.75%。

从单元分类统计中我们可以看出，各类主题间存在着较大的不平衡。其中，“主线类”单元有 19 个，占教科书单元总量的 23.75%。而我们知道，“主线类”单元主题也不便于地方性知识素材的“对号入座”，且 42.1%的“主线类”单元分布于低学段。因此，在编制地方性知识手册时，我们将根据各册教科书主题单元的分布情况，并结合农村语文教师地方性知识倾向调查的结果为此类单元安排合适的地方素材和教学活动。

（二）地方素材编排

在素材收集环节，我们通过各种渠道对盐城农村的地方性知识素材进行了收集与整理。同样，教材分析是将教科书的内容以单元为单位进行了分门别类的归类分析。而素材编排这一环节，是将收集到的地方性知识资源按主题内容与教科书以单元为单位进行“配对”，这一环节直接影响到农村语文教师地方性知识手册的内容呈现。而且，因本书中的农村语文教师地方性知识手册是以苏教版小学语文教科书的全套为“配对”对象，所以，我们要考虑农村地方资源的有限性以及不同年级地方性知识手册的资源重复率问题。因此地方性知识手册中与每个单元配对的地方性素材不宜过多，同类资源在选用时应根据需要进行取舍。

1. 教科书3～6年级单元主题分布情况

考虑到12册教科书与所有地方性知识素材分析与编排的庞杂以及具体地方素材的处理和编排方式，笔者选取苏教版小学语文三年级、四年级和五年级教科书的部分内容予以分析和说明并作为范例。表7.8为笔者统计的此3个年级的单元主题具体分布情况。

表7.8　　苏教版小学语文教科书3～6年级单元主题分布表

类别		主线类			自然类				历史类				文化类				科学类		其他
年级	单元数	爱国主义	优秀品质	孩童生活	美妙自然	自然名胜	动物植物	人与自然	人文景观	名人故事	古代诗文	战争故事	传统美德	节日习俗	民间艺术	神话传说	科学知识	读书方法	寓言故事
三年级	16		2		4	2		1		2				1			2		2
四年级	14	1	3		1	1	1	2		2				2		1			
五年级	14		1	1	3	1			1	3	1	1						1	1
总计	44	1	6	1	8	4	1	3	1	7	1	1		3		1	2	1	3

事实上，三至五年级的6册教科书，不仅在数量上已然占据了苏教版小学语文全套教科书的一半，在单元主题的内容上也因基本涵盖了全套教科书的主题类别(个别类型除外)，而对整套教科书的情况具有一定的说明作用。

2. 根据素材对主题单元进行调整

三至五年级的6册教科书共有44个单元，总体而言，“美妙自然”“名人故事”“优秀品质”等三类主题的单元较多，而“传统美德”“民间艺术”主题类单元则没有，各类主题的单元数之间失衡较为明显。于是，在编排地方素材时，我们将根据各册教科书的具体情况对各单元进行调整。

首先，对“主线类”单元的调整与安排，我们需要对其进行二次分类。例如四年级“主线类”的单元较多，共有4个，具体为四年级上册的第二单元和第六单元、四年级下册的第二单元和第四单元。而在“自然、历史、文化”等主题类别中，“人文景观”“古代诗文”“战争故事”“文化传统”“民间艺术”等主题则相对空白。

于是，我们首先尝试将“主线类”单元安排在这些“空白主题”下。事实上，四年级上册第二单元主要通过历史事件、历史人物来表现“爱国”这一主题，在二次分类中，我们将其纳入“历史类”主题。四年级上册第六单元的主线为“诚实守信”的美好品质，四年级下册第四单元在一定程度上体现了“尊老爱幼”的美德，一定意义上这些与我们中华民族优良传统相契合，我们将该类单元归入“文化传统”主题。然而，部分单元例如四年级下册第二单元通过故事说理表现了“创新”的品质，在不能归入上述“自然、历史、文化”类的空白主题时，我们只能考虑将其归入“科学类”“故事类”主题或者其他的任意相关联的主题。根据四年级下册第二单元的具体情况，我们将其归入“科学类”以待编排。

其次，对同类主题内部各具体主题之间的调整。在“自然类”主题中，以“美妙自然”为单元主题的，三至五年级共有 8 个单元，占单元总量的比重最大，而以“动物植物”为单元主题的只有 1 个单元，两主题的单元数量之间相差悬殊较大。事实上，笔者所收集的盐城地方性知识更多地集中在“动植物”“土特产”等具体地方性资源方面，且这种分类也是相对的。所以在地方素材编排时，我们会“取多补少”，将“动植物”的地方素材酌情用于对素材需求量较大的“美妙自然”主题单元，实现同一类别素材主题内部的调整。

最后，对不同年级同主题素材间的调整。例如“名人故事”主题，仅三至五年级三个年级的相关单元数就分别为两个、两个、三个，而盐城地方性知识中的“名人故事”素材则相对较少，此时我们以“素材有限、相邻年级素材不同”的方式处理。也就是说，当素材有限时，三年级和五年级的“名人故事”可选用同一名人。当然，在材料的侧重点和“教学建议”的编写上应依据不同学段的具体情况而确定。

3. 将素材与单元配对

由“语文教材分析”环节我们知道，在苏教版小学语文教科书的 80 个单元里，部分单元主题包含了多个单元，特别是“美妙自然”“名人故事”等单元主题，其中均涉及十几个单元；而部分单元主题，例如“人文景观”“民间艺术”等主题，涉及的单元相对较少。事实上，在地方性素材的编排过程中，我们发现，地方性知识素材和语文教科书系统的相对独立性，使得教科书部分主题类别内的单元难以做到单元间的“素材无重复”；而部分主题类别内的单元则面对着丰富的地方素材，需进行素材甄选。因此，编制过程中，我们将以每单元匹配一两个地方素材来尽可能降低农村语文教师地方性知识手册的“地方素材重复率”。对于同类地方素材数目和同主题单元数目过于失衡，我们将确保为相邻年级教科书内的单元编排不同的地方素材并配置不同的教学建议，以保持农村学生对地方性知识的学习兴趣。“自然类”“历史类”“文化类”等三类单元主题与地方性知识素材的分类相似，在素材编排时可在调整中相应取用。而“科学类”和“寓言故事类”主题单元，因其比重相对较小，我们亦可在地方性知识素材中觅得相应的内容。至于“主线类”主题单元，在地方素材的编排中，我们将根据各册教科书各主题单元的分布情况，并结合农村语文教师地方性知识类型倾向调查的结果进行调整。

五、教学建议编写与素材整理

便利农村语文教师是农村语文教师地方性知识手册编制的初衷之一。这就决定了农村语文教师地方性知识手册并不是也不应该是简单的地方素材的堆砌。在顺利实现了地方素材的编排之后，我们需要结合教科书的具体内容以及各年级学生的学情对每一个素材进行教学说明并给出相应的教学建议。在建议落实之后最终完成地方性知识手册内容的编排，进入下一步的地方性知识手册印制和后续完善工作。

（一）教学建议编写

1. 基本思路

如上所述，“教学建议编写”是对已编排好的地方性知识素材的应用建议。这直接影响到地方性知识手册的实用性，进而影响到地方性知识手册在教学实践中的价值。

与教材分析、素材编排环节相比，教学建议编写环节更加离不开农村一线语文教师的参与。当然，也离不开对“农村语文教师地方性知识调查”结果的参照，特别是对农村语文教师对利用地方性知识的“教学阶段”倾向和“教学活动”倾向的参照。具体来说，在编写盐城地方素材的教学建议时，我们会依据盐城农村语文教师地方性知识倾向调查的结果，将“教学活动”适当依次向“语文综合实践活动”“作文教学”“口语交际”“阅读教学”倾斜。同样，在使用地方性知识教学的教学阶段上，根据调查结果，我们将较为侧重“激发学习动机”“理解教材”和“巩固知识”等阶段。

另外，本书中地方素材与对应的“建议”并不应是“一对一”的关系。语文教师作为多样化的主体，其对具体的教学细节也必然有着多样化的诉求。因此，在编制建议时，对于同一则素材，我们将给出多则建议。需要说明的是，根据地方素材的编排理念，即使素材有限，为保持学生的学习兴趣和热情，相邻的年级不会安排同一地方素材；而即便不同年级的教学单元匹配了同一素材，那么他们的“教学建议”也一定是不同的。于是，对于手册中重复出现的地方素材，一定属于不同的学段，其相应的教学建议也必然不同。例如，在“自然类”单元主题中，同样是关于盐城地方名胜“九龙口”的素材，考虑到各个学段的情况，在第一学段，我们会建议教师在语文教学中联系“九龙口的传说”锻炼学生说的表达能力；在第二学段，会引导学生尝试对九龙口风光进行写作；在第三学段，会相应地侧重开展与九龙口相关的综合实践活动。

2. 基本原则

整套地方性知识手册在整体上应符合“双多原则”，即多角度切入原则和多样化活动原则。

多角度切入原则既指同一地方素材依不同教学内容切入，也指同一地方素材从不同的教学阶段切入。而事实上满足这一原则，是对语文教学实际的尊重，也可以在一定程度上保证所给建议的多样性。例如，三年级下册第一单元有三篇课文，分别是《长城和运河》《美丽的南沙群岛》《庐山的云雾》。因其展现的均为区域风光，且多为自然风光，我们将其归入“自然类”主题中的“自然名胜”。虽然农村语文教师地方性知识手册中的每一则素材的匹配在很大程度上受全套教科书以及每册教科书本身情况的制约，在这里为更好地说明“建议”的原则，我们暂且将该单元配以盐城地区滩涂湿地风光。很明显，虽然本单元主题为“自然名胜”，但这是对教材分析的结果，《长城和运河》事实上隶属于“人文景观”，于是我们将略过《长城和运河》以及类似的“特例文章”。于是，在该单元，我们将结合《美丽的南沙群岛》《庐山的云雾》两篇课文选取教学阶段来给出建议。在教学《美丽的南沙群岛》时，我们建议在“理解教材”阶段，引入盐城黄海滩涂湿地的风景资源，一方面加强对课文的理解，另一方面加深盐城农村学生对家乡的热爱。而教学《庐山的云雾》，在“巩固教材”阶段，我们可以引领学生想象体悟黄海滩涂湿地那无边无际、千姿百态而又变化万千的芦苇，让学生在家乡的诗情画意中咀嚼“千姿百态”和“瞬息万变”等词语的韵味。

多样化活动原则即是对同一素材以不同类型的教学活动形式呈现，这有利于语文教师自如取舍，从而照顾到语文教学的实际进程。例如，四年级上册第七单元的主题是“节日风俗”，于是我们自然而然地在地方性知识手册中配以盐城的民间风俗。而事实上，在分析教材的过程中，我们知道整套苏教版的教科书中，主题为“节日风俗”的单元为数不多。所以，在这种情况下，我们可以在此单元匹配相对多一点的地方素材。而本单元具体的教学活动建议，根据实际情况，我们可以安排以“身边的民风民俗”为主题的综合实践活动，可以建议开展“七嘴八舌话风俗”等口语交际活动。当然，具体的活动思路我们将在地方性知识手册中予以呈现。此外，在地方性知识手册的“教学建议”部分，也应该结合本单元相关课文内容《春联》《元日》等进行相对具体的建议。

虽然分别对这两个原则进行了举例说明，并不意味着这两条原则要各行其是。事实上，“双多原则”是对地方性知识手册教学建议编写的总体要求，上述两个原则相辅相成地服务于建议编写环节。在具体的“建议”时，我们会杂糅使用，这也是系统论应有之意。当然，我们会依据“地方性知识问卷调查”的结果对“阶段”和“活动”的比例进行适当控制。

（二）素材整理

经过素材编排与建议编写两个环节，地方性知识手册的基本内容已基本呈现。而事实上对这些内容的呈现方式，不仅会影响地方性知识手册的整体逻辑，也会影响到地方性知识手册的实用性。于是，我们要对已有素材进行进一步整理，具体包括以下三个步骤：

第一，要考虑的是素材的呈现方式。在此步骤之前，地方素材和教学建议环节的相关材料各自有了自己的积累。考虑到若在地方性知识手册中依旧将地方素材和教学建议自成系列、分别编写会给教师的阅览带来不便，我们将以“结对”的形式对地方性知识手册的内容进行整理加工，即教学建议紧附地方素材之后，从而给教师的阅览带来方便。每一地方素材的呈现顺序则依据其配对的教科书单元顺序而定，由此，地方性知识手册的主体构架已然成型。

第二，材料重审。由于在建议编写环节，笔者已经再次对教科书的各单元内容和与之相匹配的每则地方素材进行了回顾和分析，所以，在此材料重审环节，就内容而言，我们主要涉及对教学建议的重审，其中主要是对教学建议操作性的考量。对于操作性不强的建议，我们会加以修缮或替换，以保证地方性知识手册的实用性。当然，就形式而言，材料重审也涉及对教材分析和地方素材等表述方式的审阅。

第三步，材料校对。需要说明的是，这里的“校对”是指对将纳入地方性知识手册的所有材料的校对。校对的内容主要是对编制过程中错别字以及标点符号的修正。材料校对有利于手册的精致呈现。

第四节　农村语文教师地方性知识手册的内容设计

一、地方性知识手册内容的构成

（一）核心内容

结合编制地方性知识手册“提高教科书在农村的适切性”“便利农村语文教师”的初衷，我们认为，对于地方性知识手册，除了地方素材、教学建议等具体内容，地方性知识手册在结构上还应配有“前言”“目录”和“后记”等内容，以更好地对手册的性质、用法进行说明。此外，联系地方性知识手册的实际，手册核心内容的编排结构主要受语文教科书单元主题的影响，与教科书“册”“单元”的系统相对应，我们将地方性知识手册编排的单位定为“章”和“节”。与教科书中的“册”“单元”组成类似，地方性知识手册中“章”由“节”构成，而“节”则由更为具体的单元说明、素材链接、教学建议等三个模块构成，这三个模块是地方性知识手册的核心内容。

单元说明是对地方性知识手册章节中对应的教科书单元的分析，这一模块不仅向一线语文教师展现了乡土素材的切入点，帮助其更好地驾驭地方性知识手册，而且也再次提醒编写教科书的单元目标，从而有所侧重地进行地方素材筛选和教学建议编写。

素材链接是对地方素材的呈现。这种呈现是经过综合后的系统呈现，既包括文本类素材的呈现，也包括图片类素材的呈现。当然，地方性知识手册中的少部分章节涉及了视频类素材，我们会与图片类素材一起分类整理成电子版本，刻于光盘且传于网络，由学校或教师自行取用。这一模块不仅提供了教学素材，而且在一定程度上也可帮助语文教师更为系统、直观地积累地方素材。

教学建议是对地方素材在语文教学中如何应用的具体建议，这一模块直接关系到地方性知识手册的实用性。于是，在编制地方性知识手册时我们考虑了每条建议的可操作性。当然，部分建议也具有开放性。地方性知识手册的核心内容构成，如表 7.9 所示。

表 7.9　　农村语文教师地方性知识手册结构示意表

手册结构	相应说明
前言	包含“编写说明”和“使用原则”
目录	
第一章	对应教科书的一年级(上册)
第一节 1. 单元说明 2. 素材链接 3. 教学建议 第二节 1. 单元说明 2. 素材链接 3. 教学建议 第三节 ……	“第一节”对应一年级(上册)教科书的第一单元 “第二节”对应一年级(上册)教科书的第二单元 “第三节”对应一年级(上册)教科书的第三单元 ……
第二章	对应教科书的一年级(下册)
第一节 ……	“第一节”对应一年级(下册)的第一单元 ……
后记	编写过程与应用策略

（二）前言与后记

1. 前言

前言具体由编写说明和使用原则两部分构成。编写说明从总体上说明了语文教师地方性知识手册在完善农村语文教师知识结构、辅助农村语文教学、增强教科书在农村的适切性、促进农村学生文化认同等方面的编写意图。也概述了教科书剔除“汉语拼音”和“识字”部分、主题提炼遵循“服从多数”“倾斜调整”的原则，以及地方性知识手册的编写原则等。这些均可帮助农村语文教师从地方性知识手册的意义和来源等方面把握地方性知识手册。

就使用原则而言，为了尊重农村语文教学的实际，保证地方性知识手册作为教科书辅助材料的性质，我们需对地方性知识手册在教学中的使用进行规范和说明，提供地方性知识手册的以下三点使用原则：① 教材为主。我们知道，虽然教科书具有一定的城市化倾向，但这并不能遮蔽其对农村青少年身心发展的巨大作用。事实上，教科书由相关专家团队研制而成，具有较强的科学性与条理性。相比而言，地方性知识手册的编制在规范性等方面略显不足，所以我们要以教材为主。② 按需使用。虽然地方性知识手册对语文教科书每一单元都相对应地编制了地方素材及建议，但这并不意味着农村教语文师对地方性知识手册的使用要做到每课必用或者每单元必用，应按需使用，即是农村教师在使用地方性知识手册时应该结合所带班级学生的实际情况、自身教学进度等因素对地方性知识手册的内容进行取舍，以保证教学活动的有序开展。同样，在一节课中应用地方性知识也无须做到每一环节都用，只需结合本节课的内容、课型等特点而用。③ 联系实践。地方性知识手册和教科书的最大不同在于其内容的农村贴切性，即内容贴近农村学生的生活实践。所以，只有将地方性知识手册的应用与农村学生的实际相结合，才能使地方性知识手册的效用最大化。事实上，注重联系实践，不仅可增强学生的实地体验，也为学生提供了理解背景、作文素材、交流话题。反之，若教师对地方性知识手册只停留在口头引用的阶段，学生无法切身体会相关的地方资源，地方性知识手册的作用则不能充分发挥。

2. 后记

作为对地方性知识手册的回顾与总结，其中阐明了笔者在编写过程中一些困惑及相应的处理方法，例如用原则来规范语文教科书主题的提炼、用“二次分类”来实现主线类单元的素材配对等。在后记中需特别说明的是，由编写反思引申出的地方性知识手册的应用策略：第一，建立教师合作交流机制。因为与教科书相比，地方性知识手册独立成册，并没有教辅用书等可供参考的资料，且每个农村语文教师根据自己的教学实际对地方性知识手册的内容进行取舍利用，这种取舍利用是否有成效也并没有客观标准进行考量，所以合作交流显得很有必要。第二,注意过程性评价与自我反思。地方性知识手册旨在用身边的事物为农村学生营造一种轻松自在的学习氛围和学习环境,而非仅指向地方知识的掌握。因此,在教学过程中使用过程性评价,注重对学生的学习态度、学习方法等进行反馈和引导,更有利于学生在积极的心理状态下习得各类知识和能力。当然,农村教师在使用地方性知识手册时的教学反思,也有利于调整自己的教学方法和策略,在促进课堂教学实践的同时补充和完善地方性知识手册。第三,引导学生实地体验。着眼于农村课堂教学的实际,但以活动形式对地方性知识手册的呈现相对较少。学生的切身体验很有必要,因此农村教师要注重引导学生进行实地体验,以增进学生对课堂所学的理解。具体来说,可通过班级集体活动或者分小组合作交流等形式。当然,教师需在实地体验之前做好组织工作,明确体验活动目的,加强实地体验的针对性。

二、地方性知识手册主题的呈现

在此,分别选取地方性知识手册中与教科书“自然”“历史”“文化”等单元主题相对应的章节予以呈现,以作示例。所选取的内容分别为苏教版小学语文教科书中的二年级上册第五单元、四年级下册第三单元、六年级上册第四单元,对应地方性知识手册的第三章第五节、第八章第三节、第十一章第四节,具体如下:

“自然类”单元主题范例

单元说明

本章节对应苏教版小学语文二年级上册第五单元。该单元主要由古诗《登鹳雀楼》《青松》《小动物过冬》《美丽的丹顶鹤》等课文构成。根据单元内课文的主要内容,我们将其纳入“自然类”主题中的“动物植物”单元,并配以丹顶鹤相关的地方素材,以增进学生对丹顶鹤的了解,培养学生作为“丹顶鹤冬都人”的自豪感。

素材链接

丹顶鹤与盐城

丹顶鹤,又叫仙鹤,是国家一级保护动物。目前全世界只有2 000只左右,主要分布于我国三江平原的松嫩平原、俄罗斯的远东和日本等地。作为鹤类的一种,丹顶鹤因头顶有“红肉冠”而得名,且体型优美、修长,直立时可达一米多高,看起来超凡脱俗,令人青睐。再加上鹤的年龄可达七八十岁,更是增添了其在我国文化中“长寿”“吉祥”的韵味,而“鹤寿无量”“松鹤延年”也正是对这种赞誉的写照。同时,丹顶鹤作为单配鸟,“一夫一妻”“从一而终”的做法,使它自古以来就是忠贞不渝爱情的象征。

丹顶鹤多栖息于沼泽、湖泊、海边滩涂等地带，因气温、食物等生存的需要，在冬夏易节时会在繁殖地和越冬地之间往返迁徙。盐城得天独厚的地理环境——地处苏北平原中部，亚热带季风气候，582公里典型的淤泥质平原海岸，加之原生态的沼泽湿地，使得盐城成为丹顶鹤越冬的理想场所。事实上，早在1984年盐城珍禽自然保护区就得以建立。如今，每年10月末至11月初，全世界约一半的野生丹顶鹤种群会来盐城滩涂过冬，直到来年3月初才陆续飞回繁殖地，盐城已成为世界上最大的丹顶鹤越冬地。也因此，这里成了“丹顶鹤的第二故乡”“丹顶鹤的冬都”。

除了生存环境适宜，“仙鹤姑娘”——徐秀娟在盐城用生命诠释的人鹤情，也随着歌曲《一个真实的故事》传唱大江南北，动人心扉。这也浓厚了丹顶鹤与盐城的不解之缘。

资料来源：

1. 赵正阶. 中国鸟类志：上卷（非雀形目）[M]. 长春：吉林科学技术出版社，2001：414-415.

2. 张曼胤. 江苏盐城滨海湿地景观变化及其对丹顶鹤生境的影响[D]. 长春：东北师范大学，2008.

教学建议

◇ 阅读教学

1. 学习《小动物过冬》，在理解教材阶段，从小燕子要到南方过冬，引导学生思考哪些动物要到南方过冬，再根据时机介绍丹顶鹤过冬的情况。

2. 学习《美丽的丹顶鹤》应以激趣导入：我们知道小动物都有自己不同的过冬方式，有一种美丽的鸟，每年都要到我们盐城来过冬。它呀，就是我们今天要学习的丹顶鹤。

◇ 口语交际

续讲故事：丹顶鹤来盐城过冬的故事。

“历史类”单元主题范例

单元说明

本章节对应苏教版小学语文四年级下册第三单元。该单元主要由《三顾茅庐》《祁黄羊》《公仪休拒收礼物》等三篇课文组成。这些课文以故事的形式描绘了不同时代的人物，彰显了他们的美好品质。于是，我们将该单元归类为“历史类”主题中的“名人故事”单元。本章节旨在帮助学生了解当地历史名人的相关故事，感受身边榜样的力量。

素材链接

“负帝赴海”陆秀夫

陆秀夫，字君实，楚州盐城（今江苏省盐城市建湖县）人，南宋抗元名臣，与文天祥、张世杰并称为“宋末三杰”。

南宋末年，面对强势南侵的元军，南宋昔日的文臣武将纷纷叛逃，以求自保。而当时摄政的太皇太后守着六岁的幼童——宋恭宗赵㬎，因慑于元军的武力威胁，走上议和乞降的道路。于是，以陆秀夫、张世杰为首的军民护送赵㬎同父异母的兄弟赵昰、赵昺出走温州、福州。年幼的赵昰在福州被众臣拥立继位一年后，因极度惊吓，终在漂泊与退逃中病逝。陆秀夫力勉群臣，拥立赵昺（时八岁）为帝，并迁居崖山，修建行宫与军营，以图重整山河，但终并未能扭转乾坤。祥兴二年（1279 年），元张弘范攻崖山，宋军到了大败之际。

在败军之际，身为丞相的陆秀夫料到已经无力回天，无法护卫幼帝走脱，便当机立断，决定殉国。盛装朝服的他先是拿剑催促自己的妻子投海自尽；继而又忠言相劝幼帝赵昺：“德祐皇帝辱已甚，陛下不可再辱。”说罢，他背起九岁的赵昺，用绸带将其与自己的身躯紧紧束在一起，然后纵身跃进茫茫大海……

陆秀夫以“负帝赴海”为主旋律，谱写了一曲抗敌御侮、舍身为国的爱国主义悲壮乐章。他的死是忠君殉节行为，更是爱国主义精神的集中表现。如今，在盐阜大地上，陆公祠、陆秀夫纪念馆等正是表达了盐城人对陆秀夫的怀念以及自身的自豪感。

资料来源：

孙炳元.陆秀夫事迹考[J].盐城师范学院学报（哲学社会科学版），2000(1)：125-131.

教学建议

◇ 口语交际

小小辩论赛

1. 活动主题：“功”还是“过”——“负帝赴海”陆秀夫

2. 活动目标：使学生了解盐城古代名相陆秀夫的故事；感悟陆秀夫的爱国主义情怀；学会知世论人，掌握客观评价历史人物的方法。

3. 活动建议：在探究环节，建议以先组内讨论后班级汇报的形式进行，以激发、整合学生的思想。

◇ 综合实践活动

参观陆秀夫纪念馆

1. 活动主题：走近盐城历史名人——陆秀夫

2. 活动目标：感受陆秀夫的爱国情怀，增强对家乡的文化认同感。

3. 活动建议：参观结束后，有必要进行“百语千言话秀夫”的主题写作，引导学生记录所思所想，抒发真情实感。

“文化类”单元主题范例

单元说明

本章节对应苏教版小学语文教科书中六年级上册第四单元。该单元主要由《姥姥的剪纸》《牛郎织女》《安塞腰鼓》等三篇课文构成。该单元属于“文化类”单元，且根据地方性知识手册“服从多数”的编写原则，我们将该单元主题进一步确定为“文化类”中的“民间艺术”。作为整套地方性知识手册中为数不多的“艺术类”章节，本章节收入了两则盐城地方素材，以增加学生对当地艺术的了解，培养学生的乡土情感。

素材链接

东台发绣

发绣，顾名思义，是用头发来刺绣。身体发肤，受之父母，将这缕缕青丝密密缝绣，也必然多了一份虔诚。而事实上，发绣正是起源于佛教盛行的李唐年间。信女们用自己的秀发来绣佛像，并朝夕顶礼膜拜以示虔诚。直至清末民初，发绣的内容仍然多为佛像，从20世纪50年代后期特别是70年代末期，发绣内容才从人物发展到山水、花鸟、动物等。其间，发绣在绣制形式、绣制工艺等方面也有了一定的发展。也正是从20世纪70年代起，衰弱至近乎失传的发绣艺术在东台地区复苏。

相对于其他以针为工具创造形象的艺术，发绣已然别出心裁，而作为“现代发绣艺术之乡”的东台，其发绣更是天下一绝。东台发绣艺人在推陈出新的基础上，摸索出发绣的20多个工艺流程，绣制内容多达上千个品种。值得一提的是“晕色”的绣制手法，以国画色彩衬底，进行彩发绣制，真切地将绘画与刺绣完美结合。晕色绣法不仅实现了墨绣向彩绣的过渡、单面绣向双面绣和双面异色绣的过渡等，还丰富了作品的规格。同时，东台发绣注重博采众长，借鉴湘绣、苏绣等技法，涌现出一大批珍作，例如发绣作品《鹿鹤同春图》《下元水官图》《清明上河图》《金刚经》等。然而，因制作特点、制作成本等因素，东台发绣暂时难以大规模走向市场，也不能被人们更好地了解，传统作品有渐渐失传的趋势。

资料来源：

1. 徐佳.浅谈东台发绣及其艺术特色[J].盐城工学院学报（社会科学版），2010(1)：62-65.

2. 孟永国.丝丝入画——论发绣艺术[J].文艺研究，2002(3)：147-148.

大丰麦秆剪贴

大丰麦秆剪贴是以普通麦秆为原材料的手工艺术，其工艺在其千百年来的传承与发展中，已有较为完善的形式。大丰麦秆剪贴是利用麦秆自然的光泽和抢撕成丝的特性，经过颜色处理，用撕、剪、刻、抢等工艺形成画面。

除了基本的原料粗细、色彩明暗的处理，大丰麦秆剪贴工艺的最大特点在于运用麦秆的本色，形成画面的立体感，制作出浮雕式的麦秆剪贴画。具体来说，在制作麦秆剪贴时，打破常规的平面铺展的思路，在制作好的剪贴画后面层层叠叠地贴上大小不一的厚纸板，最终产生良好的立体效果；此外，大丰麦秆剪贴的特点还在于配色劲道，色彩鲜艳。由于受麦秆本身的材质和色泽的影响，所以给麦秆染色便成为难题。而时间又是攻克这一难题的重要因素，每染一次色，几个小时必不可少，而对于一幅色彩纷呈的麦秆剪贴画，其背后所付出的耐心和汗水便可想而知。

大丰麦秆剪贴画主要传承人沈社国，30余年来悉心钻研麦秆剪贴，对大丰麦秆剪贴的传承和发展有着十分重要的影响。麦秆剪贴画《红楼梦》《松龄鹤寿》等广受国内外赞誉。其中，彩色麦秆剪贴画《红楼梦》长2.44米，宽0.9米，其中涉及68个红楼梦人物，荣获大世界基尼斯之最。在沈社国等人的努力下，大丰麦秆剪贴已于2009年入选“江苏省非物质文化遗产名录项目”。

教学建议

◇ 阅读教学

在《姥姥的剪纸》课堂拓展环节，可根据时机插入对“大丰麦秆剪贴”的介绍，引导学生体验家乡的这一个同为刀剪下的艺术。

◇ 作文教学

1. 活动主题：生命符号的艺术——东台发绣

2. 活动目标：① 初步了解东台发绣的历史和现状；② 感受东台发绣的美妙绝伦；③ 掌握“移步换景”等写作方法。

3. 活动建议：在学生去参观刺绣基地的同时，教师应及时指导学生观察；在指导学生写作时，引导其使用“按一定顺序”“详略结合”等写作方法。

◇ 综合实践活动

麦秆剪贴制作

1. 活动主题：走近麦秆剪贴——“化腐朽为神奇”的艺术

2. 活动目标：① 初步了解“麦秆剪贴”的历史和现状；② 掌握访谈的方法以及小组合作的研究方式，并对所收集的资料进行归纳总结；③ 感受美的熏陶，提高审美情操，增强家乡自豪感。

3. 活动建议：教师帮助学生初步了解麦秆剪贴，并以小组为单位进行相关问题研讨。有条件的话，可邀请麦秆剪贴艺人携其作品来学校座谈，与学生进行面对面交流，以更好地达成活动目标。活动结果以小组报告的形式呈现。

三、地方性知识手册内容的排版

地方性知识手册的构成示意图向我们展示了地方性知识手册各部分的内容及其呈现顺序，将这些内容的相关素材依次首尾相接，就成了最初的农村语文教师地方性知识手册。然而，作为与一整套教科书相对应编排的地方性知识手册，其内容含量并非寥寥数语。最初的地方性知识手册是原始的，也是粗糙的，于是，我们需要一个加工和排版的过程。事实上，对地方性知识手册进行设计和排版的过程，不仅是对地方性知识手册的美化过程，而且也是对地方性知识手册进行再次校对的过程。总体来说，本书中的地方性知识手册排版要从两方面展开。

首先，文字的设计排版。地方性知识手册的主要部分是文字。如果一本书中的字体排版不当，拥挤杂乱，缺乏视线流动的顺序，不仅会影响字体本身的美感，也不利于读者有效阅读，则难以产生良好的视觉传达效果。所以，地方性知识手册是否美观，是否能给人以干净整洁的阅读感受，文字的设计影响重大。而对文字的具体设计，我们根据地方性知识手册的内容组成，分别对其字号、字体、行间距及其相互映衬的效果进行了调适，最终将正文字号确定为小四号、行距为 1.5 倍。对各级标题的字号我们进行了如下设计(封面标题除外)：一级标题用三号、二级标题用小三号、三级标题为四号、四级标题为小四号。需要说明的是，我们将所有标题字体均设置为黑体，而为了地方性知识手册不至于单调，也为了照顾农村语文教师的浏览体验，对于地方性知识手册中的“地方素材”我们使用的是楷体字，对于“单元说明”和“教学建议”这两部分则采用宋体字。

其次，图片的设计排版。如上所述，在资料收集环节，我们收集到的不仅仅是文本资料，还有图片、视频等。为了给农村语文教师以地方性知识的直观印象，我们会在地方素材的文字描述旁边附上相应的图片。考虑到若对地方性知识手册中所有图片进行千篇一律地排版，会显得单调枯燥。于是，我们将适当的图片嵌入地方性知识手册文本时，为了避免图片排版的单调，我们对图片的横竖排版以及文字环绕方式逐一进行了处理，以在总体上符合图文和谐的要求，达到美化地方性知识手册的效果。

第五节 农村语文教师地方性知识手册的编制建议

一、加强相关理论研究

（一）地方性知识在语文教学中的应用研究

相对而言，语文是一个广博无边的学科，也正因这一特殊性，似乎任何知识都能够被顺理成章地引入语文教学，地方性知识也不例外。然而，将地方性知识引入语文教学，并非单纯为了增加课堂容量、调动课堂气氛，而是为了提高语文教学的效率，促进师生共同发展。因此，如何将地方性知识应用于语文教学，或者说是否能够厘清地方性知识比较适合应用于语文教学的哪种课型、适用于语文教学的哪个教学阶段等，都将影响着地方性知识所参与的语文教学的成效。诚然，在本书中，除了进行相关研究综述外，我们采用了小规模的问卷调查的形式，通过农村一线语文教师对地方性知识“类别倾向”的调查得知，相对于“自然资源”“文化资源”，他们更加青睐“历史资源”；相对于“阅读教学”“作文教学”等，农村语文教师更加倾向于“语文综合实践活动”。这些调查结果对地方性知识手册编制后期的“素材编排”“教学建议”有着导向作用，是地方性知识手册实用性的源头所在。然而，在研究实际中，由于考虑到地方性知识手册编制研究的重心以及研究者的时间精力等因素，问卷调查是实，但调查结果的信度和效度却因样本容量、统计方法等影响而不得而知了。因此，在地方性知识手册编制前，我们需要做专门而规范的相关研究，并形成新的基础理论，这对手册的后期编制大有裨益。

（二）地方性知识对学生身心发展的影响研究

地方性知识根植于乡土，乡土是学生身心成长的最初养分。地方性知识对于学生乡土情感的养成、自我身份的认同都有着重要的意义。对于信息较为闭塞、教育资源相对稀少的农村学生来说，地方性知识影响的却又不仅仅是其乡土维系和身份认知，更含有一种实用性。具体来说，这种实用的地方性知识可以为学生提供生活技能、提供学习内容、提供游戏对象等。然而，我们知道，地方性知识涉及地方“自然”“历史”“文化”等多方面的资源，这些资源更是包含了“自然名胜”“人文景观”“民间艺术”等子类型。各方面的地方资源或者各种类型的地方性知识对学生的身心发展会有怎样的影响，哪一方面或者哪一类型的地方性知识最能促进学生的身心发展，进而哪一方面或者哪一类型的地方性知识最应该在教学中得以呈现，这些都是已有研究尚未考虑的问题。在地方性知识手册的地方素材编排环节，以及“主线类”主题单元的再分配环节，我们考虑更多的是教科书本身的内容分布。在地方性知识手册编制研究前做好地方性知识对学生身心发展的影响探究,对后期地方素材的编排以至于地方性知识手册积极作用的发挥都有重要的意义。

二、寻求多部门支持与合作

地方性知识手册以农村地方资源为原料,以农村语文教师为使用对象,以促进农村学生的身心发展为最终目的。地方性知识手册的编制不是一朝一夕之事,也绝非个别研究者或教师所能独善,而是一个需要多部门合作的过程。

(一)地方文化部门

地方性知识手册的原材料决定了我们在编制过程中首先要面临的工程是素材收集。诚然,在乡土书籍、地方网站、相关学术论文中,我们可以基本概览某一地方的乡土特色和地域风情。然而,这种“纸上得来”的素材,除了略显单薄,还事关素材的真实和翔实,我们还需要“实地取材”。在这种情况下,相对于事必躬亲地去乡间寻查,地方文化部门为我们提供了便利。事实上,地方文化部门管理并关注着一个地方的文化发展,对当地文化的了解远非其他“文化旁观者”所能企及。而其中收藏的文化印记,例如地方志、乡土文物、珍贵影像等不仅可以为我们提供更为直观的真实,还对地方性知识手册编制后期素材的编排大有裨益。当然,我们这里说的地方文化部门,在横向上不仅包括地方文化馆,还包括地方博物馆、文化遗址、名人故居等。而在纵向上,除了市级的,还应包含县级的相关部门。争取这些部门对地方性知识手册编制的支持,对地方性知识手册素材的收集以及地方性知识手册内容的质量都有莫大的帮助。

(二)地方教育行政部门

除了地方文化部门,更为直接地关系到地方性知识手册编制成效的是地方教育行政部门。地方性知识手册编制的前期工作主要包含“问卷调查”“教材分析”“素材编排”等环节,而后续研究理应包含地方性知识手册的具体应用与调试。这些环节或多或少都需要农村中小学的配合与支持,而且其中涉及的远非一两所学校。例如在“问卷调查”环节中,为了在最大程度上保证问卷调查结果的信度和效度,样本的容量需要得到基本的保证。根据研究实际,一所学校中某一学科的教师人数相对有限,这种情况下,调查势必涉及大量的学校。在一个地方寻求多所学校及大量教师参与研究,若能取得地方教育行政部门的支持,必然有事半功倍的效果。不仅在地方性知识手册编制的“问卷调查”环节,而且在“教材分析”“素材编排”等环节,地方教育行政部门的支持,也会为农村当地一线优秀师资加入编制研究的队伍提供政策导向,同样会对后续的地方性知识手册的应用与调试工作也大有裨益。

（三）基层学校

编制地方性知识手册的目的是促进农村语文教学成效的提高，是为了促进农村学校学生的身心发展。然而，要实现这两个目标需要有一个共同的前提——农村基层学校愿意并积极使用地方性知识手册，而是否能够积极配合、参与地方性知识手册的编制正是基层学校态度的表现。因此，相对于地方教育行政部门，基层学校对地方性知识手册编制工作的影响更为直接、深远。具体而言，基层学校对地方性知识手册编制的影响体现在“问卷调查”和“应用调试”等诸多环节。例如，在“问卷调查”环节，基层学校需配合调查人员做好问卷填写的动员和组织工作；而在地方性知识手册编制后期的“应用调试”环节，相关学校需为研究者提供样本班级的支持，以方便研究人员通过样本班级前后对比研究、平行班对照研究等对地方性知识手册的效用进行观察和探究，从而实现地方性知识手册内容的调整和完善。总之，基层学校的支持对地方性知识手册编制作用很大，应予以重视。

三、促成应用与调试工作

（一）应用工作

地方性知识手册是以回归并促进农村教师的教育实践为价值导向的，所以地方性知识手册是否适用农村的学科课堂教学，或者在多大程度上适用农村的学科课堂教学，是很值得考量的。限于精力、能力，以及现实条件等因素，在本书中，笔者对地方性手册编制的程序、结构、内容等方面都进行了设计，而系统完整的地方性知识手册却尚未成型，只是以其中的部分内容的呈现对整体予以说明。这就影响到了地方性知识手册编制中“应用环境”与“调试环节”的真正落实，也影响了地方性知识手册的效度和信度。因此，我们建议，在后续的研究中，研究者宜编制出完整的地方性知识手册，并积极促成地方性知识手册在农村学科教学实践中的应用。当然，值得说明的是，为了后期更好地监测地方性知识手册的应用成效，在选择地方性知识手册的应用班级时，就应当做好对照的同质班级的考虑。同时，做好应用情况的记录，以便进行地方性知识手册的调整工作。

（二）调试工作

任何完善的东西都不是一蹴而就的，都需要一个不断修正的过程，地方性知识手册也不例外。对于地方性知识手册本身来说，“编而为用”的本质决定了地方性知识手册必须具备实用性。而这种实用性应结合一线教师的反馈、学生的课堂反应等因素进行考察，最终落实到地方性知识手册内容的调整上。具体来说，地方性知识手册的调试主要着眼于两方面：第一，是对“素材链接”模块的调整。对于地方性知识手册中选编的地方性素材是否适用于相应的单元教学，通过阅读浏览，一线教师们便会有初步的想法。因此，一线优秀教师参与地方性知识手册编制将减少链接素材的不适，从整体上保证地方素材的匹配度。第二，“教学建议”模块的调整。每个教师都有自己的教学风格，对“教学建议”的要求，更是纷繁不一。事实上，教学建议本身就应有开放性、注重课堂的生成，因而对地方性知识手册中“教学建议”模块的实用性要及时评价并进行相应的调整，确保建议的指导性和可行性。

附录　盐城地区农村语文教师地方性知识调查问卷

尊敬的老师，您好！

感谢您在百忙之中参加此次问卷调查！本调查由两个部分组成，均采用匿名方式，您的回答无对错之分，仅供研究之用。我们将对您的回答完全保密，希望得到您客观、真实的回答。调查会耽误您10分钟左右的时间，请您见谅，谢谢配合！

填表说明：凡符合您情况和想法的选项，请在该项上画“√”；若无符合的选项，请在横线处填写您的具体情况和想法，不要遗漏。

第一部分　个人基本信息

性别：①男　②女　　年龄：________　　任教年级：________

教龄：①5年以下　②6～10年　③11～15年　④16～20年　⑤21年以上

职称：①小学二级　②小学一级　③小学高级　④其他________

学历：①中师及以下　②大专　③本科　④硕士　⑤其他________

任教学校所在地区：①市区(县城)　②乡镇(村)

您的家乡在：①盐城市　②本省外市　③外省

第二部分　农村语文教师地方性知识调查

◆ 本研究中的“地方性知识”主要指农村当地的自然、历史、文化等地方资源，具体包括当地的自然景观、历史发展、地方古迹、地方特产、乡风民俗、民间文学、民间艺术等。

1. 您了解盐城的地方性知识吗？

A. 非常了解　　B. 比较了解

C. 一般了解　　D. 不太了解

E. 完全不了解

2. 您关于盐城的地方性知识主要来自？(可多选)

A. 职前培训　　B. 在职进修

C. 互联网　　D. 书籍报刊
E. 同事交流　　F. 生活体验
G. 其他

3. 您认为联系地方性知识进行农村语文教学有积极意义吗？
A. 非常有意义　　B. 比较有意义
C. 意义一般　　D. 意义不大
E. 完全没意义

4. 您觉得哪类地方性知识对农村语文教学比较有意义？（可多选）
A. 自然资源类（奇山异水、名花古树、水产、农作物等）
B. 历史资源类（历史沿革、历史名人、地方古迹、传统工艺等）
C. 文化资源类（民间风俗、民间传说、民间艺术等）
D. 其他________

5. 您在语文教学活动中使用盐城地方性知识吗？
A. 经常使用　　B. 有时使用
C. 偶尔使用　　D. 不太使用
E. 完全不使用

6. 您身边的同事在语文教学活动中使用盐城地方性知识吗？
A. 全部使用　　B. 大多数使用
C. 少数人使用　　D. 基本上不用
E. 全部不使用

7. 您所在学校对地方性知识的态度是？
A. 必须使用　　B. 鼓励使用
C. 无所谓　　D. 最好不用
E. 统一不用

8. 您在教学过程中使用过哪些地方性知识？（可多选）
A. 自然景观　　B. 地方特产
C. 历史发展　　D. 地方古迹
E. 传统工艺　　F. 乡风民俗
G. 民间文学　　H. 民间艺术
I. 其他________

9. 当您使用地方性知识进行教学时，相对于平时，学生的反应如何？
A. 非常积极　　B. 比较积极
C. 没有变化　　D. 不太积极
E. 非常不积极

10. 您认为哪些教学活动比较适合使用地方性知识?(可多选)

A. 阅读教学　　B. 作文教学

C. 口语交际　　D. 语文综合实践活动

E. 其他________

11. 您认为哪些教学阶段比较适合使用地方性知识?(可多选)

A. 激发学习动机　　B. 感知教材

C. 理解教材　　D. 巩固知识

E. 运用知识　　F. 其他________

12. 您觉得在语文教学中使用地方性知识的障碍主要在于哪些方面?(可多选)

A. 教师获得地方性知识的渠道有限

B. 地方性知识与语文课程内容的相关性不高

C. 教师将地方性知识引入语文教学的时间、精力、能力不足

D. 地方性知识不在语文评价体系内

E. 其他________

13. 您对促进地方性知识在语文教学中的使用有何建议?

____

问卷到此结束,请不要漏答,再次感谢您的支持与合作!

第八章

地方性知识在农村小学识字教学中运用的个案研究

识字教学不应该仅是认识汉字的学习，更应是学生通过汉字融入当地生活情境，认识世界、感悟文化、丰富情感、提高素养的有意义的过程。在识字教学中进行地方性知识的渗透，是引导学生亲近汉字，走近优秀地方文化的一种极好的形式。通过实践研究和地方性知识的有效开发利用，识字教学的课堂上逐渐充满了活跃的气氛，学生们的识字水平和综合能力在一次次结合地方性知识识字的尝试中不断得到提高；学生们并对当地的社会生活、历史文化等产生了浓厚的兴趣，地方性知识得到不断积累，以上这些无疑是对地方性知识最直接的传承和发扬。

第一节 引 论

一、研究的缘起

随着国际化进程日益加快，中华民族传统文化的传承与发扬问题越来越引起人们的重视。义务教育语文课程标准强调“(要让学生)认识中华文化的丰富博大，汲取民族文化智慧。关心当代文化生活，尊重多样文化，吸收人类优秀文化的营养，提高文化品位。”[①]农村地方习俗悠长，多数农村有本地的一些约定俗成的习惯，地方文化氛围浓厚。识字教学贯穿于小学低年级段每日的教学中，教师在识字教学中运用地方性知识，有利于促进地方性知识的传播、保护与发展，使孩子更快、更好地融入当地的社会生活中。

识字教学是小学语文教学的重要组成部分，也是小学生阅读和写作的基础。识字教学主要包括字音教学、字形教学和字义教学等三方面。语文课程标准提出小学阶段识字的总目标是：认识 3 000 个左右常用汉字，有较强的独立识字能力。众所周知，识字是学生学习文化的开始，是形成读写能力的先决条件。学生只有认识并学会一定数量的字词，才能理解书面材料，学会用书面语言表达自己的思想，有效提升自身的人文素养。

识字教学是小学低年级的教学重点。识字不仅仅是学好语文的基础，更是进一步探究知识、学好其他学科的必要条件。随着新课程改革的深入，识字回归生活问题越来越引起教师们的重视，“识字教学要注意儿童的心理特点，将学生熟识的语言因素作为主要材料，结合学生的生活经验……力求识用结合。”[②]文字是工具性和人文性的统一，是传承与发扬优秀传统文化、推动人类文明进步的重要工具。因此，识字过程不是一个简单的汉字符号记忆过程，从小学低年级开始就应该引导学生在本土情境中理解汉字，充分感受汉字的生活意义，使学生潜移默化地受到汉字文化的熏陶，在这个过程中逐渐把握地方性知识，从而传承和发扬优秀的地方文化。本书主要是针对优秀地方文化的传承与发扬问题，以及农村小学识字教学疏离本土文化土壤、本土文化失落的境遇所进行的。

---

① 中华人民共和国教育部. 义务教育语文课程标准(2011 年版)[M]. 北京：北京师范大学出版社，2012：6.

② 同①.

二、研究的意义

（一）理论意义

随着对中华民族传统文化的传承与发扬问题重视程度的日益升温，对地方性知识的研究越来越多。对地方性知识的传承与保护的研究，可以通过多种视角来思考。目前国内学者研究的主题主要是从地方性知识教育价值的角度出发，引导教师懂得如何去研究和分析学校所处社区的本土知识以及传播问题，在实际学科教学中应用甚少。涉及地方性知识在学科教学中运用的研究以大学、中学为主，研究小学的非常少见；研究理论意义的较多，探究实践运用策略的较少。本书通过在农村小学识字教学中实际运用地方性知识，通过不断改进，形成地方性知识在农村小学识字教学中有效运用的方案。本书关注的是识字过程中如何通过汉字的文化内涵把握地方性知识，从而传承和发扬优秀的民族传统文化。虽然只是个案研究，但是对研究对象在识字教学中运用地方性知识有关情况的分析和建议，或许对类似问题的研究有一定的借鉴作用，在一定程度上丰富了通过融入学科教学传承和发展农村地方性知识的理论研究。

（二）现实意义

识字是学习的基础，小学的识字教学历来备受关注，识字教学改革此起彼伏。纵观以往的识字教学改革，专家学者们更多地从学生的教育基础、教师的教学方法、教学设备条件等方面提出教学对策。事实上，除了上述原因外，教师的地方性知识状况也是一个特别需要关注的视角。本书旨在唤起农村教师在识字教学中对地方性知识的关注，并为相关问题的研究提供素材和尝试。本书分析了地方性知识的实际应用价值，并通过个案研究，证实了地方性知识对提高识字教学质量的作用，呼吁教师予以重视，寻求适宜的运用策略、有选择地将地方性知识有效地运用到教学中去。本书的侧重点是促使教师能够熟练地运用适宜的地方性知识进行有效的识字教材二次开发，赋予那些独立的生硬的文字以本土文化气息，使之变得亲切，从而使学生顺利地识记、理解、阐发、建构，同时促进优秀地方文化的传承与发扬。

三、研究的内容与方法

（一）研究的内容

本书的相关研究内容主要涉及以下几个方面：① 归纳地方性知识的价值，对地方性知识缺失带来的影响进行分析。② 对温岭市的地方性知识尤其是大溪镇的地方性知识进行整合分类，便于在教学中选择运用；根据温岭市地方特色、小学生心理特点和小学教育的特点，理论论证在教学中运用地方性知识要遵循的基本原则。③ 开展地方性知识运用的实证研究。进行个案研究，通过观察研究对象运用地方性知识的种类、频率、使用时机与教学效果的关系等，分析存在的问题，设计适宜的教案，将地方性知识有效运用到研究对象的识字教学中。④ 通过不断改进，总结归纳出地方性知识在农村小学识字教学中有效运用的策略。

（二）研究的方法

为了尽可能得到客观、真实的第一手资料，并便于实践研究的开展，本书有目的地选择了温岭市大溪镇一所农村小学——Z小学作为主要研究对象。Z小学的学生构成在本地区所有农村学校中具有普遍性。

1. 观察法

主要观察的是语文识字课堂中教师运用地方性知识的种类、频率、价值倾向，以及地方性知识运用和教学效果的关系。通过编制观察记录表和认真观察、记录，收集相关信息，并进行整理。

2. 个案研究法

研究选取一二年级各一个班级，让参与研究的教师在识字教学中运用研究所设计的运用地方性知识的教案，分年级开展在识字教学中运用地方性知识的教学。一方面，通过课堂观察和访谈了解研究对象的详细材料，研究过程中及时整理分析材料，积极进行交流研讨；另一方面，针对教师在识字教学中运用地方性知识方面存在的问题，反思运用地方性知识促进识字教学的方法策略，提出改进方案，并不断加以改进提高。

四、相关研究综述

（一）地方性知识运用于教学的研究

对地方性知识和识字教学分别进行研究的著作和理论成果较多，但对其综合研究探讨的比较少见。通过中国知网输入“地方性知识、教学”“本土知识、教学”“乡土知识、教学”等类似篇名和主题进行搜索，共发现1979—2014年的相关文献89篇。这些文献大致可以分为以下8个类别：

第一类文献阐述了地方性知识在高校或高中教学中的运用。姚晓娜认为，重视教学过程中的地域文化资源，实现教材体系向有地方特色的教学体系转化，是提升高校思想政治理论课教学有效性的重要途径之一。[①] 陈海忠认为，借用地方性知识指代国家大历史之外还存在着的丰富多彩的、多样性的地方历史。

① 姚晓娜.高校思想政治理论课教学的地方特色浅析——地方性知识的视角[J].思想理论教育，2012(19)：63-66.

在“大历史”中嵌入“地方性知识”，从身边的历史出发，帮助学生获得对近代史的整体把握。① 明春指出，地方性知识可以为学生提供更贴近、更亲切的情景，能对高中地理现有知识体系进行完善和补充。②

第二类文献与教学观有关。孙凤舞和朱德全认为，任何知识都是一定社会和历史发展的产物，是与一定社会历史文化中的价值观念、生活方式和语言习俗不可分割的。知识是多样的，而不是单一确定的，有被社会普遍接受的一般性知识，有地域性的本土知识，还有带有个人价值观的个性化知识。③ 董守生认为，知识的文化性决定了人类知识的多样性，有个人性的知识、社会性的知识，有隐形的知识、显性的知识，有本土知识、外域知识等。知识的平等性确定了获得知识的选择性。④ 李长吉和沈晓燕认为，本土知识研究对于开发校本课程、发挥农村教育优势有着重要意义，是教师知识研究的又一重要方向。虽然目前对此的研究很少，但为农村教师知识建构提供了重要的资料。⑤

第三类文献讨论的是关于本土知识的作用和建构。石中英提到了本土知识的四个关键特征：第一，本土知识是一种地方性知识(Local Knowledge)；第二，本土知识是一种整体性知识(Holistic Knowledge)；第三，本土知识是一种被压迫的知识(Subjugated Knowledge)；第四，本土知识是一种授权的知识(Empowering Knowledge)。⑥ 刘茜提倡，将苗族文化精华有机地融入学校现行课程体系中以反映多元文化的观点，并保持一元文化和多元文化的必要张力，构建苗族的多元文化课程体系。这不仅有助于我国多元文化课程理论的丰富和充实，也可为苗族地区多元文化课程改革实践提供理论指导。⑦

第四类文献与本土知识在教学中的运用有关。吴若苗提出了乡土资源的重要意义；对乡土资源在教学中的开发与利用现状进行了分析；从教学实践出发，探讨了如何在中学语文教学中整合运用乡土资源。⑧ 秦楚虞介绍了文化数学产生的历史渊源和详细情况，并从维果斯基的学习理论和本土知识的角度分析文化数学的成功之处。⑨ 姜国勤建议将本土知识引入生物教学，将时代性知识引

① 陈海忠．地方性知识与“中国近代史纲要”教学实践研究[J]．中国电力教育，2011(3)：103-104.
② 明春．地方性知识在高中地理教学中的运用[J]．教学与管理，2012(1)：64-65.
③ 孙凤舞，朱德全．知识转型时期教学观的转变[J]．教学与管理，2008(2)：6-7.
④ 董守生．后现代知识观与教学理念重建[J]．教育导报，2003(12)：4-7.
⑤ 李长吉，沈晓燕．教师知识研究的进展和趋势[J]．当代教师教育，2011(3)：1-6.
⑥ 石中英．本土知识与教育改革[J]．教育研究，2001(8)：13-18.
⑦ 刘茜．多元文化课程的建构与发展[D]．重庆：西南大学，2007.
⑧ 吴若苗．乡土资源在语文教学中的运用研究[D]．上海：上海师范大学，2013.
⑨ 秦楚虞．民族文化与基础数学教育的整合[D]．北京：中央民族大学，2010.

入生物教学，把个体经验纳入教学内容。① 冯剑列举了生活化教学的几个层次：源于生活的教学，高于生活的教学，回归生活的教学。②

第五类文献讨论了乡土知识的传承。殷金舟肯定了乡土教育具有培育现代人“根”的思想、传承民族文化、促进社会和谐的社会价值，③并对如何有效地实施乡土教育提出了对策。刘卓雯以“地方性知识”概念为新的理论视角来研究乡土教材。针对《仙鹤飞起的地方》，分别从“静态的知识读本”的角度进行详细的文本分析，从“动态的课堂教学”的角度进行描述和解释；结合社会各个群体对该教材的评价，总结出乡土教材给学校教育中的教师和学生带来的各种影响；探讨在国家化和全球化的背景下，如何使乡土知识与主流文化在学校教育中更好地实现整合。④

第六类文献讨论了乡土知识如何为当地社会服务。廖建厦认为，切实开展乡土知识教学，不仅可以开阔视野、丰富学生知识，还可以激发学生学习的兴趣，强化学生“爱我家乡”的情感，提高为地方服务的能力。⑤ 李强和谢明明指出，由于农村学校教育的教学以科学知识为内容，且具有城市化的倾向，因而导致了农村隔代教育功能的堵塞。从而引发了“重养不重教”“孙辈完整人格发展被束缚”等隔代教育的弊端。为了疏通农村隔代教育，促进其更好的释放功能，我们应该加快校本课程建设，间接促进祖孙之间交流。⑥

第七类文献讨论的是学科教学中乡土知识的教学方法。徐芳梅建议在历史课堂教学中穿插乡土史料，介绍一些学生身边熟悉的人物、古迹，使书本上的历史变得有声有色，更加贴近生活，易使学生产生学习兴趣。⑦ 陈婕从情感、态度、价值观培养以及知识掌握、技能培养等角度阐述了乡土知识在《历史与社会》课教学中的独特功能。⑧

第八类文献关注的是乡土知识在学科教学中的运用。陈珂强调乡土知识对激发学生学习兴趣的作用，认为乡土地理教材具有易懂、亲切、富有生命力和感染力的特点。在教学过程中，结合得好，就可以培养学生学习地理的兴趣，还能起到对一些知识点的理解、巩固与提升的作用。⑨ 阮晨、彭小明认为乡土的不是

---

① 姜国勤. 高中生物教学应注重生活化[J]. 中学教学参考，2010(6)：101.
② 冯剑. 浅谈新课程背景下生物教学生活化[J]. 吉林教育，2008(11)：52.
③ 殷金舟. 乡土知识在现代教育中的传承研究[D]. 武汉：中南民族大学，2011.
④ 刘卓雯. 地方性知识视野下的乡土教材开发[D]. 北京：中央民族大学，2010.
⑤ 廖建厦. 加强乡土知识教育　为构建和谐广西服务[J]. 创新，2007(4)：57-60.
⑥ 李强，谢明明. 农村隔代教育功能的堵塞及其疏导策略[J]. 教育学术月刊，2012(10)：54-56.
⑦ 徐芳梅. 浅谈中学乡土历史教学[J]. 教学月刊，2008(8)：24-25.
⑧ 陈婕. 新课程背景下初级中学“历史与社会”课中的乡土知识教学[J]. 基础教育，2008(5)：36-38.
⑨ 陈珂. 例谈如何在地理教学中渗透乡土知识[J]. 科学大众(科学教育)，2010(8)：5.

农村的，城市也有它的乡土；乡土作文也不是单一的歌颂褒扬家乡美，更多的是引导学生、引导更多的教师去思考关于乡土的方方面面的问题；乡土中有糟粕也有精华，我们要做的就是不断思考，继续发扬乡土文化中的精华。① 孙鹤鸣和孙建辉强调，作为一名教师应注重开发和利用乡土资源，攫取生活中的真实事件，引导学生的直觉体验，让教育回归真实的生活，让课堂充满乡土气息。② 吴云列举了在历史教学中有效利用乡土资源的方法：利用乡土资源导入教学，激发学生的学习兴趣；利用乡土资源激发学生热爱家乡热爱祖国的感情；利用乡土历史人物帮助学生树立远大的理想等。③

（二）小学识字教学的相关研究

笔者通过中国知网以“小学识字教学”为题名进行检索，1979—2014 年的文献共有 198 项，其中：中国学术期刊网络出版总库 61 项，特色期刊 114 项，中国优秀硕士学位论文全文数据库 9 项，中国重要会议论文全文数据库 2 项，国际会议论文全文数据库 3 项，中国重要报纸全文数据库 8 项，中国学术辑刊全文数据库 1 项。这些文献可以分为以下五个类别：

第一类是各种趣味识字方法在小学识字教学中运用的研究。这类研究阐述了各种趣味巧记方法，在所有识字教学研究中占极大比例。例如吴燕提到了图文并茂、猜谜识字、编顺口溜等方法，④孙美乔提到了编儿歌、做游戏、编童话、猜字谜等方法⑤。

第二类是小学识字教学中运用字理分析的研究。例如于丹丹介绍了字理识字教学研究的背景及现状，分析了小学低年级识字教学应用字理识字学习方式的适切性，从小学低年级字理识字教学的内涵和优势、小学低年级字理识字教学的基础等方面进行了阐释。⑥ 张志馨列举了象形字、会意字、形声字等的教学案例。⑦

第三类是从文化视角来研究识字教学。张晓丽阐述了从文化视角实施识字教学的理论依据和重要意义，对三种典型识字教材及小学语文识字教学现状进行分析，继而指出从文化视角实施识字教学的内容侧重和基本原则，最后系统论

---

① 阮晨，彭小明. 乡土作文教学模式的建构[J]. 现代语文，2012(8)：11-13.

② 孙鹤鸣，孙建辉. 挖掘生物乡土资源，追求高效课堂教学[J]. 中国校外教育，2012(3)：44.

③ 吴云. 在历史教学如何有效利用乡土资源[J]. 教育教学论坛，2012(32)：71-72.

④ 吴燕. 趣味识字的探索与实践[J]. 读与写，2008(12)：142.

⑤ 孙美乔. 让低年级识字教学充满趣味[J]. 读与写，2011(3)：141.

⑥ 于丹丹. 小学低年级字理识字教学的研究[D]. 长春：东北师范大学，2011.

⑦ 张志馨. 深究字理　趣味识字[J]. 小学语文教学，2001(7)：33.

述了从文化视角实施识字教学的策略。① 胡海舟认为，教师应充分挖掘汉字的文化内涵，按汉字的特点教学，努力发挥汉字教学激发兴趣、启发创造、发现规律、增强底蕴的文化功效。② 薛晓光指出，古老的汉字浓缩了远古真实丰富的生活画面，保存了中华民族悠远的珍贵记忆。汉字保留的悠远记忆，使识字教学可圈可点，大有可为。③

第四类是小学识字教学辅助设备尤其是与多媒体技术结合的研究。彭永国指出，在低年级识字教学中有目的地利用电教媒体，形象直观地为学生提供感性材料，可以有效地帮助学生掌握汉字的音、形、义，不仅提高了识字效率，还提高了识字能力。④ 梁洪英认为，多媒体技术在小学语文识字教学中的使用，将有利于克服识字教学的重点与难点。⑤

第五类是小学识字教学回归生活的研究。王强提到了在课外阅读中识字、在购物逛街中识字、在电视上识字等方法。⑥ 张俊认为，识字教学应该注意沟通课堂内外的联系，教师以及家长应当引导学生在校园内、家庭中、社区里识字，应拓展学生的识字空间。⑦

关于小学识字教学的研究大多基于日常教学实践，是对教学经验的总结和提炼。然而上述研究多以研究识记技巧见长，缺少关注本土情境。对"回归生活"的阐述多限于在生活中多识字方面，缺少关注文字生活意义的研究。

第二节　农村小学识字教学中地方性知识缺失的现状分析

一、地方性知识使用的现状调查

为了了解识字教学中地方性知识的使用情况，笔者对 Z 小学两个班级采取了课堂观察和课后访谈的形式来收集资料。

（一）地方性知识的使用种类和频率

笔者通过对两个班级的课堂观察，发现在识字教学中教师使用地方性知识

① 张晓丽．小学语文识字教学文化渗透探索[D]．济南：山东师范大学，2008.

② 胡海舟．文化视阈中的识字教学[J]．教育评论，2008(5)：91-95.

③ 薛晓光．在识字教学中开掘汉字文化[J]．小学语文教学，2005(4)：26-30.

④ 彭永国．多媒体在小学识字教学中的运用[J]．学周刊，2013(1)：118.

⑤ 梁洪英．正确运用多媒体技术，提高小学识字教学效率[J]．四川工程职业技术学院学报，2007(1)：92.

⑥ 王强．让识字教学回归儿童的生活[J]．教育与教学研究，2010(11)：121-123.

⑦ 张俊．小学低年级识字教学的有效实施[J]．科教文汇，2009(11)：148.

的频率很低，涉及的地方性知识种类仅限于校园四周的自然环境和建筑设施。以人教版小学语文第一册中的第8课《阳光》的教学为例（本章所举例的教科书及课文均为2015年笔者调研时Z小学所使用的教科书及相关课文）。

本文的生字有“阳、像、金、野、更、面、长、早、晨、拉、进、谁”，本节课教师采用的是随文识字的方法。教学“早晨，阳光像金子，洒遍田野、高山和小河。”这一句子时，教师将句子改编成“早晨，阳光像金子，洒遍四周绿绿的田野，洒遍太湖山、方山、大唐岭，洒遍太湖、大溪河。”句中的太湖山、方山、大唐岭、太湖、大溪河都是周边为学生所熟知的景物。研究中笔者发现，学生读到改编后的句子时兴奋不已，争相朗读，在读后抽查中所有孩子都牢牢地记住了生字词。因为教师将句中的事物转化成了学生亲切实感的地方性景物，学生自然而然地完全理解了句子。但遗憾的是，在本课接下去的教学中，教师再也没有用到地方性知识，而是一步步地引导学生用“加一加”“减一减”“换一换”的方法来教学生字，刚刚学过的生字也用此方法巩固了一遍，学生又陷入机械、重复的识记中，刚被激发的识字兴趣消失殆尽。

不仅是在本节课，其他的识字课堂也基本如此，大多时候教师采用的识字方法是拼读、交流识记方法、再读、扩词。交流识记方法时，绝大多数学生都有一个默认的公式——“加一加笔画偏旁”“减一减笔画偏旁”“换一换部件”等，偶有孩子不用这一公式识记，教师便会引导到公式上来。地方性知识的缺失，文字与生活的联系被阻断，失去生活意义后的文字识记尤为困难。学生每天重复、机械地识记，加上识记量大，显得疲沓且缺乏兴趣。从课后对学生的识字愿望和识字方法的访谈调查中可见一斑。调查结果见表8.1和表8.2.

表8.1　识字愿望调查汇总表

识字愿望	有强烈愿望	有愿望	无愿望
人数/人	10人	34人	28人
百分比/%	13.9	47.2	38.9

表8.2　识字方法调查汇总表

识字方法	有多种方法	方法单一	无方法(单纯读记)
人数/人	8人	34人	30人
百分比/%	11.1	47.2	41.7

在访谈中，学生们这样回答：“识很多字是一件快乐的事情，它能让自己读许多自己喜欢的故事，了解许多有趣的事，增长不少知识。但是要认识的字太多了，

而且老师和爸爸妈妈却总让自己重复读抄，感到枯燥，所以不太愿意去学。”从中不难看出，学生们盼望有意义的识字，期盼熟识的生活经验可以融入识字课堂。

（二）地方性知识的使用时机和效果

课堂观察中笔者发现，识字课堂中运用到的为数不多的地方性知识大多是在识记生词时呈现，目的是帮助学生理解。地方性知识融入识字课堂后，对于一些生僻难理解的字词，学生立即感觉变得明了清晰了。

以人教版语文第四册课文《要是你在野外迷了路》渗透地方性知识理解“野外”一词的教学片段为例：

（教师利用多媒体向学生逐张展示温岭自然风光图）

教师：这是美丽的石夫人峰。这是太湖山上的盘山古道。这是我们大溪的方山，大家往右手边窗户看，就能看到呢！这是太湖山上一望无际的仰天湖茶园。这是迷人的东海塘……这些都是温岭迷人的野外风光。

教师：现在同学们觉得什么是“野外”？

（学生自由发言）

教师：“野外”一般保持着大自然原有的风貌，离居民点较远。

在地理景观性知识的帮助下，学生在轻松愉悦的氛围中透彻地识记了生词。但由于在教学中地方性知识一般很少出现，并且都是独立呈现，因此其效果大多时候流于表面。学生只在课堂中理解了，理解后没能真正用于生活，文字的生活意义依然没有得到体现。例如，在本课接下去教学“在野外迷了路，用天然指南针辨别方向”的部分，教师没有再联系到地方性知识，学生也没有联想起“温岭的野外风光”，只是将课文内容中的“大树、北极星、太阳、积雪”等四种天然的指南针当成纯粹的文字符号记忆，未能与生活中的实际情况相对应。

二、地方性知识缺失的原因及影响

（一）地方性知识掌握不到位

地方性知识是当地知识文化的精髓。这类知识是教师关于社会的认知和体验，是对所在地域长期积淀下来的经过合法性检验的经验与智慧的认知，是具有本土色彩的、地域性质的知识，是本土人民在长期生产生活中所传承下来的知识体系以及对原有知识体系进行加工改进而获得的知识的总和。[①] 因此，我们不难发现地方性知识涵盖内容之广，并且地方性知识不像其他知识那般有系统学习的途径，只能靠教师平时的生活积累。正因为如此，教师很难对其有一个全面

① 李长吉.论农村教师的地方性知识[J].教育研究，2012(6)：80-85，96.

的把握。正所谓“巧妇难为无米之炊”，在实际教学中，很多教师正是因为害怕用错或者用不好适得其反，于是不敢轻易运用地方性知识。

但我们必须清醒地认识到，学校作为传承知识文化的正规教育阵地，最能够全面系统地将传统文化知识予以继承、传续和发扬。所以，学校教学中合理地渗透地方性知识，是实现延续经典知识、传承民族文化的必然选择。在当前全球化、现代化的浪潮下，地方性知识作为一种非主流文化，常常容易出现传承的中断，甚至在不经意之中就会消失于历史的烟尘之中。因此，在教学中渗透地方性知识显得尤为重要。

（二）地方性知识运用不到位

地方性知识若想得到恰当运用，前提必须是教师对所教学的汉字有深入全面的理解。但现实情况是，由于汉字的数量繁多，构字的方法各不相同，同时又是一种古老的表意文字，因此在识字教学中，教师经常很难充分地挖掘汉字本身固有的内涵，无法顾及汉字的人文因素，地方性知识想要运用也无从下手。

观察中笔者发现，在地方性知识不知如何运用的情况下，识字课堂大多时候一味强调“笔画分析”，拆分部件识记。有很多巧记方法都只以记住汉字为目的，而忽略了汉字本身的意义，导致会意不清甚至产生曲解。比如很多老师在教学“告”字时经常用“一口咬掉牛尾巴”这样一个字谜，如此识记也将“字义”教学推上了“歧路”。另外，在巩固识字上，由于文字与生活缺少有意义的联系，为了让学生能记忆生字，教师们只能经常要求学生进行着机械重复的抄写。学生在重复抄写中对于文字变得麻木了，思维停止了，根本谈不上回归生活、活学活用。

地方性知识是传统文化中的重要部分，缺乏地方特色文化，难以继承中国传统文化中的精髓。同时识字教学也无法真正达到“回归生活”的目标。对生于斯长于斯的熟悉的家乡，学生接触得多、了解得全，具有亲切感。相对而言，地方性知识的感染力强，穿透力大。学生对自己家乡的山水、田野、道路、人文、交通等环境耳濡目染，能得到许多活生生的识字材料。因此，在识字教学中渗透地方性知识，使我们的孩子从小就接触、了解地方的历史文化、人物典故、风土人情、山川地理、发展前景等，既能将课堂所学用于生活，传扬祖国和家乡的传统文化，又能激发学生对家乡本土的热爱之情，培养出他们热爱家乡、热爱民族以致热爱祖国的深厚感情。缺乏地方性知识的渗透，这些都将成为学生成长中永远不能补齐的课。

第三节　温岭地区地方性知识的种类

笔者研究所选的学校，地处浙江省温岭市大溪镇，是一个历史悠久，人文资源与自然景观相映生辉的乡镇，考虑到低年级学生的心理特点，在本书中的地方性知识主要包括生产生活的地方性知识、地理景观的地方性知识、传统民俗的地方性知识、历史文化的地方性知识、思想观念的地方性知识等。

一、生产生活的地方性知识

生产生活的地方性知识是与当地居民生活最密切相关的内容。例如关于种植养殖、手工制作、农产品加工、贸易流通、饮食、交通、医药等方面的知识，简单说就是关系民生的“衣”“食”“住”“行”的知识。根据温岭地方特色，识字教学中可选择古老服饰、特色饮食、住房变迁以及交通出行等地方性知识进行渗透。

（一）古老服饰

旧时大溪镇的农民着粗布短衣，出门多系马带或腰围以藏钱物。女穿斜襟布纽衫，常带肚褡，劳动时系围裙。

肚褡，布或绸缎制，菱形、绣花、有兜，上端有带套在颈上，两侧围系腰间。围裙有兜，以黑色为主，毛蓝次之，系之增暖，现在当地的农村老人还在普遍使用。马带，布或篷布制，中有夹袋，可置钱物，系在腰间。比马带长而宽能围住腰的俗称腰围，现在很多农村家庭仍有收藏。[①]

（二）特色饮食

民以食为天，这是老祖宗的话，温岭人在“食”上很是考究。

1. 海鲜

说到温岭美食，海鲜必不可少，山珍海味一应俱全。烹饪方法，门类繁多。对于各种海鲜，温岭人或氽，或炒，或清蒸，或红烧，或以酒醉之(醉虾)，烹饪有方。许多当地人熟知“三鲳四鰳”之类的谚语。

特色海鲜美食有“膏蟹”“大龙虾”“盐水小白虾”“墨鱼炒芹菜”“清蒸黄鱼”“清蒸鲳鱼”“红烧带鱼”“鳗鱼汤”“海参粥”“油炸对虾”“面鱼蒸蛋”“油炸对虾”“咸菜弹涂”“水煮虾姑婆”等。

2. 特色小吃

温岭其他特色小吃更是不胜枚举，“舌尖上的中国”也曾对温岭美食做过专门介绍。温岭特色小吃有“食饼筒”“拭饼”“嵌糕”“桐树叶包”“籼粉糊”“发糕”“泡虾”“洋糕”“糕干胚”“番薯糕”“炒炊饭”“菁饈”“石莲糊”“青草糊”“鸡蛋麻糍”“豆腐生”“鸡子酒”“杨梅酒”“苋菜鼓”等。此外，温岭人喜欢米面，做法分炒面和汤面两种，年糕一年常有。春节会吃粽子，还有麻糍。麻糍一族又有“卷糍”“乌饭麻糍”等不同品种。

当孩子们看到这些美食时，一定觉得文字特别“美味”，自然爱上识字。我们

---

① 大溪镇志编纂委员会.大溪镇志[M].北京：中国文史出版社，2007：706.

可以在语文综合实践课中设计一个特色小吃专题，将希望学生识记的生字融入实物名称中。

运用此类知识时，首先要对小学识字教学目标的要求认真钻研，然后再根据各单元、各课时具体教学目标的要求以及教学的实际需要收集、筛选恰当的食物名称组成一份“识字菜单”进行有机渗透。同时应注意，菜品不加选择地随意加入“识字菜单”是不可取的，菜品应该充分体现温岭当地地方饮食特色。

（三）住房变迁

20 世纪 70 年代以前，居民住宅多以木屋为主。70 年代后，大溪境内农民收入增加，住房日新月异。住房文化也是温岭地方特色文化的重要组成部分。

1. 木屋

据考古发现，战国时，大溪境内古城有木架结构的建筑群，以板瓦或筒瓦盖顶。明朝、清朝、民国时期的民宅多系木结构的平房和两层楼房。木屋以立柱和横梁组成构架，屋顶与房檐的重量通过梁架传递到立柱，墙壁不承受重量。两层木屋，楼上前后开窗的称四面楼，前面开窗后面不开窗的称畚箕楼，前后都不开窗的称阁楼。至 20 世纪 80 年代，农村木屋几乎被拆光，大溪、山市、潘郎等地尚有少量保存。

2. 大寨屋

20 世纪 70 年代后期，当地人们开始建造大寨屋。大寨屋多坐北朝南，间距 3.6 米，每排 8～15 间。两面为山墙，墙头放横梁。前抽廊，立石柱或砖柱。两面山墙采用石板、石块、砖或用小石头、碎石板砌成。现在农村里还多处可见。

3. 小康型住宅

20 世纪 90 年代开始，富起来的农民拆掉大寨屋，建造 4～6 层楼房。楼房多为条牌式，由 10 余间组成一幢，楼房多为砖混结构，灌注桩加固，外墙贴瓷砖或刷涂料。

4. 住宅小区

1990 年，大溪村在登云南路建造 4 幢商品房，底层为商场，第二至五层为商品房。2003 年始建鸿溪花园小区，2004 年和 2005 年分别开建皇家花园小区和丽景花园小区，随后商品房如雨后春笋般拔地而起。①

住宅的变迁也是一个社会发展的进程，学生对这一类地方性知识比较陌生，如果能在识字教学中或者课外实践识字中加以渗透，可以让学生更好地感受到家乡生活的变化。此类知识一般用在理解字义方面。运用此类知识时要注意先熟知房屋概况和发展历史，要考虑学生的年龄特点，尽可能用通俗易懂的语言加

① 大溪镇志编纂委员会. 大溪镇志[M]. 北京：中国文史出版社，2007：189-191.

以描述。

（四）交通出行

大溪境内三面峰峦环绕，中东部为河谷平原，间有小丘数点，水网交织，水陆交通极为便捷。唐有台温驿道，今104国道穿境而过，甬台温高速公路设有互通立交道口，一级公路直达市区，新建的“温岭火车站”设站利岙村，是台州南部的交通枢纽。

以大溪镇农村小学的孩子出行为例，要成功乘车，首先要认出路线牌和指示牌，在“路线牌和指示牌”中就蕴藏着许多汉字。

例如，经常出现在大溪镇乡际公交上的路线指示牌“大溪—路桥”“大溪—温岭”“大溪—方山”“大溪—江上”“大溪—泽国”“大溪—横峰”“大溪—松门”等。乘坐长途汽车和火车，尤其是在火车站，会有各种指示牌，例如“售票厅”“候车厅”“进站口”“安全检查”“行李寄存处”“进站检票口”“出站检票口”“出站口”等。

这些都是识字的宝贵资源，更是汉字与生活之间的枢纽。运用此类知识时要注意遵循由近到远、由简到繁的科学认识规律，要考虑学生的年龄特点、自身认识水平以及生活实用性。

二、地理景观的地方性知识

地理景观的地方性知识包括自然环境、气候规律、人文景观、物产资源、地理特征等。其中石文化是温岭的一张城市名片。根据温岭的地方特色，可在识字教学中渗透历史悠久、颇具特色的石文化。

（一）石文化风景名胜

温岭的石文化自古闻名，也正因为石头，温岭形成了独具特色的风景名胜——方山—南嵩岩景区和长屿硐天。其中方山—南嵩岩景区在大溪境内。

方山是我国最大的火山平台，四面绝壁千仞，气势磅礴，被誉为“空中仙台”。方山—南嵩岩风景名胜区分六个景区：方山顶景区、峭斗谷景区、金鸡岩景区、羊角洞景区、南嵩岩景区、狮峰—纱帽岩景区等，有十三峰、七嶂、四十八岩、三十三洞、二十六瀑、十潭、三湖、两溪、两泉、两峡、四寺庙，共一百八十多个景目。[①]

长屿硐天是经过1 500余年采石工人一斧一凿开出来的自然文化景观，千百年来，石工们依势取石，留下了无数硐群和硐窟。为数众多的石硐形成了千姿百态的石壁长廊，完整地记录了古代采石历史和石文化的传承。长屿硐天集中展现了1 500年来人工采石留下的石文化遗址。长屿硐天不但得到了国人的认

① 大溪镇志编纂委员会.大溪镇志[M].北京：中国文史出版社，2007：667.

可，而且享誉世界。它在1998年荣获世界吉尼斯之最，并获1998年度“大世界吉尼斯之最”最佳项目奖。长屿硐天与方山一道位列世界地质公园、国家级风景名胜区和最具特色的中国十大风景名胜区，现已逐渐成为石文化的研究、旅游的热点。

温岭的石文化风景名胜数不胜数，除上述以外，还有石夫人峰、双门洞等。其中大溪境内风景名胜除方山外还有太湖山、紫莲山、五峰莲台、翁山三瀑等悬崖奇峰、深谷飞瀑，这些名闻遐迩的地方也都与石文化有关。

（二）石文化人文景观

温岭石文化源远流长，有着深厚的历史积淀和人文底蕴。石屋、石街、石亭、石家具等遍布温岭民间。

温岭的许多历史名人与石结缘。例如，宋朝诗人戴复，古因常居南塘石屏山（今温岭市新河镇塘下村），自号石屏、石屏樵隐；南宋进士王居安，自号方岩老圃，著有《方岩集》；雁山“七贤”之一的谢铎，初号方山，后更号为方石；明兵部尚书赵大佑，号方崖，著有《燕石集》。这些与石结缘的历史名人在今方山景区半山腰的方岩书院内都有介绍。

温岭也是中国大陆新千年、新世纪阳光的首照地，千年曙光碑就矗立在温岭石塘。石塘西北以石塘山为屏，三面环海，具有旖旎的海滨风光。镇中房屋、道路随地势升降而建，石屋、石街、石巷、石级、石塘的石头房子，独具风采。在方圆四五平方公里的山岙里，全是那种“屋咬山，山抱屋”的石砌建筑。这里独特的石屋建筑群，有东方“巴黎圣母院”之称。

在不同的时代，勤劳聪慧的温岭人创造了一个又一个石遗迹、石工艺和石景观，留下了丰富多彩的石建筑、石器具、石风俗。在语文新授课和语文综合课识字教学中渗透这些丰富的地方资源，不但增加了识字量，更让学生接受了优秀地方文化的熏陶。

值得注意的是，运用此类知识时，首先要熟读课程标准，明确小学识字教学的学习目标、功能和价值取向。从价值取向方面选择适宜低年级小学生的地方性知识，选择有益于提高学生主动识字的兴趣与情感体验、有益于挖掘汉字携带的人文因素、能提高学生的语文素养和人文精神的地方性知识；尽量选择那些符合课程标准要求和学生年龄特点的潜藏语文学习价值的地方性知识，在识字中提高学生的人文素养。

三、传统民俗的地方性知识

传统民俗的地方性知识，包括人际交往习惯、乡风民约、婚姻、丧葬、祭奠、崇拜、禁忌、传统节日习俗等。这类知识是生活在本区域的每个人，即使不是本地村民，也应该遵守和执行的，所以教师很有必要在识字教学中渗透此类知识。

温岭因地处东部滨海，交通不便，在历史上封建王朝的更替中，未遭受大的创伤和破坏。历朝历代均有不同程度的建树，社会文明的延续性比较稳定，因此文化积淀较为深厚，社会文明程度相对较高。经过千年的文明积淀，温岭地区形成了无数颇具特色的民风习俗。

（一）传统节日

温岭人古时候将元宵（上元节）、中元节分别称为“正月半”和“七月半”。大多数温岭农村地区的人们依古时传下的习俗照例是年年“做正月半”和“做七月半”，仪式古朴，具体因地各不相同。清明节食海蛳螺，聚家人上坟祭祖，在坟头培新土，称拎坟；在家的祭祖活动，称“做清明”；端午节给孩子额头、手心涂抹雄黄以辟邪；中午吃拭饼（今也有吃粽子的）等。

（二）特色风俗

温岭人生孩子，孩子满月、对周（满周岁），都要办酒席祝贺，并向邻里分发食物庆祝。特色习俗还有立秋吃西瓜以消暑气、正月二十四掸灰尘、春节前“谢年”；正月初一“拜天地”“不动刀、不泼水、不扫地、不倒垃圾”等。

另外大溪境内还有两个比较有特色的习俗“四月八日”“四月二十三”。“四月八日”俗称牛生日，此日耕牛休耕，农民喂以鸡蛋、黄酒和乌饭麻糍。此日又为佛诞日，善男信女买鱼、龟放生，家家食乌饭麻糍。“四月二十三”由大溪、水仓、后岸、宜桥村举办庙会，白天抬神像和祭祀物品游行，晚上演戏，设流水席，热闹非凡。

在识字教学中适时渗透这些独具特色的民俗地方性知识，可以让学生更好地融入当地的风土人情，更能让这些特有的地方传统民俗得到继承和发扬。

运用此类知识时，要着眼于地方性知识的传承和发扬、汉字文化功能的发挥，更要着眼于教育教学活动的持续发展；要有长远目标规划，促进识字资源的繁荣发展，促进人的全面发展。作为教师，要站得高、看得远，不能囿于程式，故步自封；应在历史久远的事物中挖掘出时代的新意来，取其精华，去其糟粕，推陈出新，为我所用。

四、历史文化的地方性知识

历史文化的地方性知识，包括地区发展历史、地方志、历史文物、传说、民族史等。这类知识本身就有一定的史学价值，教师掌握这类地方性知识，除了可以运用在课堂教学、课程开发等方面外，也可能会对地方历史研究、促进地方文明整理等方面有所贡献。

温岭历史悠久，早在新石器时期，就有人类在此繁衍生息。据专家考证，在温岭大溪镇发现的徐堰王古城遗址为战国时期的。另外在古城附近，仍保留唐、宋时期的七座古窑址，这些都说明温岭具有灿烂的历史文化。历史文化是一个地方的根与魂，我们有义务让其渗透到教学中以得到传承和发扬。

（一）古迹文物

温岭大溪镇境内的古遗址有许多，包括新石器遗址、古城遗址、古窑址、古寺院、盘山古道、方岩书院遗址、古宅遗址、古墓址、文物也有不少，包括新石器、古陶瓷器、明器，还有坊表、古建筑、摩崖石雕、纪念馆、纪念碑等。文物古迹可谓是不可胜数，若是能让学生在参观中识记汉字，定能事半功倍。

温岭市大溪东瓯古城遗址，是台州地区目前所知的时代最早的古代城址，也是东瓯国地域内发现的唯一城址。

相传为徐偃王城的古城遗址一直引人遐想，直至 2002 年，浙江省文物考古研究所和温岭市联合对古城遗址进行试掘、对塘山古墓进行发掘，由此逐步揭开这座古城的神秘面纱。2002 年 9 月 6 日至 10 月 17 日，浙江省文物考古研究所对古城进行考古调查试掘，揭露面积 200 余平方米，考古调查发现，古城遗址的地层堆积包括早、晚面貌相差较大的上下两层，上层的时代是宋，下层出土的遗物是战国。结合近几年在古城出土的大批战国时期的陶片皿器遗物，肯定古城始建时代是战国。[①] 当时的一位考古专家认为，从温岭大溪塘山东瓯国墓葬和古城遗址中的出土物看，不论是原始瓷、印纹硬陶和硬陶的质地，还是瓮、罐、钵等器类与器形，或者是拍印的方格纹、刻画的水波纹等纹饰，都表现出明显的越系文化特征，可以印证东瓯国为越王勾践后裔所建的史实。根据大溪塘山大墓出土文物与《史记》等史料文献记载相印证，温岭大溪很可能是东瓯国国都所在地。2013 年 5 月，大溪东瓯古城遗址被国务院核定公布为第七批全国重点文物保护单位。

（二）逸闻传说

悠久的历史长河中，每个地方都会流传有许多逸闻传说，包括人物故事、地名由来等。尤其是地名的起源，大多结合着人物故事，有着特殊纪念意义或者有趣的逸闻传说，温岭亦是如此。经过千年的历史变更，温岭境内林立着数以千计的村庄和不计其数的地名。我们不仅仅可以识记这些地名文字，而且这些名字里大多蕴藏着当地许多的逸事传说，更值得我们细细探寻。

1. 地名传说

温岭大溪镇有许多特别的地名，民间流传许多关于它们的神话传说。比如狮子峰的传说、洪武尖的传说、龙翚门的传说、雨伞桥的传说、方山三浪尖的传说

① 大溪镇志编纂委员会. 大溪镇志[M]. 北京：中国文史出版社，2007：652.

等，其中最为大溪人所津津乐道的是龙翠门的传说。

龙翠门是一个峡谷，又称仙关，是南嵩岩景区最有名的一个景点。相传很久以前，嵩溪龙正在龙头岩上晒鳞，不觉睡着了。刚好大鹏鸟经过上空，发现龙犯天条，顿时大怒。原来天条规定，龙只能潜藏水底，故称“潜龙”，即使奉命行雨，也不得全身暴露人间，故又称“神龙现尾不现首”。现在嵩溪龙竟敢将全身暴露在光天化日之下，岂有此理！大鹏鸟意欲将它生擒，交玉帝圣裁。于是立即俯冲下来，不料翅膀触及九阆峰，将九阆峰震为三段，故此处俗称“三浪岩”，大鹏身子一歪，落嘴点偏离准确位置，只啄断了龙尾。嵩溪龙剧痛惊醒，断尾一卷，隆隆一声，劈开山门，逃往寒坑。它劈开的山门，被称为“龙翠门”，岩壁间的龙游遗迹至今依稀可见。①

2. 村名大全

温岭市辖5个街道、11个镇，村名的起源大多有着丰富的地方文化内涵。其中，大溪镇下辖99个行政村、11个居民区，具体情况如下：

99个行政村分别为：下洋岙、双凌、下村、闸头、良山、花金、大溪岙、银河、小溪、岩头山、小溪岭头、滥田湖、麻车屿、高田、阳山、上新建、下新建、三池窟、兆岙、毛竹下、上洋、坎头、下郎桥、桃夏河头、殿下、念母洋、双桥、吕岙、桥外、桥里、沈岙、中岙张、照洋、山后、塘岭、塘山、里宅、大岙、屿孙、沙岸、东桥、横后、新南岙、潘郎、前瓦屿、后瓦屿、岙增张、许家渭、现范桥、相公渭、田洋季、水门后、毛头、流庆、西山金、油屿、下洋陶、陶家埠、新岙里、部渎、水坦、前溪、江上、佛陇、下陈、担屿、水渚、上山、山市、潘岙、金岙、翁岙、塘头、小塘、塔岙、上坦头、下员山、水桶坤、白山街、白塔、应钱、纶丝洋、孙家、五峰、白山里、曹岙、利岙、下洋张、井朱、平山新村、盘山、勤洋、马面、白泥、秀岭、梅安、上毛坦、下毛坦、田茶等。

11个居民区分别为：安平、中兴、德明、大溪、水仓、后岸、河北、河南、宜桥、上河头、上洋岙等。

另外，很多历史典故由于年代久远几近遗忘，我们可以寻访当地的知情老人，也可以利用查阅地方志等书籍等方法进行收集。另外，历史文化的地方性知识与传统民俗的地方性知识的运用原则比较相似。作为教师，要站得高，看得远，取其精华，去其糟粕。

五、思想观念的地方性知识

思想观念的地方性知识，包括本地人们的人生观、价值观、自然观、伦理观、宗教观、审美意识、思维习惯等。这类地方性知识具有极强的统整和引领意义，

---

① 大溪镇志编纂委员会. 大溪镇志[M]. 北京：中国文史出版社，2007：731.

是地方性知识体系中居于核心地位的知识。这类知识低年级学生较难理解，可以适当融入其他方面的地方性知识中进行渗透。比如可以在渗透传统民俗的地方性知识时融入。

温岭人有大年初一“不动刀、不泼水、不扫地、不倒垃圾”的风俗。教师在渗透这一风俗时可以将当地人的思想观念融入其中：“不动刀、不泼水、不扫地、不倒垃圾”被人们称为“聚财”，也称“积福”。因传说动刀会削减财气，泼水会泼掉财源，扫地会扫走财运，倒垃圾会堵住财路。人们又认为，初一是开年的第一天，第一天只吃不做享清福，以后就会天天享清福。

值得注意的是，运用涉及思想观念的地方性知识时，必须取其精华、去其糟粕，掌握科学性原则并要与时俱进。

除以上五类地方性知识外，我们还可以从颇具特色的民间艺术的地方性知识中选择适宜的资源运用于识字教学。“只有民族的，才是世界的”。同样只有身边的、鲜活的、生动的，才能在学生们的记忆中变为永久的、难忘的。

总之，农村中能够在识字教学中渗透的地方性知识十分丰富，教师应做生活的有心人，不失时机地挖掘身边的识字材料，与识字教学内容巧妙、有机地结合起来。这样，既展现了汉字的文化价值，又增强了学生的乡土意识，丰富了学生的生活知识，同时也能使学生的身心健康自然地成长。

第四节　地方性知识有效运用的案例

一、生产生活的地方性知识运用个案

温岭历史悠久，有着深厚的文化底蕴，生产生活各方面都颇具地方特色。像那些古老服饰，特色美食，古民居、新住宅，田畴菜畦，新旧交通等等，无一不是教学中的宝贵生活素材。教师在识字教学中运用这些地方性知识进行生活化识字，既可以增加识字量，又可以促进地方性知识的传播与发展，使学生更快更好地融入当地的社会生活中。

在一次语文综合课中，笔者借鉴《浙江扫盲读本》，设计了一份当地特色饮食菜单来“请客”。

（一）择“食”激趣

教师在课堂开始时对学生讲：“小朋友们，家中要迎来几位远方的客人，他们想品尝温岭特色小吃。下面有好多的特色小吃，请你来选一选。”

教师出示如下各色小吃的图片，学生自由选择。主食有：嵌糕、炒米面、番薯糕、鸡蛋麻糍、食饼筒、圆、炒炊饭等。特色菜有：盐水小白虾、红烧带鱼、清蒸鲳

鱼、清蒸黄鱼、水煮海蛳螺、面鱼蒸蛋、水煮虾姑婆、墨鱼炒芹菜、老鸭芋头煲、炸龙虾等。饭后点心有：糕干胚、"神童门"牌硬糕、洋糕、糖糕、籼粉糊、泡虾等。特色饮品有：杨梅酒、泽国老酒、豆腐生、石莲糊、青草糊、"方山云雾"茶等。水果有：玉麟西瓜、方山蜜橘、"明圣"牌高橙、大黑炭杨梅等。以上菜单可根据时令和语文教材的识字要求进行筛选。

（二）图文对照

图选完成后，教师请学生将文字与图片一一对应。在这一过程中，可以使学生巩固识记生字，并能使文字与生活更加贴近。

在上述"请客"教学时，学生一直在美味的文字间难以抉择、流连忘返，识字兴趣浓郁，与此同时眼界大开，对温岭特色美食的认识进了一大步。

二、地理景观的地方性知识运用个案

中国幅员辽阔，各地的自然环境和自然景观存在着明显的差别，但总体来说，农村学校在讲授地理景观性知识方面更具优势。农村孩子从小到大对秀美山川、晨昏变换、田间农事、珍禽名兽、风土水文、四季物候等多有了解，如果能将身边的自然地理景观作为识字材料，一定能让陌生的文字变得更加亲切实感。

以人教版语文第一册课文1～10的识字复习课为例，笔者在课堂中呈现了一则自编的介绍温岭大溪太湖山风光的短文进行集中复习巩固识字，识字的同时感受温岭的美丽风光和特有的乡土文化。短文如下：

我的故乡是大溪的太湖，那里是一个景色宜人的地方。每个静静的夜晚，躺在床上，眼前就浮现出了那美丽的景色。

那里有一座风光秀丽的太湖山，山脚下的太湖水库像个碧绿的大圆盘。水库堤坝上有绿色的"太湖水库"四个大字，人们在很远的地方就能看见。我跟着爷爷去过山上一个神秘的湖泊，湖面倒映着翠绿的山，在阳光下波光粼粼的，那就是仰天湖，像山顶一颗闪亮的明珠。仰天湖四周除了花草树木，还有大片的茶园。要是到了春天四月间，茶园里就有了新长的绿绿的、嫩嫩的茶叶，清香四溢。这里的茶叶在省内很有名气。

长长的盘山古道蜿蜒于太湖的田野山脉之中，我常常跟着爷爷一前一后在这路上走着。山溪与古道相依，山溪的两岸长了一棵棵青翠的树木，古道显得更清幽古朴。在古道欢唱的小桥流水上，只见有一座青藤缠绕的古石桥，远远望去比江南小桥流水图还要漂亮。我想，不管是谁都想在这里有一座自己的房子。早晨，拉开窗帘，打开大门，就可以呼吸到新鲜的空气，欣赏到美丽的景色。

如果你到太湖来游览，一定会有很多惊喜的。

（文中加点的字为书本中的生字）

这篇短文中将人教版语文第一册课文1～10要求识记的生字基本融入其中，读通这篇短文也就完成了识记目标。再看短文内容，将太湖山景区特色清晰地呈现在学生眼前，如此恬静优美的景色就在自己身边的感觉是多么美妙，而且在学习的过程中学生热爱家乡、保护家乡、建设家乡之情油然而生。

三、传统民俗的地方性知识运用个案

传统民俗是最能代表一方风土人情的精神财富。经过千年文明的积淀，温岭有着无数的特色传统习俗。只要经过合适的开发利用，这些特色传统习俗便可成为识字教学丰富的生活素材，同时又能促进汉字文化功能的发挥。

以人教版语文第四册课文《要是你在野外迷了路》的新授课识字教学片段——认识“稠”为例。在熟记字义的基础上生活化记忆，并进行民俗知识的拓展。

◇ 熟记字义

教师：老师考考大家。前几天清晨老师去爬方山，那天有大雾，景色很迷人(出示方山云雾景色图)。我看景色入迷了，走着走着就迷路了。你有什么办法让我找到方向吗？

学生：利用大树的枝叶。

教师：为什么？

学生：有雾的时候看不到太阳，白天也没有星星，现在是夏天也没有积雪，只能利用大树的枝叶。

(教师出示课文第四小节中的句子：“要是碰上阴雨天，大树也会来帮忙。”)

教师：那么大树怎么帮忙呢？

学生：枝叶稠的一面是南方，枝叶稀的一面是北方。

教师：什么是“稠”和“稀”呢？

(教师出示方山朴树的真实照片，请学生分别指出南方和北方)

◇ 生活化记忆

(教师出示大溪镇传统节日“四月二十三”的热闹场景图)

教师：小朋友们，这是大溪镇的特色节日“四月二十三”的热闹场景。这是一个为了纪念宋九尚书的一个大溪镇民间文化节，家家户户都会摆出家中的相关收藏来祭祀，晚上时还会在街上摆很长的流水席呢！看到这场景你想到了今天新学的哪个字呢？

学生：稠。

教师：为什么？

学生：刚刚有个词“稠人广众”，表示人很多。

（教师出示：“人口稠密、稠人广众”等词语）

◇ 民俗知识拓展

教师：小朋友们，我们身边还有哪些时候能看到“稠人广众”的热闹场景呢？

学生：娶新娘、赶集、上栋梁、做年糕……

（教师适时点拨、纠正学生）

这样的教学方法将识字真正回归到生活中，学生在课堂上表现出极高的兴趣，既准确掌握了字义，又同时了解了地方民俗特点，并激发了学生课外探寻更多地方民俗的兴趣，识字变得更有意义了。

四、历史文化的地方性知识运用个案

历史文化是一个地方的根与魂，温岭具有千年的灿烂历史文化，我们有义务让优秀的地方文化得到传承和发扬。

温岭乡村的历史文化底蕴深厚，在语文课外综合实践活动中，任课教师常常带领一些学生寻访当地的古迹文物、神话传说等。在以识字为主题的综合实践中，任课教师经常带领学生寻访村牌，并了解村名的历史由来。以寻访念母洋村村牌为例：

一次语文课外综合实践活动中，任课教师带着9名二年级学生寻访大溪境内的村牌，来到念母洋村村口，映入眼帘的是印着“念母洋”三个字的村牌。教师先引导学生仔细观察，识记村牌上的村名，然后问学生：看到这三个字你们想到了什么？在学生天马行空的想象后，教师请当地的一位老人讲述了念母洋村村名的由来：在大溪镇有个非常有名的历史人物叫赵大佑，曾官至明朝兵部尚书。他为官清廉，是封建社会温岭历史上官职品阶最高、政绩卓著的一位名臣。念母洋村95%以上的村民是明兵部尚书赵大佑的后裔。据说赵大佑是个大孝子（在赵氏祖训中有“孝敬父母”的内容，在赵大佑纪念馆里保存有赵家家训）。当时，赵氏一脉由桥里村迁往念母洋村，开垦了廿亩（20亩）土地耕种，因此当时村名叫廿亩洋。迁往廿亩洋的子孙牢记祖训，每天早晚两次去桥里村向父母请安，于是将“廿亩洋”改名为“念母洋”。念母洋村的村民常以念母洋村村名的来历教育青少年：若对父母不孝，那就不配做一个念母洋人。因此，念母洋村敬老爱老的风气很浓厚。

听了这个历史典故后，大家对念母洋村的敬老爱老传统由衷地感叹，自然地也对村名的由来产生了浓厚的兴趣。所有学生都迫不及待地想去赵大佑纪念馆一探究竟，想探寻更多的几近被遗忘的地方历史故事。如此的课外综合识字课堂不仅能大大增加学生的识字量，更能使地方特色文化得到更有效的传承和发扬。

第五节 地方性知识有效运用的策略

通过调查分析和日常教学个案研究，笔者初步总结出几种将地方性知识和识字教学合理整合相得益彰的方法。根据农村小学课堂识字教学的实际情况，本着不改变课本内容和目标的主旨要求，在保证地方性知识的运用与课堂识字教学基本保持一致的前提下，笔者归纳了新授课“对象转移”、复习课“集中汇编”、综合实践课生活化识字、课余让识字走进乡土等方法，在识字教学中巧妙渗入地方性知识。

一、语文课堂地方性知识运用策略

（一）新授课“对象转移”识字策略

虽然人教版小学语文教材在设计上尽管已经充分考虑了各地风土人情和城乡差异，但仍很难将方方面面都顾及，难免出现一些与本地师生生活联系不密切、学生感知不深刻的教学内容。这时，教师大可不必勉为其难，完全可以在不背离教学目标的前提下，将相关课文中的探究对象适当转移，引入学生熟识的地方性资源。这种授课方法也符合人们认识事物由特殊到一般、由具体到抽象的思维规律。对象转移可分为两种，一种是事物替换，一种是字义延伸。下面以《要是你在野外迷了路》为例：

1. 事物替换

可将课文中的“野外”转化为“温岭美丽的石夫人峰、太湖山上的盘山古道、大溪的方山、太湖山上一望无际的仰天湖茶园、迷人的东海塘”；可将大树的枝叶转化为方山脚下的那棵茂盛的朴树。

2. 字义延伸

将“稠”字的字义由文中的“稠密”延伸到“多”——稠人广众，由此引出大溪镇传统节日“四月二十三”的热闹场景，再由此拓展到其他地方特色民俗。

这些探究对象的乡土化转移，可以使学生从陌生的书本世界中回归到鲜活的身边现实世界，从而更容易达到“力求识用结合”的学习目标。以上是教师在保持原有教材体例的前提下，适度运用地方性知识的方法。这样的小短文，当地学生读起来必定倍感亲切，外来学生读起来也必定知晓了当地的乡村生活。这样的识字方法在易于识记的同时便于学生理解、建构、阐发，使所有学生都能更好地融入本地生活，真正成为一个“本地人”。

（二）复习课“集中汇编”识字策略

以教学单元为模块，以教学内容和任务作为航标，将地方性知识编成对应的识字材料与语文识字复习课结合。参考大溪小学校本课程《我是大溪人》的教材内容(《我是大溪人》是按年级编写的乡土教材),在集中复习识字时,可以选择适宜的文章进行改编,将单元复习的所有生字融入其中。以前面"介绍温岭大溪太湖风光"的短文进行部分集中识字为例,既展示了温岭的美丽风光和特有的文化,又将人教版语文第一册课文1~10的全部识字内容融入其中。

二、语文综合课地方性知识运用策略

温岭历史悠久,有着深厚的文化底蕴,乡土资源丰富多彩。像那些老房子、新民居、古山路、新公路、民风民俗、田畴菜畦、特色农业、特色美食等,无一不是可供语文综合性学习应用的宝贵资源。教师在综合实践课运用地方性知识进行生活化识字,在增加识字量的同时,可以使孩子更快更好地融入当地的社会生活中。

(一)"教材同步"综合识字策略

例如,在"地方特色菜单"的设计中教师可根据语文教材的识字要求,并结合各类地方性知识,为学生设计有地方特色的综合识字课,在识字材料编写时融入语文教材的同步生字。此处的识字方法与复习课的方法有些接近,相较之下,综合课的教材同步生字数量宜少一些,地方特色和趣味性宜多一些。

(二)"教材拓展"主题识字策略

为避免与识字复习课材料重复,语文综合课识字材料在编写上可呈现出主题系列,在原有识字水平的基础上,适量增加课外识字。在设计时可以由简到难,由近到远,设计成一个个主题系列。例如,可以设计一个"住宅变迁"主题系列的语文综合识字课,可包含识记各类住宅名称、识记住宅的各种构架名称等;可以设计一个"交通出行"主题系列的语文综合识字课,可包含识记地名系列、识记路线牌系列、识记各类指示牌系列等。相较"教材同步"综合识字策略,"教材拓展"主题识字策略侧重增加课外识字量,并将地方性知识作为主题系列呈现,让学生对一类地方性知识能有更全面地了解。

教师在语文综合课运用地方性知识进行生活化识字,可以在增加识字量的同时,更大限度地促进地方性知识的传播,帮助学生更好地融入当地社会生活。

三、课外综合实践识字地方性知识运用策略

汉字来源于生活,理应回归生活。识字教学不应仅仅局限于课内,学生在课堂中所学到的文字资源在生活中一般能找到相对应的物质。因此,课外可以由教师组织识字综合实践活动或者由家长陪同孩子出门,在实际生活环境中,让孩子们感受识字是与生活息息相关的,真切地感受到很多的精彩因为有了文字才

得以延续。

（一）“文化生活”主题识字策略

温岭有着悠久的文明积淀，课外识字在增加识字量的同时，更应该是传扬地方特色文化的好时机。教师或家长可以在课外带孩子寻访当地的古迹文物、地名由来、地方逸事等。

以寻访村牌为例：温岭境内有数以千计的村庄，可以为课外识字提供丰富的资源，而且村名的由来大多有丰富的地方特色文化内涵。教师或家长可以在课外带孩子寻访各个村庄的村牌，指引孩子识记村名，与此同时邀请当地村民为孩子讲解村名由来的一些故事。

温岭地区的村名大部分是以其附近地形地貌来取名的，例如塔岙村、岩头山村、西山金村等；还有一些是以历史典故取名的，例如念母洋村、潘郎村；另外一些是1949年之后为符合新气象后改的，例如平山新村、上新建村等。很少一部分是以神话传说取名的，例如佛陇村、马面村等；也有一些是以村里的代表事物取名的，例如流庆村、三池窟村等。

让孩子在聆听曾经的故事中识字，能让识字变得更加趣味盎然，那蕴藏着无数历史故事的文字就活起来了。同时，地方特色历史文化也能得到很好的传扬。

（二）“物质生活”主题识字策略

1. 学会坐车

在交通日益发达的今天，学会坐车是一项基本的生活技能。教师或家长可在孩子识记了村牌、路标后，在课外实践中教会他们学习如何识别村牌路标回家。乘坐公交车时，让孩子自己认出公交线路牌，选择正确的班次。

以“坐车去火车站”为例：住在照洋附近的孩子可先乘坐“路桥—大溪”的公交到大溪站，再换乘“大溪—火车站”的公交到达温岭车站。教师或家长可在孩子学习过“路”“桥”“溪”“站”四个字后，在课外综合实践中，引导孩子去乘车。只告诉孩子出行的线路，让孩子自己拦下要乘坐的正确车次（温岭乡际公交是要挥手示意司机停车的）。当孩子带领老师或父母正确地坐上车，孩子心里一定会充满自信的喜悦，同时感受到汉字作用大，自然更加乐于识字，与此同时还学会一样生活的本领——乘车。

2. 学会购物

购物是生活中一项必备的生存技能。大街上的店面名称、自选商场的货品名称等都是丰富的识字资源。例如，在学完人教版语文第一册识字二的第二课《自选商场》时，可由教师或家长带孩子们到超市实践体验，巩固识记所学生字。平时逛街时，家长可指引孩子看店面名称，告诉孩子这些分别是什么地方，例如药店、医院、餐饮店等。熟识了店名、物品名称后，还能趁机教会孩子们一种购物的本领。

以"购买感冒药"为例:住在照洋附近的孩子可在东桥药店或者康康大药房买药。家长可先带孩子上街几次,教孩子认识"药店"两字,过几天再带孩子上街让他找到能买药的地方(认出"药店""药房"),同时教会孩子所进药店的全名。在购药时,教孩子认药名。这样孩子不但能认识很多新字,而且学会了买药。孩子一定为自己的"成功购物"而感到欣喜,从而牢牢记住了那些帮助他成功的汉字。

课外实践识字,家校紧密配合,带孩子们走进乡土情境中识字,能让孩子们真切感受到文字与生活的密不可分,感受到文字中积淀的历史文化,从而激发起他们持续主动的识字兴趣。这些地方性知识的渗透不但大大增加了识字量,更让孩子们了解到一些当地久远的历史文化和必备的生活常识,促使他们更好地融入当地社会生活,同时也传承和发扬了地方传统文化。

后记

POSTSCRIPT

一个教师的地方性知识如何，将直接影响到他的知识观念与课程能力，甚至影响到他在当地的受欢迎程度以及热爱本职工作的程度，而且在一定程度上也关系着当地的文化传承与发展问题。对于农村教师而言，农村教师的地方性知识状况也是如此，甚至更为关键。正是在这个意义上，大约从2010年起笔者开始关注这一话题，并进行了持续的研究，最终形成了这本书。

这本书的形成过程中，笔者的研究生们做了大量的工作。他们在完成资料收集、文献综述等基础性工作外，还协助参与了初稿的撰写，而且一些同学在此基础上完成了相应的硕士论文。参与此书写作的同学分别是沈晓燕（第三章）、闵佳丽（第四章）、蔡联华（第五章）、张晓烨（第六章）、李朝艳（第七章）、周晓天（第八章）等。

尽管本书出版了，但“农村教师的地方性知识”这一问题的研究还远远没有结束。因此，希望本书能起到抛砖引玉的作用，引起更多学者对这个问题的关注，也期待读者能够提出建议和批评，一起来深化农村教师的地方性知识研究。

李长吉

2018年11月于云南师范大学